FORA DA CURVA 3

CB125332

FLORIAN BARTUNEK,
PIERRE MOREAU E
ARIANE ABDALLAH (ORGS.)

# Fora da curva 3

*Unicórnios e outras start-ups de sucesso*

**PREFÁCIO**
Marcel Telles

**POSFÁCIO**
Luciano Huck

PORTFOLIO
PENGUIN

Copyright © 2020 by Os organizadores
Venda proibida em Portugal.

A Portfolio-Penguin é uma divisão da Editora Schwarcz S.A.

PORTFOLIO and the pictorial representation of the javelin thrower are trademarks of Penguin Group (USA) Inc. and are used under license. PENGUIN is a trademark of Penguin Books Limited and is used under license.

*Grafia atualizada segundo o Acordo Ortográfico da Língua Portuguesa de 1990, que entrou em vigor no Brasil em 2009.*

CAPA Alceu Chiesorin Nunes
IMAGEM DE CAPA Shutterstock
PROJETO GRÁFICO Tamires Cordeiro
PREPARAÇÃO Maria Fernanda Alvares
REVISÃO Carmen T. S. Costa e Luciana Baraldi

Dados Internacionais de Catalogação na Publicação (CIP)
(Câmara Brasileira do Livro, SP, Brasil)

Fora da curva 3: Unicórnios e outras start-ups de sucesso/Florian Bartunek, Pierre Moreau e Ariane Abdallah (orgs.); prefácio Marcel Telles; apresentação Florian Bartunek; introdução Ariane Abdallah e Pierre Moreau; posfácio Luciano Huck. — 1ª ed. — São Paulo: Portfolio-Penguin, 2021.

ISBN 978-85-8285-130-2

1. Negócios; Start-ups 2. Empreendedorismo 3. Empresas - Brasil 4. Inovações 5. Negócios 6. Start-ups I. Bartunek, Florian. II. Abdallah, Ariane. III. Moreau, Pierre. IV. Série.

20-52735 CDD-658.11

Índice para catálogo sistemático:
1. Novos negócios: Administração de empresas 658.11

Cibele Maria Dias - Bibliotecária - CRB-8/9427

[2021]
Todos os direitos desta edição reservados à
EDITORA SCHWARCZ S.A.
Rua Bandeira Paulista, 702, cj. 32
04532-002 — São Paulo — SP
Telefone: (11) 3707-3500
www.portfolio-penguin.com.br
atendimentoaoleitor@portfolio-penguin.com.br

# SUMÁRIO

PREFÁCIO

# Marcel Telles

Empreendedor é um tipo abusado. Alguém que acredita que seu sonho é possível, mesmo quando todos a seu redor dizem o contrário. Esse é um traço comum às pessoas que contam suas histórias neste livro. Lembro-me de quando meus sócios e eu éramos jovens, nos tempos do Garantia, ou quando começamos a comprar empresas. Não nos convencíamos de que não dava para fazer o que vislumbrávamos e, apesar de muitas improbabilidades, seguimos em frente, realizando, mudando as regras do jogo, transformando o Brasil e ganhando o mundo. Hoje, são as novas gerações que me provocam a ver o presente e o futuro sob lentes inusitadas; que me apresentam riscos diferentes daqueles que eu estava habituado a correr; que me encorajam a investir em vários deles com o entusiasmo que conecta os empreendedores em qualquer tempo.

Depois de trazer as lições dos grandes investidores brasileiros, a série Fora da Curva conta nesta edição as histórias daqueles que estão mudando mercados inteiros no país e desbravando o planeta com coragem e obstinação. Costumo dizer que o mérito dos gênios está na capacidade de pensar de maneira simples. Nem simplória nem complexa. Todos os empreendedores reunidos neste livro são assim: geniais. Eles têm facilitado a vida de inúmeras pessoas e companhias ao reinventar setores como o de pagamentos, o imobiliário e o de educação.

Tenho orgulho de que o modelo de gestão que desenvolvemos no Garantia e, depois, na Ambev tenha sido — e continue sendo — referência para muitas lideranças de empresas no Brasil, tanto executivos quanto empreendedores, mas fico feliz que o país tenha evoluído para superar nosso legado. Hoje, temos um ecossistema fértil de novas lideranças e start-ups que, espero, inspirem a nova geração a ter sonhos cada vez mais ousados.

Para a maioria das pessoas, a principal limitação na vida é a própria mentalidade. Porque sempre é possível fazer mais, chegar um pouco mais longe. Por acreditar nisso, sempre aconselhei os jovens a evitar se dar por satisfeitos. Se você acha que "chegou lá", é porque não contou para si mesmo o que ainda pode conquistar no futuro. Mesmo que não enxergue exatamente o que há em seu horizonte, tenho certeza de que pode ir muito além. Olhe de onde saiu e até onde foi. Imagine manter uma velocidade exponencial nos próximos dez anos e veja as barreiras se desmancharem. Foi isso que os empreendedores fora da curva fizeram. É isso que eu gostaria de ver outros tantos milhares de brasileiros fazendo. Quem sabe as próximas páginas inspirem e impulsionem mais gente em direção aos próprio sonhos.

Gostaria de compartilhar algumas lições que aprendi na minha trajetória — e que, você verá, fazem parte da vida dos protagonistas deste livro, em diferentes contextos. A primeira delas é que criar um negócio envolve paixão. Empreendedores não param porque trabalho para eles é prazer e diversão. Vivem cada dia com alegria porque sabem exatamente o que e por que estão fazendo. E, quando alguém ama o que faz, nenhum dia é chato. Pode ser difícil, desafiador. Mas chato, jamais. A paixão também é sua fonte de resiliência. Por pior que seja a situação, empreendedores correm atrás. Caem, levantam-se. Quando afundam, transformam o barco em submarino.

Por isso, meu segundo aprendizado é que os empreendedores jamais abrem mão do controle de suas companhias. Porque, para eles, a capacidade de fazer o que desejam é a coisa mais importante do mundo. Empreender é ter liberdade para realizar aquilo em que acreditamos. Isso não significa que um negócio viva só de idealismo. O sonho é o que nos empurra para a frente, mas é preciso ter planejamento, metas e processos para torná-lo realidade.

Para quem quer empreender, gosto da metáfora de que é fundamental estar na água para pegar o peixe. Algumas pessoas têm a tendência de pensar demais antes de agir. Se você tem uma vaga ideia do que quer fazer ou sabe mais ou menos onde quer estar, mergulhe na água. Em pouco tempo, começará a ver os peixes pequenos passando e, de repente, vai passar o peixe grande — que você jamais veria se estivesse fora d'água. Estar no lugar certo na hora certa não é uma condição que depende do acaso, é preciso se mexer.

Por fim, e mais importante, procure gente boa. Pessoas extraordinárias e que tenham a generosidade de formar outras melhores ainda. O ativo mais valioso de uma companhia continua sendo as pessoas. É por isso que os sócios do Garantia e da Ambev sempre se envolveram pessoalmente no recrutamento, conversando com jovens e visitando faculdades. Contratávamos, treinávamos e recompensávamos o esforço e o talento com novas oportunidades — uma prática que continua atual.

Os novos empreendedores devem ver suas companhias como um guarda-chuva para jovens inconformados que talvez não queiram tomar o risco de abrir seu próprio negócio, mas que são criativos e cheios de vontade para fazer diferente (e, assim, fazer a diferença), que preferem fugir da hierarquia e da burocracia das organizações tradicionais. Se você não quer construir uma empresa mediana, precisa de muita gente acima da média para isso.

Os novos talentos é que trarão perenidade para o negócio. Vejo muitas companhias declinarem depois que seu fundador se afasta da operação. Mas empreender sem institucionalizar é uma tristeza e um desperdício de potencial, porque as empresas são muito maiores do que seus sócios. Os empreendedores devem fazer o possível para que suas criações sejam capazes de seguir em frente na mão de outras pessoas, tendo a sucessão como um processo natural.

Desejo que as próximas páginas despertem em mais e mais brasileiros a coragem para realizar seus sonhos. E que essas start-ups continuem disruptando mercados, concorrentes e, principalmente, disruptando-se.

APRESENTAÇÃO

# Florian Bartunek

## Vai lá e faz

Quando começamos o projeto Fora da Curva Investidores, eu, particularmente, estava na minha zona de conforto. Investimentos sempre foram minha paixão, e ter a oportunidade de conversar e aprender com os investidores que eu mais admiro é um privilégio. Ler as histórias desses craques sempre dá uma sensação amargo-doce. Uma alegria e admiração pelas trajetórias incríveis, mas uma inquietação positiva de que eu poderia estar fazendo mais. E esse empurrão para fazermos sempre mais é um dos principais motivadores desta série de livros.

Ao longo dos últimos anos o setor de tecnologia e start-ups passou a ganhar destaque e ser, além de gerador de muita riqueza, uma das carreiras que mais despertam o interesse dos jovens. Infelizmente, no Brasil não há muita literatura sobre os grandes empreendedores. Ler sobre Elon Musk, Jeff Bezos, Jack Ma e outros é fundamental, mas sempre deixa a dúvida de se é possível construir algo semelhante no Brasil.

Empreender é criar novos mercados ou disruptar os atuais com um objetivo inabalável de fornecer um melhor produto ou serviço ao consumidor. É sair da zona de conforto e fazer o que outros muitas vezes acham impossível. O índice de sucesso entre investidores é relativamente baixo, porque, além de os mercados serem muito difíceis de dominar, nossas emoções (ambição ou medo) muitas vezes nos atrapalham. Empreender também é um desafio enorme, e também com baixo índice de sucesso. Porém, a inabalável fé em si mesmo e o desejo de mostrar que dá para fazer algo "melhor" para os clientes são combustíveis para os empreendedores seguirem em frente. É quase como escalar o Everest sem a devida preparação. Confesso que pessoalmente tenho um pouco de inveja com admiração desse otimismo inabalável.

A ousadia dos empreendedores move o mundo para a frente. Produtos e serviços que hoje para nós são obviedades, e nem pensamos muito em como foram criados, nasceram da ousadia de muitos desbravadores. Os grandes navegadores provavelmente foram os primeiros empreendedores modernos. Se você está com medo de começar seu negócio ou levantar dinheiro, imagine como deve ter sido para Cristóvão Colombo levantar dinheiro para navegar rumo ao desconhecido, sem saber se iria voltar.

O Brasil, em especial, precisa como nunca da força empreendedora. Com uma população enorme desassistida, e com ou pouco ou nenhum acesso a serviços e produtos de qualidade, é por meio das novas soluções que podemos ter uma sociedade mais justa e igualitária.

Espero que você, leitor, se inspire nestas histórias de empreendedores, alguns jovens, outros mais experientes, que fizeram seus sonhos acontecerem, com muita garra e às vezes nas condições mais adversas. Alguns nomes neste livro tiveram formação em excelentes faculdades, outros não, mas todos têm em comum uma vontade enorme de correr atrás dos sonhos e mudar o mundo. Toda grande jornada começa com a coragem de sair da inércia e da zona de conforto, e dar o primeiro passo. O fato de não termos claro como será cada passo do caminho não deve nos paralisar. Muitas histórias do livro começaram de uma maneira e terminaram de outra completamente diferente, e melhor.

Eu tenho profundo respeito, admiração e gratidão por todos os empreendedores, que dedicam a vida por um mundo mais justo, gerando empregos e melhores serviços e produtos para todos nós. A recente pandemia nos mostrou o papel social de várias empresas de tecnologia. Espero que você aproveite a leitura e saia com mais inspiração para fazer sempre mais e melhor.

#vailaefaz

INTRODUÇÃO

# Ariane Abdallah e Pierre Moreau

## Os brasileiros que estão mudando o mundo

Quando começamos a organizar este livro, o verbo "disruptar" já estava internalizado ao vocabulário brasileiro. Já tínhamos exemplos o bastante aqui de empreendedores que inovaram em seus mercados a ponto de nos levar a vislumbrar esse novo tema para a série Fora da Curva. Falar de empreendedorismo era importante.

Enquanto organizávamos os últimos depoimentos, o mundo foi chacoalhado pela pandemia do coronavírus, que desconstruiu diversos paradigmas. Foi então que muita gente percebeu que empreender e inovar haviam se tornado a premissa para sobreviver. Assim, contar essas histórias nos pareceu ainda mais urgente.

Cada pessoa e cada empresa enfrentaram — e ainda devem enfrentar por um bom tempo — os próprios dilemas, desafios diferentes do planejado, adaptações inusitadas. Cada um tem encontrado também oportunidades para se reinventar de acordo com seus sonhos. Ninguém tem respostas prontas nem garantidas. Mas, se há lições que podem guiar a todos em um mundo em ebulição, elas estão neste livro. Os aprendizados de quem dedica a vida a construir negócios, criar marcas, inventar mercados nunca foram tão oportunos.

Reunimos depoimentos de doze empreendedores que, à frente de seus negócios, estão modificando setores inteiros ou expandindo os horizontes do mercado, com ideias inéditas. São jovens brasileiros entre 23 e 46 anos, alguns com empresas já avaliadas em mais de 1 bilhão de dólares — os famosos unicórnios. Nosso critério para convidar os representantes da cena empreendedora que aparecem nas próximas páginas foi o tamanho da empresa, o potencial de escalar o negócio e o impacto em seu respectivo setor — apesar de sabermos que há muito mais que uma dúzia de brasileiros com start-ups fantásticas mudando o mundo.

Em seus depoimentos, esses jovens empreendedores contam não apenas sobre suas empresas e os respectivos modelos de negócio, mas também sobre sua infância, seus erros memoráveis, seus medos mais profundos, seus dilemas. Porque acreditamos que tão relevante quanto as ideias que tiveram é o caminho que percorreram, o raciocínio que os levou a tomar as decisões mais importantes e os aprendizados que podem inspirar futuros empreendedores.

Escolhemos três histórias do mercado de pagamentos. O curitibano Alphonse Voigt, um dos fundadores do Ebanx. A empresa de quase mil funcionários oferece métodos de pagamentos locais para sites internacionais e nacionais, como Spotify e Uber. O paulistano Henrique Dubugras, que leva o título de mais jovem do mundo a criar um unicórnio. Com a Brex, é o único neste livro com atuação exclusivamente internacional, oferecendo cartões de crédito corporativos para start-ups a partir da sede da empresa em San Francisco. Foi nesse setor também que o carioca Thiago Piau construiu a maior parte de sua carreira. À frente da Stone, a única companhia de capital aberto deste livro, lidera seu time não apenas para brigar na guerra das maquininhas, mas para criar uma plataforma completa de serviços financeiros dedicada ao pequeno e médio empreendedor brasileiro.

Facilitando a transição das empresas para atuarem com vendas e marketing no ambiente digital, estão Geraldo Thomaz e Anderson Ferminiano. O primeiro é um dos fundadores da VTEX, plataforma de e-commerce brasileira com presença em mais de trinta países.

Empreendedor desde o início dos anos 2000, sendo testemunha da bolha da internet, passou quase uma década tentando diferentes negócios antes de encontrar seu caminho com a VTEX. Já Anderson é o criador da Voxus, lançada em 2014 como um dos primeiros players de mídia programática com tecnologia própria no Brasil. Atualmente, se posiciona como especialista em marketing digital para o mercado de e-commerce.

O setor imobiliário também está movimentado. Entre as histórias mais emblemáticas está a do mineiro André Penha, um dos fundadores da start-up QuintoAndar, que revolucionou o mercado de aluguel de imóveis ao criar uma experiência totalmente digital, da pesquisa à assinatura do contrato, evitando inclusive a exigência de fiador para os inquilinos. É nesse setor também que navega Diego Siqueira, de Goiânia, idealizador da Trinus Co., uma plataforma tecnológica com o propósito de desenvolver um mercado habitacional mais igualitário para todas as classes sociais no Brasil.

Duda Falcão se destaca pela transformação que lidera no setor de educação. Fundadora do Gera Capital, uma gestora de investimento focada em setores de impacto e co-CEO do Grupo Eleva Educação, integra os novos métodos de ensino no desenvolvimento da inteligência emocional dos alunos — tudo isso em escala.

O universo dos aplicativos está representado por Fabricio Bloisi e Victor Lazarte. Fabricio, fundador da Movile, controla marcas como iFood e PlayKids, seguindo seu sonho de infância de ter um negócio tão grande quanto a Microsoft. Hoje, os produtos da Movile estão em mais de cem países. Victor, ao lado de seu irmão Arthur, fundou a Wildlife Studios (antes chamada de TFG), a maior empresa de games da América Latina, com mais de 1 bilhão de usuários.

Já Camila Achutti e Paulo Veras atuam principalmente como inspiração para os novos empreendedores. Camila fundou a consultoria de inovação Ponte 21 e é uma das lideranças mundiais do movimento por igualdade de gênero no mercado de tecnologia. Paulo, que ficou conhecido como o cofundador da 99, o primeiro unicórnio do Brasil, tem se dedicado ao conselho de novas start-ups e à mentoria.

O que une todos esses empreendedores é que suas trajetórias foram construídas lidando com imprevistos todos os dias. Enfrentaram as adversidades com uma insistência que agora, com suas empresas bem-sucedidas, pode ser chamada de determinação. Em muitos momentos, duvidaram se conseguiriam sobreviver para continuar no mês seguinte. Foram do vale ao topo em instantes. Tiveram pouquíssimas certezas ao longo do caminho, mas seguiram em frente sem duvidar de que estavam fazendo seu melhor e cumprindo seu propósito.

Cada um com suas peculiaridades, os relatos reunidos são como um plano de voo para segurarmos firme em meio à turbulência. Justamente porque nos lembram de que não há caminho reto nem seguro. Mas é assim que acontecem histórias que mudam o mundo.

CAPÍTULO 1

# Alphonse Voigt

## Cofundador do Ebanx, empresa que oferece métodos de pagamentos para sites internacionais e nacionais, como Spotify e Uber

*O Ebanx foi anunciado como unicórnio em 2019 — sete anos depois de sua fundação. Para celebrar esse marco, Alphonse Voigt percorreu um caminho cheio de desvios, altos e baixos. Começou a carreira como advogado. Mas foi também integrante de uma equipe profissional de paraquedismo e apresentador de programa de futebol na TV. Fundou uma empresa apostando na regulamentação do bingo no Brasil, o que não aconteceu. Quase ficou paraplégico em 2005 depois de um acidente de paraquedas. Foi o responsável pela área comercial no início do Ebanx e hoje é CEO da companhia, que tem mil funcionários. A empresa se destacou por oferecer métodos de pagamentos locais para sites internacionais e, em 2020, lançou a Leve, solução de logística internacional para auxiliar as lojas on-line da China e dos Estados Unidos no envio de encomendas para o Brasil. Aos 47 anos, Alphonse é casado e pai de dois filhos.*

## Berço esplêndido

Nasci em Curitiba, em outubro de 1973. Para explicar o contexto e a família onde fui criado, preciso voltar um pouco no tempo. Meu pai é de Ponta Grossa, no Paraná, e meu avô paterno era o dono da maior padaria da cidade. Enquanto tocou o negócio, conseguiu oferecer uma boa condição para a família. Mas morreu cedo, e uma disputa entre os irmãos pela padaria obrigou meu pai a descobrir seu caminho de maneira mais independente. Com duzentos dólares no bolso, tomou uma decisão inusitada. Mudou-se para Chicago aos vinte anos, quando era raro brasileiros se aventurarem nos Estados Unidos. Aos 24, de volta ao Brasil, estabeleceu-se em Curitiba e criou uma rede de concessionárias de motocicletas. Ele adorava velocidade e competia como piloto de kart. Os amigos o achavam tão maluco que o apelidaram de meningite, uma doença que causa a inflamação das membranas que revestem o cérebro.

Ele tinha 27 anos quando conheceu minha mãe, dez anos mais nova e bonita a ponto de chamar a atenção por onde passava — tanto que trabalhava como modelo. Ela havia sido criada em uma família com costumes tradicionais, que não achava graça no estilo de vida aventureiro do meu pai. Meu avô não aprovava o namoro, mas, apaixonados, os dois enfrentaram a resistência. Certo dia, fugiram para a chácara de um amigo, onde ficaram por alguns dias sem dar notícias. Quando entraram em contato com meu avô, explicaram que só voltariam para Curitiba se pudessem se casar. Assim foi. Logo depois, às vésperas de completar dezoito anos, minha mãe descobriu que estava grávida de mim.

Nasci em um berço esplêndido, mas um tanto maluco. Meu pai estava em uma fase ótima dos negócios, com quase doze lojas abertas. Ganhava dinheiro, conseguiu montar uma casa confortável e bancar seus hobbies. Quando eu tinha três anos, ele me deu uma moto pequena, com a qual eu rodava pela casa e pela rua. Minha vida era a de um reizinho. Aos fins de semana, eu passava a maior parte do tempo na casa do meu avô, porque meus pais iam a campeonatos de kart, corridas de moto e passeios de barco.

A memória que tenho dessa fase é viver em dois ambientes muito diferentes. Em casa, com meus pais, a vida era desregrada. Minha mãe se dedicava muito a mim, mas nosso convívio sempre foi informal, e eu nunca desenvolvi uma relação de autoridade, nem com ela nem com meu pai. Os dois sempre me deixaram muito livre, solto para escolher e agir. Os amigos deles tinham um jeito mais "paz e amor", e havia muita diversidade nesse núcleo. Ainda assim, considerava meu pai meu herói e minha mãe uma guerreira.

Oposto disso era o convívio que eu tinha com meus avós, com minha tia Rita, irmã mais velha da minha mãe, e com seu marido, tio Wilson. Eles levavam uma vida mais tradicional, estruturada, que foi fundamental para minha formação. Os três foram referências muito importantes ao longo da minha trajetória. Foi com o vô Ciro, por exemplo, que aprendi a ser torcedor do Colorado, que depois se tornou Paraná Clube. Não gostava de jogar futebol, mas adorava torcer e ia sempre ao estádio com meu avô.

Quando eu tinha sete anos, passamos por uma crise financeira que foi um choque de realidade para mim. A empresa do meu pai quebrou porque ele teve dificuldade de se adaptar à proibição de importação de motos, medida tomada pelo governo na época para proteger a indústria nacional. Ficou endividado, e tivemos que vender o apartamento onde morávamos, que era no andar de cima de uma das lojas, para controlar a situação. Perdeu todo o patrimônio que havia construído até então.

Mudamos para a casa dos meus avós, que também nos ajudaram a pagar as contas por um tempo. Eu saí do colégio privado em que estudava e passei um semestre em uma escola pública. Mas minha maior frustração nesse momento foi não poder aprender a correr de kart. Eu queria competir como meu pai, mas, sem dinheiro, ele não podia mais bancar a atividade para nenhum de nós.

Alguns meses depois, ele conseguiu um emprego como vendedor de carro em uma concessionária, onde faria carreira por mais de trinta anos. Recomeçou. Nessa trajetória, ele me deu uma grande lição: não importa o contexto, é preciso seguir em frente. Ele teve o mérito de trabalhar e de se esforçar ao máximo. Nos feirões de carro, aos domingos e feriados, lá estava ele com ânimo para fazer dar certo.

## Franzino e esforçado

Meus pais conseguiram se adaptar à nova realidade sem grandes dramas. Depois que meu pai conseguiu um emprego, alugamos outro apartamento perto dos meus avós, eu voltei para uma escola particular e minha mãe ficou grávida novamente. Quando eu tinha nove anos, meu irmão nasceu. Pela diferença de idade e interesses, não éramos muito próximos. Eu queria envolvê-lo nas minhas atividades, mas não o convencia a ficar comigo.

Mais ou menos na época em que ele nasceu, minha tia resolveu me pagar um curso de inglês. Foi um tanto visionária. Curitiba não era como é hoje, com várias escolas de idioma em cada bairro. Nem os filhos das famílias mais ricas costumavam aprender a língua. Ela me matriculou na Fisk, e eu fiquei animado com a possibilidade. Ia toda terça e quinta e levava a sério as tarefas. Ela pagou o curso durante quase dez anos, até eu concluir o último nível, o que mais tarde seria um diferencial profissional para mim.

Durante a adolescência, eu não me destacava em nada na escola. Esforçado, mas sem uma inteligência acima da média. Nunca reprovei matérias e não tinha dificuldades de aprendizado, mas também não brilhava. Fisicamente, nunca chamei atenção. Sempre fui magro e franzino. O que eu tinha era a persistência e a facilidade de me relacionar socialmente. Acabei convivendo com amigos cujo padrão de vida era muito mais alto do que o meu. Seus pais tinham carros de luxo, casas enormes, e eu achava o máximo. Ficava imaginando como conquistar aquilo, essa vida boa e que me parecia harmônica. Lembro-me de, com uns quinze anos, começar a pensar sobre o que eu queria para mim no futuro.

Aos dezesseis, aprendi a surfar. Estávamos com uma condição financeira melhor, meu pai já era gerente da concessionária, e compramos uma casinha na praia, em Guaratuba, a 130 quilômetros de

Curitiba. Eu, que já gostava de mar e sempre tive uma sensação boa de estar na água, me apaixonei pelo surfe. Era um esporte difícil, exigia persistência, paciência de esperar a onda, resistência para encarar o frio ou a chuva — e eu gostava do desafio.

Quando chegou o momento de fazer vestibular, por tudo que eu tinha refletido até então, fui buscar algo mais sólido. Escolhi direito, mesmo sem saber ao certo o que faria com isso. Prestei para a Universidade Federal do Paraná e a PUC, que, coincidentemente, tinha aberto naquele ano um novo campus em São José dos Pinhais, cidade vizinha a Curitiba. A concorrência nesse novo campus era menor, e eu não me importava de ser longe, porque era a desculpa de que eu precisava para pegar um carro. Acabei passando em primeiro lugar. Fiz a matrícula no curso de direito e ganhei do meu pai uma caminhonete Chevy novinha. Ele me ajudava o máximo sempre que podia.

## Advogado, surfista ou paraquedista?

Eu gostei da faculdade e das pessoas que faziam o curso comigo, mas no primeiro ano não tinha noção do que era ser advogado. Para não ficar parado e ganhar algum dinheiro, me candidatei a uma vaga de estágio no Tribunal de Contas, sobre a qual meu pai tinha me falado. Deu certo. No meu primeiro dia, vi que havia cerca de vinte pessoas no departamento, com pilhas de papel sobre as mesas. "O pessoal deve trabalhar muito aqui", pensei. Eles me explicaram o que eu deveria fazer: como olhar as notas fiscais e como sinalizar quando algo parecesse fora do padrão. Peguei minha primeira pilha de papel achando que demoraria dias para terminar. Acabei em duas horas. Gostei da tarefa. Pedi mais. Foi então que a situação ficou estranha. "Não tem mais", disseram. "Esse é o trabalho do mês, agora pode relaxar." Fiquei confuso, mas esperei para entender na prática o que aquilo significava.

Com o passar dos meses, percebi que era sério. Eles não iam me dar mais trabalho. Pior: não existia um departamento para avaliar os casos suspeitos que identificávamos. Portanto, o trabalho que eu fazia era inócuo. Senti-me dentro de um livro do Kafka.* Eram processos e mais processos para não resolver absolutamente nada. Fui ficando revoltado, nutrindo um sentimento ruim que me levava a perder a fé no país. Mas eu era inexperiente e precisava ganhar algum dinheiro para me manter durante a faculdade. Então, fiquei ali até conseguir um novo trabalho.

Saí do Tribunal de Contas quando consegui um emprego na Assembleia Legislativa do Paraná, no gabinete do jornalista e então deputado Luiz Carlos Alborghetti, uma celebridade na região com seu programa policial na TV. O trabalho era mais dinâmico e me fazia ter contato com a população, que vira e mexe ia até lá fazer solicitações (eram outros tempos). Durou pouco porque, em 1994, aos vinte anos, eu decidi morar fora do Brasil para surfar. Eu tinha visto *Caçadores de emoção*, um filme com Patrick Swayze e Keanu Reeves, em que pegavam ondas gigantes e faziam paraquedismo. Fiquei inspirado e fui fazer um curso para aprender a saltar de paraquedas. Sentia que precisava daquela adrenalina. Queria ser como os protagonistas — exceto a parte em que eles roubavam bancos.

Com o dinheiro que eu tinha juntado e o emprego que meu tio me ajudou a encontrar numa exportadora em Miami, fiz minhas malas e parti para os Estados Unidos. Mas a Flórida não tinha um mar favorável. Depois de seis meses, com um amigo de Curitiba que também estava por lá, eu me mudei para Puerto Escondido, no México, onde aprendi a surfar ondas grandes. De lá, fomos para San Diego, na Califórnia. Entregava pizza e todo o dinheiro que ganhava usava para surfar e saltar de paraquedas.

Em 1995, ciente de que precisava voltar à realidade, desembarquei no Brasil. Retomei a faculdade no terceiro ano e resolvi abrir um negócio — porque queria ter dinheiro para continuar saltando e surfando. Abri uma loja de surfe e uma produtora de eventos. Foi

* Franz Kafka, autor tcheco que escrevia romances e contos em alemão, foi um dos mais influentes do século XX. Seus textos abordavam recorrentemente padrões de comportamento alienados e burocráticos, labirintos e acontecimentos surreais.

minha estreia como dono de um CNPJ. Principalmente por causa dos shows que organizava, tive minha primeira relação com a realidade de um negócio de escala. Eventos precisam da adesão de muita gente para que sejam bem-sucedidos, e isso nem sempre acontece. Nesse período aprendi sobre ganhar e sobre perder.

Com o que eu ganhava, pagava umas viagens. Conheci o Peru, a Indonésia, o Havaí. Passei a me sentir um cidadão do mundo. Entrei para uma equipe de paraquedismo, o Circo Aéreo Onix, que fazia turnês pelo Brasil. Foram anos intensos e divertidos. Realizei sonhos e fiquei rico — não de dinheiro, mas de experiências.

Depois de sete anos (em vez dos cinco previstos), terminei a faculdade. Foi nessa época que comecei a sentir um pouco mais a pressão da vida adulta. Minha família falava sobre encontrar um foco na vida, e eu também sentia que estava na hora de fazer isso. Tinha um diploma de direito, passei no exame da OAB e concluí que precisava fazer algo com aquilo.

Consegui emprego no escritório do pai de um amigo meu que surfava comigo. Como eu não sabia nada, comecei trabalhando sem remuneração. Entendia que, primeiro, eu deveria encontrar uma maneira de levar receita para o escritório e provar meu valor. E precisava fazer isso rápido.

Naquela época, os radares de trânsito estavam se espalhando por Curitiba. Muita gente começou a tomar multa. Enxerguei aí uma oportunidade. Minha sacada foi criar uma tese e entrar com recursos na Justiça contra as multas. O recurso era barato, cerca de quinze reais cada, mas, quando as pessoas descobriram o que eu estava fazendo, chegávamos a receber trinta pedidos por dia. Ganhei o respeito do escritório, assim como os primeiros pagamentos como advogado.

Pouco tempo depois que eu havia começado a conquistar meu lugar profissional, chegou no escritório um novo advogado, Luiz Henrique Bona Turra. Mudaram minha mesa de lugar para que eu ficasse sentado na sala dele. Eu não gostei da ideia, pois queria aquela sala para mim. Para minha surpresa, ele não só era um profissional cativante e muito competente como me adotou como seu pupilo. Em três meses, me ensinou mais do que a faculdade inteira. Transformou-me em um advogado completo, capaz de fazer uma sustentação oral, contestações e os mais variados recursos. Muito do que aprendi sobre a profissão devo a ele.

## De passagem pelo futebol

Enquanto eu engatinhava na advocacia, recebi o convite de um amigo jornalista, Alexandre Zraik, para participar de um programa de futebol na TV. Ele seria o mediador e precisava de três torcedores com personalidade polêmica, cada um representando um dos grandes times da região: Coritiba, Atlético e Paraná. Eu, claro, seria o paranista. Fui fazer o teste e gravar o episódio piloto em um sábado de manhã, e a produção do programa adorou, apesar da minha ressaca. Estava contratado.

O programa foi batizado de *Tribuna do esporte* e fez muito sucesso. O Alexandre era um jornalista excelente, que infelizmente faleceu cedo demais, aos 35 anos, após um acidente de moto em Curitiba. Eu e os outros dois torcedores falávamos da situação dos nossos times e discutíamos calorosamente. Era um momento de muita dificuldade para o Paraná Clube. Eu queria que o time desse certo, mas a situação só piorava. Acabei usando o programa para fazer uma oposição ferrenha, criticar a diretoria e bater pesado nas pessoas que eu considerava responsáveis por acabar com meu time do coração.

Um dia, chegou um convite da diretoria para eu participar de uma conversa no clube. O presidente queria que eu, o jovem advogado que escancarava a incompetência do Paraná diariamente na TV, provasse que era capaz de ajudar a fazer melhor. Disse que entendia minhas ressalvas, mas que não era fácil ocupar seu cargo. Perguntou se eu não poderia trabalhar de graça e usar minha energia para me dedicar ao time. Abracei a missão.

Atuei inicialmente como conselheiro, mas logo fui convidado para ser um dos dirigentes. Aceitei. No primeiro jogo a que assisti como parte da liderança do clube, dei vexame. Era 2002, e o Paraná estava para ser rebaixado. Precisávamos ganhar. Assisti no camarote, junto com os demais dirigentes e parte da equipe técnica — uma experiência inédita para mim. No primeiro tempo, tomamos um gol. Em seguida, um jogador nosso foi empurrado na área do pênalti, mas o juiz não marcou e ainda expulsou nosso jogador. No intervalo, a comitiva inteira desceu para pressioná-lo. Eu também estava nervoso, e o juiz respondeu alguns palavrões olhando para mim. Não aguentei e dei um chute na bunda dele. Ainda tive tempo de dar mais um chute nele antes de a polícia me levar para a delegacia. Não costumo ser briguento, mas naquela ocasião fui porque estava convicto dos meus ideais. Estávamos sendo roubados, e infelizmente perdi a razão.

Meses depois, aconteceu a eleição para a nova diretoria, e o grupo com o qual eu tinha afinidade foi o mais votado. Entrei junto e continuei como parte da direção do clube. Nunca ganhei nada para isso, mas foi uma época legal, de me doar para o time pelo qual eu era apaixonado. Era um trabalho de meio período que eu fazia nos intervalos do emprego remunerado no escritório. Mas acabei deixando o programa, porque, além do conflito de interesse que agora havia, o Alexandre foi demitido, e eu me recusei a continuar sem ele.

## Uma promessa que virou prejuízo

Enquanto isso, no escritório, eu já me sentia mais seguro. Estava perto dos trinta anos, com uma bagagem de experiências diversas. Então, chegou até nós um cliente que queria uma liminar para operar algumas máquinas de bingo. Peguei o caso. Apesar de os outros advogados terem ficado céticos em relação à possibilidade de vitória, consegui a liminar. Estudei o assunto e vi que havia jurisprudência de casos semelhantes. Me animei e comecei a pesquisar mais. Mergulhei nesse universo do jogo, que era completamente novo para mim, e percebi que havia uma oportunidade de construir um negócio e crescer com escala.

O mercado de jogo estava prestes a ser regulamentado no Brasil. O então presidente Lula havia anunciado sua intenção de fazer isso. Fiquei próximo desse cliente para o qual consegui a liminar e me envolvi em um projeto maior com ele. Minha facilidade para me relacionar com pessoas e minha fluência no inglês abriram algumas portas. Criamos uma empresa mirando esse setor, que tinha a perspectiva de crescer nos anos seguintes.

Em 2004, deixei o escritório de advocacia e assumi o cargo de CEO da Lotobras S.A. O plano de negócio era explorar a nova legislação instalando 20 mil máquinas de bingo no Brasil nos meses seguintes. Havia um grupo canadense no investimento conosco, um escritório alugado, dez funcionários e uma fábrica de máquinas pronta para entrar em operação. Só faltava faturar. Mas não foi bem isso o que aconteceu.

De uma hora para outra, o governo voltou atrás e proibiu o jogo. Todo aquele mercado potencial evaporou em uma canetada só, e o trabalho que eu estava fazendo se tornou irrelevante. O sócio estrangeiro desapareceu, e não tínhamos um centavo provisionado.

Minha sensação era de estar completamente sozinho e com um problema enorme nas mãos. Fiquei muito frustrado, pois já tinha investido anos naquele projeto, e simplesmente morremos na praia, sem conseguir realizar absolutamente nada do que estava no plano.

Essa experiência me ensinou a nunca começar um negócio sem lastro. Se você vai entrar em um projeto de 1 milhão de dólares, precisa ter pelo menos metade desse dinheiro como orçamento para dar sustentação no início. Isso sem considerar, claro, o duro aprendizado de que no Brasil as regras mudam rápido e a qualquer momento. Quebrei a empresa e fiquei sem nada. Mas o que estava ruim ainda podia piorar.

## Um poço bem mais fundo

Perto de acontecer o problema da Lotobras, meus pais se separaram. Meu irmão e eu alugamos um apartamento para meu pai em um momento em que eu mal conseguia pagar minhas contas, mas não podíamos deixá-lo na mão.

Então, apareceu uma oportunidade que parecia ser a solução para meus problemas. Eu ainda tinha alguns contatos na área de eventos, e um conhecido deu a ideia de fazer um grande show para 30 mil pessoas com a dupla sertaneja Bruno e Marrone. Eles estavam fazendo muito sucesso na época e havia uma única janela na agenda que poderia ser aproveitada para uma apresentação em Curitiba. Caiu na minha mão. Não tinha como dar errado, pensei. Alguns amigos e eu resolvemos organizar o show.

Porém, foi um fracasso retumbante. Faltava-nos experiência com sertanejo, os curitibanos não eram tão fãs assim da dupla, e as semanas que antecederam o show foram de muita chuva, o que afastou ainda mais o público. Precisávamos vender pelo menos 10 mil ingressos para empatar com o custo, mas não vendemos nem 5 mil. Cogitamos cancelar, mas um amigo meu aconselhou: mais vale um fim desgraçado do que uma desgraça sem fim. Se cancelássemos e tivéssemos que reembolsar os ingressos e voltar atrás com os cantores, a desgraça se estenderia por tempo indefinido. Tomamos o prejuízo. Tive que vender meu carro para cobrir parte do rombo.

Acredito que, quando estamos em uma situação difícil, precisamos encontrar algo bom em que nos agarrar. Naquele momento, esse algo bom foi meu irmão, que renasceu para mim. Ele já estava mais maduro, com 22 anos, e foi meu parceiro na situação com meus pais. Dividiu as dificuldades e se tornou uma pessoa muito mais próxima.

## Teste de paciência

Em 2005, eu comecei a ver uma luz no fim do túnel. Quitei as dívidas do show, consegui encerrar as pendências da Lotobras, o choque com a separação havia ficado para trás. Com todo o estresse, eu havia engordado e ficado fora de forma, então passei a treinar com o time de triátlon do Paraná Clube. Durante dois meses, nadei e corri quase diariamente, até que, em novembro, tive vontade de fazer uma viagem para esfriar a cabeça. Peguei o carro e fui até Paranaguá para saltar de paraquedas. O plano era sair de lá e ir para Camboriú, em Santa Catarina, curtir uma balada com amigos e surfar.

Quando cheguei ao local do salto, havia muita gente na fila. Como eu conhecia todo mundo e era um paraquedista respeitado, alguém cedeu o lugar para mim. Subi no avião e me joguei no ar. Queda livre, que sensação boa. Me deu uma felicidade instantânea. Abri meu paraquedas e comecei a planejar o pouso. Fiz algumas curvas e observei outro paraquedas pousar na minha frente. De repente, olhei uma criança lá embaixo e me distraí. Coisa de segundos. Perdi completamente a concentração e a orientação espacial. Continuei descendo em alta velocidade e bati. Lembro-me do momento em que a lateral da minha perna se chocou contra o chão de grama. "Clec." Eu soube na hora que minha coluna estava quebrada. Passou um filme na minha cabeça. Eu em uma cadeira de rodas, girando.

Quando abri os olhos novamente, vi o paraquedas sobre mim. Tentei levantar e ouvi os gritos de pessoas ao redor me alertando. "Para, fica aí", diziam. Eu não sentia dor, mas consegui ver que meu corpo estava dobrado em dois. Os socorristas chegaram e me imobilizaram, mas deixaram uma das minhas mãos livre. Toquei minha perna. Não senti nada. Peguei o telefone no bolso da calça e liguei para meu pai. Ele estava em um churrasco. "Pai, bati de paraquedas, estou paraplégico e indo para o hospital", avisei sem nenhum filtro ou confirmação. Ele desligou o telefone e, do carro, foi descobrindo o que fazer. O hospital de Paranaguá não tinha estrutura para me atender. Ele conseguiu uma ambulância para me levar para o Hospital Universitário Cajuru, em Curitiba.

Foi uma viagem de mais de uma hora, e a essa altura eu já havia começado a sentir dor. Mas na minha cabeça uma voz dizia claramente que eu precisava voltar para a capital, que era a coisa certa a fazer. Chegando ao hospital, encontrei meu pai e meu irmão. Eles me abraçaram, mas eu disse que não havia tempo a perder. Precisávamos achar um médico para me operar logo. O primeiro que me atendeu não me deu segurança. Eu queria outro médico. Pedi para meu pai e meu irmão acharem um especialista. Queria viver e tinha certeza de que tinha chance de sair daquela situação. Só não sei explicar de onde vinha essa convicção.

Pouco tempo depois entrou na sala o doutor Emiliano Vialle, meu amigo de infância, que havia se especializado em operação de coluna. Ele fazia plantão no Cajuru uma vez por mês e, coincidência ou destino, estava lá no dia do meu acidente. O diagnóstico era achatamento da vértebra L1. Ele avisou que seria o responsável por minha cirurgia. Fiquei aliviado.

Quando o efeito do sedativo passou e eu acordei, já estava no quarto. A família toda reunida em volta de mim. A primeira coisa que fiz foi colocar a mão na minha perna. Senti o toque. Que alívio. Mas eu sabia que a jornada estava só começando. A recuperação seria longa. "Prepare-se, Alphonse", disse em pensamento.

A maior dificuldade no início envolvia as funções mais básicas, como urinar. Eu precisava de uma sonda, pois os músculos não obedeciam a esse simples comando. Nos meses seguintes, decidi me concentrar em uma única missão: recuperar o controle do meu corpo e voltar a andar. Como meu pai ainda estava vivendo um momento difícil, meu irmão e eu alugamos uma casa para nós três. Achamos um imóvel no meio de uma paisagem bucólica e passamos quase um ano em parcial isolamento, cuidando de nós. Eu fazia cerca de três tipos de terapia por dia.

Minha maior força naquele momento foi a persistência. Aprendi a ter paciência, a não esperar resultados rápidos e a não querer tudo para ontem. Foram doze meses de melhoras lentas e pequenas vitórias. Consegui me movimentar com a ajuda da barra paralela. Depois, peguei o andador, com o qual demorava dez minutos para andar dez metros. Caía, levantava. Me esforçava mais um pouco. Passava para as duas muletas. Depois, só uma. Enfim, a bengala. Até que não precisei mais de suporte para caminhar. Recuperei cerca de 70% da minha marcha normal. Perdi parte dos movimentos dos pés. Nunca mais consegui correr, mas para mim estava ótimo. E minha conquista mais importante, a paciência, continuei carregando comigo.

## De volta ao jogo

No fim de 2006, já recuperado, retomei meus contatos na TV e voltei a fazer programa sobre futebol em um canal local. Vendi alguns patrocínios que pagavam as contas. Mudei de emissora após um convite da TV Bandeirantes. Era a maneira de retomar a rotina, mas comecei a avaliar outras possibilidades.

Nesse caminho, conheci três pessoas importantes. A primeira foi o Andres, um uruguaio que tinha a ideia de processar pagamentos para sites de jogo on-line, como pôquer. Eu contei a ele minha história na Lotobras, e ele se animou por eu ter essa experiência. Foi até Curitiba para me conhecer. Conversamos mais, e gostei dele. Talvez pudéssemos fazer algo juntos.

O segundo foi o Wagner. As circunstâncias que me levaram a ele foram inusitadas. Certo dia, fui a uma loja para comprar um colchão. Por algum motivo que até hoje desconheço, a dona da loja quis conversar comigo e me contou sobre um curso de desenvolvimento mental que estava organizando. Mesmo sem entender muito bem, peguei seu contato. Nos dias seguintes, fiquei com aquele convite na cabeça e decidi aparecer na aula.

Havia outras vinte pessoas. A primeira aula misturou filosofia e meditação. No intervalo, pão de queijo, cafezinho e um bom papo. Continuei voltando nos dias seguintes. Concluí o módulo básico e fui para o seguinte. O professor desse segundo módulo era o Wagner. Gostei muito dele e acabamos nos tornando amigos. Descobri que, além de boa companhia para filosofar, esse paulistano era também especialista em mercado financeiro e empreendedor veterano, já tendo quebrado algumas empresas.

O terceiro foi o Alexandre. Fui a um torneio de pôquer em Curitiba com alguns amigos e, na mesa em que sentei, lá estava ele. Conversando, descobri que ele era advogado, formado na Inglaterra, e estava tentando mudar a carreira e se tornar jogador profissional de pôquer. Trocamos contatos.

A ideia de pagamento para jogos amadureceu, e concluímos que nosso melhor cliente potencial era o PokerStars, o maior site de pôquer on-line do mundo, que não conseguia processar pagamentos no Brasil. Enquanto as conversas avançavam, o Alexandre foi para Las Vegas competir em um torneio. Deu certo, e ele se tornou o primeiro latino-americano a ganhar um campeonato mundial de pôquer. Foi até no programa do Jô Soares dar entrevista, e o PokerStars o procurou para que ele se tornasse um atleta patrocinado. Ali estava nossa chance. Já tínhamos o modelo de negócio, e eu pedi a ele que fizesse a ponte e nos apresentasse à empresa. Fui até Londres para uma reunião e consegui vender o sonho. Tínhamos nosso primeiro cliente.

Assim, eu e esses três amigos fundamos a AstroPay. Começamos a operar em 2009. A empresa foi muito bem, com bons clientes no Brasil e na América do Sul e margens excelentes. Consegui me restabelecer financeiramente e comprar um apartamento. Mas depois de três anos me sentia desmotivado. Eu estava trabalhando por todos, exposto a um risco grande na operação, e cansado desse universo do jogo. Tinha adorado lidar com negócios internacionais e com a tecnologia de processar pagamento, mas entendi que poderia fazer isso para outros clientes, grandes sites estrangeiros que estavam vendendo no Brasil. Entrei em acordo com os sócios e vendi minha participação.

## O início do Ebanx

Nos primeiros meses de 2012, estruturei as ideias para essa nova empresa, que teria o objetivo de processar pagamentos. Queria que fosse a fornecedora das plataformas de e-commerce do mundo inteiro que vendessem produtos no Brasil. Queria oferecer boleto bancário para a Amazon. Sim, eu sonhava grande. Tinha para investir o dinheiro que havia recebido da venda da minha parte na AstroPay e tempo para me dedicar à construção desse negócio.

O nome Ebanx surgiu nesse momento. Eu conhecia uma empresa que chamava Netbanx e gostava do som, lembrava algo digital e relacionado a pagamentos. Inicialmente, coloquei o "i" do iPhone, mas funcionou melhor com o "e". Então, ficou Ebanx.

Meu passo seguinte foi convencer as pessoas que eu as queria como sócias. Uma delas era o Wagner. O mesmo do curso de filosofia que havia me ajudado no início da AstroPay. Entendia de finanças e de modelo de negócios e podia me ajudar com isso. Porém, naquele momento ele estava criando uma rede de equipamentos para academia e não estava exatamente disponível. Havia também o Antônio e o João, da Polvo Tecnologia, empresa que eu havia conhecido alguns meses antes e prestava serviços para a AstroPay. A primeira venda que tive que fazer foi para os três. "Wagner, pare o que você está fazendo e venha fazer o Ebanx comigo", disse para um. "João e Antônio, vamos dominar o mundo juntos", falei para os outros.

Eles toparam ser meus sócios, mas continuaram cuidando de seus outros negócios. Eu era o único que estava dedicando todo meu tempo ao Ebanx. Felizmente, naquele primeiro ano, conhecemos a Endeavor, organização mundial de fomento ao empreendedorismo. Entrei em contato com a equipe de lá após ler uma reportagem no jornal, e eles vieram conhecer a empresa. Apesar de sermos muito pequenos na época, acredito que viram valor em nós, os empreendedores. Participamos do processo seletivo. A aprovação não era simples, e foi uma vitória ganhar o selo Endeavor.

Nos primeiros anos, os mentores da Endeavor seriam como meus irmãos mais velhos, dando excelentes conselhos a cada novo desafio. A primeira ajuda que a organização me deu foi convencer o João e o Wagner a entrarem de cabeça. Os mentores deram um ultimato: uma oportunidade desse tamanho não dá para ficar meio período. Com esse empurrão, largaram o que estavam fazendo e vieram para o Ebanx em tempo integral. Foi um alívio. Eu sabia que, juntos, a gente poderia ir muito longe. Tínhamos conhecimento, energia e um bom entrosamento. Eu queria estar no Ebanx e queria estar com eles.

## Trabalhando por dez

Ainda em 2012, contratamos o Victor, nosso primeiro funcionário, para tocar a parte de suporte ao cliente. Eu tinha a missão de fazer as primeiras vendas. Precisava estar na estrada, falando com os potenciais clientes. Ao mesmo tempo, escrevia o que ia entrar no nosso site, fazia as apresentações para vender nossos serviços, a tabela de preço e todas as conversas com os sites que processam pagamento conosco.

O João era responsável por desenvolver todos os sistemas e fazer as integrações necessárias com as plataformas dos clientes. E o Wagner era quem fazia os pagamentos, os fechamentos de câmbio e o relacionamento com os bancos. Resumindo, todos nós trabalhávamos por dez. Não havia equipe. Mas não era algo pesado. Lembro-me dos primeiros anos como uma época mágica de criatividade e criação. Foi quando moldamos boa parte da nossa cultura.

Depois, aos poucos, foram chegando mais funcionários. Meu irmão se juntou a nós para estruturar o escritório. O cuidado com o ambiente de trabalho e a infraestrutura eram fruto de uma mentalidade que cultivamos desde cedo no Ebanx. Se cuidaríamos do dinheiro dos clientes e dos pagamentos dos consumidores, precisávamos passar credibilidade e mostrar que a equipe pequena não traduzia nossas ambições. Zelamos pela arquitetura, pela organização das áreas de trabalho, pelas frutas disponíveis para o lanche da tarde.

## O peixe grande

A primeira grande oportunidade de venda que surgiu foi para o AliExpress, do grupo chinês Alibaba. O João e o Antônio eram donos do domínio boletobancario.com, criado para um trabalho que tinham feito na faculdade. Desse site, remetíamos os clientes para o site do Ebanx. Os chineses, desesperados para entender essa jabuticaba brasileira, entraram no Google para achar um fornecedor de boleto. Nosso domínio ficava em primeiro lugar nas buscas e, por isso, a equipe do AliExpress entrou em contato conosco. Em novembro de 2012, eles visitaram o Brasil para conversar com diferentes fornecedores.

Fomos buscá-los no aeroporto assim que chegaram em Curitiba. Visitaram nosso escritório e depois os ajudamos a se localizar para visitar outras empresas de pagamento. Fomos muito transparentes, como sempre éramos. Explicamos as complexidades regulatórias do Brasil, o que era ou não possível fazer por aqui. Ficamos um pouco decepcionados quando nos contaram que não iam fechar negócio naquele momento, porque o Brasil ainda não era uma prioridade. Mas nos colocamos à disposição para negócios futuros.

Felizmente, o negócio chegou antes do que esperávamos. No início de 2013, eles voltaram a entrar em contato. Queriam ter a solução de boleto no site. À primeira vista, não éramos a opção mais óbvia para os chineses. Havia outras empresas de meios de pagamento muito maiores do que nós. Mas como escutei do Raphael Klein, das Casas Bahia, no Brasil não é o grande que engole o pequeno, mas sim o rápido que engole o lento. E esse foi nosso trunfo. Quando o AliExpress chegou disposto a fechar, estávamos prontos para fazer acontecer.

Lembro-me das discussões frenéticas sobre o contrato. Imagine a cena: o Ebanx era uma empresa de doze pessoas, lidando com um conglomerado de 100 mil pessoas. Foram meses trabalhando em fusos horários opostos. Vários detalhes da integração da tecnologia eram ajustados de madrugada. Eu sabia que para ter sucesso não bastava fazer bem o básico. Para nosso negócio ser relevante, precisávamos fazer o nosso trabalho e o do nosso cliente. Não bastava mandar a apostila de integração, o contrato, e esperar que eles se virassem. Precisávamos caminhar juntos. Conseguimos encontrar uma maneira, tanto com a tecnologia quanto com os bancos, de confirmar o boleto em um dia e pagá-los na China no dia seguinte pela manhã.

No meio desse trabalho, aprendi muito sobre a técnica de antecipar verdades. Se é algo que você sabe que vai acontecer, falar um pouco antes não é uma mentira. Em agosto de 2013, os chineses me ligaram para avisar que estava tudo pronto, mas o departamento de *compliance* tinha uma ressalva. Como éramos muito pequenos, a exigência era apresentar um depósito caução de 1 milhão de dólares.

Claro que não tínhamos esse dinheiro, mas não podíamos perder a venda por uma reação amadora. Eu me imaginei tentando escapar de uma onda grande que se fechava no horizonte sem que eu pudesse me desesperar. “Sim, claro, faz sentido”, falei. “Só queria entender o racional desse valor.” Negociamos e chegamos a 200 mil dólares — uma cifra que tampouco existia na nossa conta. Mas nossos bancos parceiros em Curitiba emprestaram o dinheiro e conseguimos fazer o depósito. No dia seguinte, entramos em operação com eles.

## Crescer e escalar

Foi com esse primeiro grande contrato que aprendemos na prática o jogo da escala. Tivemos que aperfeiçoar nosso jeito de contratar, ampliar nossa capacidade na tecnologia, garantindo infraestrutura e segurança de dados, e cuidar da cultura no crescimento.

Lembro-me do fim de 2014, quando fizemos uma pequena convenção anual para todos os ebankers (como chamamos as pessoas que trabalham no Ebanx). Já éramos cerca de cinquenta pessoas, gerando 500 mil reais de lucro por mês. Havíamos fechado outros contratos bons com clientes como Airbnb e Wish. Em seguida viriam Spotify, Sony Playstation e centenas de sites menores. Batizamos o evento de Ebanx Circus, nome que manteríamos nos anos seguintes com cada vez mais ousadia na programação e um ambiente propício para uma catarse coletiva. Desde o princípio, foi planejado para ser um momento de confraternização, mas também para mostrar os planos da empresa. Naquele primeiro ano, trouxemos algumas pessoas para nos inspirar, como um executivo da Amazon e o prefeito de Curitiba.

Um dia antes do evento, João olhou sério para mim e disse: “Alphonse, precisamos crescer essa empresa umas dez vezes”. Tinha razão. No mercado financeiro, crescer é uma necessidade, pois só com volume é que se ganha relevância e força.

Um dos nossos grandes acertos com o Ebanx foi ter inventado o mercado em que iríamos trabalhar. Quase não havia empresas oferecendo soluções de meios de pagamentos locais para sites internacionais e, inicialmente, nadamos sozinhos nesse oceano. Outra vantagem foi construir uma proposta clara de valor. Costumo dizer que o empreendedor precisa ser capaz de explicar para seu avô o que faz. Algumas pessoas olham para o Ebanx e acham que somos ninjas, que fazemos algo muito complexo. Mas a ideia era simples: oferecer boleto bancário para empresas estrangeiras.

Um dos diferenciais que mais me orgulho de termos criado foi a área de atendimento ao cliente dos nossos clientes, para garantir uma boa experiência de compra. Se uma pessoa compra um vestido de um vendedor chinês e o produto não é entregue, as processadoras de pagamento não costumam se envolver na reclamação. De fato, a responsabilidade é da plataforma de venda e do comerciante. No entanto, imagine alguém de Maringá, no interior do Paraná, falando com o dono da loja de Guangzhou, na China. No Ebanx, acreditamos que podemos ser parte da solução e fazemos a ponte entre essas duas pessoas que vivem em mundos tão distantes, para que as reclamações sejam resolvidas o mais rápido possível.

Em 2015, iniciamos a expansão pela América Latina. Foi um desafio, principalmente por causa do relacionamento e da área regulatória. No Brasil, já tínhamos claro quem eram nossos competidores e quem eram nossos parceiros. Mais do que isso, sabíamos todos os detalhes sobre o funcionamento do mercado financeiro. Quando fomos para os países vizinhos, encontramos realidades completamente distintas. Tivemos que entender os sistemas financeiros de cada um. Mas deu certo. Em 2019, os sites internacionais clientes do Ebanx aceitavam mais de cem opções de pagamentos locais nos oito países em que operávamos — Argentina, Bolívia, Brasil, Chile, Colômbia, Equador, México e Peru.

Em 2016, eu tomei coragem de saltar novamente de paraquedas. Convidei meu sócio Eduardo, meu fisioterapeuta Renato, que me deu todo o apoio para voltar a fazer esportes, e o Gustavo Ziller, que também era empreendedor Endeavor, para ir a Foz do Iguaçu, onde fica um dos centros mais completos de paraquedismo do Brasil. No dia 2 de dezembro, saltei da aeronave. Comandei sozinho o paraquedas. Naveguei tranquilo e, perto da chegada, fiz a mesma curva durante a qual tinha me distraído onze anos antes. Todos os paraquedistas no chão olhando para mim. Uma energia vibrando. Controlei o freio e pousei suave. Foi uma adrenalina inacreditável. Sacudi a poeira e desde aquele dia não tive mais vontade de voar. Foi como se eu tivesse feito as pazes com o fim da minha carreira de paraquedista. Hoje, minha dose de adrenalina vem do esporte que pratico desde 2016, a pesca submarina.

## Vida de unicórnio

O Ebanx sempre gerou caixa e era capaz de sustentar seu próprio crescimento, sem necessidade de investidores. Mas, em 2017, tivemos um aporte do fundo norte-americano FTV Capital. O acordo foi muito menos para receber dinheiro e muito mais para ganhar aliados nas batalhas, gente com conhecimento do mercado e mais experiência. Foi por meio do FTV, por exemplo, que conhecemos nosso futuro *chief commercial officer*, Henrik, que atualmente fica nos Estados Unidos cuidando do time comercial e do contato com os clientes.

Em 2019, um segundo aporte do FTV transformou o Ebanx em um unicórnio. Para mim, isso foi reflexo das soluções únicas que criamos para atender às demandas de algumas das maiores marcas do mundo. Mas o valor atribuído ao negócio não fez desaparecer os desafios nem a paixão atrelada ao crescimento do Ebanx.

Em 2020, lançamos três novas frentes de atuação. No início do ano, anunciamos o Ebanx GO, nosso primeiro produto voltado para o consumidor final: uma conta de pagamentos digital gratuita com cartão virtual e vários benefícios como *cashback* e acompanhamento das encomendas. Em agosto, lançamos a Leve, serviço de logística internacional para auxiliar as lojas on-line da China e dos Estados Unidos no envio de encomendas para o Brasil. E no fim do ano finalizamos a compra da Juno, start-up de processamento de pagamentos locais, em que investimos desde sua fundação e que acabou virando nosso braço de pagamentos locais.

Nem passa pela minha cabeça vender a empresa. Gosto do que faço, adoro minha equipe, não abro mão dos meus sócios nem da relação que construímos. Os desafios estão ficando maiores, e é bom que seja assim. Também não pensamos em deixar Curitiba. Temos orgulho da nossa origem e queremos cultivar a conexão com a cidade. Apoiamos a cena cultural e esportiva da região, patrocinando atletas e as edições do Festival de Teatro de Curitiba. Também investimos na formação de meninas para despertar o interesse pelas áreas de tecnologia.

Seguimos em constante aprendizado. Como ouvi certa vez em uma palestra do Richard Branson, fundador da Virgin, ser empreendedor é passar anos pintando um quadro, pensando em cada detalhe. Eu me lembro de cada passo que demos e de como a paisagem se transformou. No meio do caminho, precisei entender sobre fusões e aquisições. Saber enxergar os novos ciclos e conseguir se renovar com eles é o grande desafio. Tive que reaprender e me adaptar, porque todas as áreas que criei não sou mais eu que gerencio. Viver os novos papéis que a empresa exige de mim.

Uma lição importante que aprendi com os mentores da Endeavor foi cuidar da minha saúde financeira e da minha família. É muito comum que os empreendedores se dediquem de corpo e alma ao negócio que criaram. Colocam tudo na reta pela empresa, investem toda a saúde e energia no projeto e aceitam ficar por anos recebendo uma pequena remuneração, deixando tudo para o negócio. Porém, o empreendedor precisa pensar também no seu próprio futuro, para que sua jornada seja sustentável e para que sua família tenha certa tranquilidade. No Ebanx, ninguém nunca recebeu um e-mail dos fundadores com o aviso "estamos de férias, entre em contato com fulano na minha ausência". Não paramos nem diminuímos o ritmo, mas aprendemos a nos cuidar e ter conforto na nossa vida pessoal.

Hoje, minha sensação é a de que mais nada do que faço é pelo dinheiro. A missão é a única coisa que importa. Podem nos chamar de loucos, mas depois de chegar aos quase mil funcionários, queremos crescer a empresa dez vezes. De novo. O sonho continua gigante.

## OS PRINCIPAIS CONSELHOS DE ALPHONSE

*Sobre empreendedorismo*

1 **Siga em frente, recomece**

Quando criança, vi meu pai reorganizar a vida depois de uma crise que quebrou sua empresa. Hoje, sei que não importa o contexto, é preciso continuar. Se algo deu errado, é hora de partir para a próxima ideia com ânimo para fazer dar certo, sem desistir diante das dificuldades.

2 **Nunca faça nada sem lastro**

Entrar em projetos grandes, que demandam alto investimento antes de gerarem qualquer retorno, só faz sentido se houver lastro. Ou seja, garanta que você tem dinheiro ou um plano B no qual se ancorar caso a iniciativa dê errado (por culpa sua ou do contexto).

3 **Entenda que mais vale um fim desgraçado do que uma desgraça sem fim**

Arrastar problemas é pior do que enfrentá-los de uma vez. Foi um conselho que me deram e nunca esqueci. Se perceber que vai dar errado, aceite o prejuízo, reconheça o erro, acerte as contas com quem for possível. Evite parcelar o sofrimento.

4 **Tenha paciência**

Quando sofri o acidente de paraquedas e fui obrigado a ficar mais de um ano em recuperação, deixei de lado a expectativa por resultados rápidos. Valorize as pequenas conquistas e não queira chegar rápido a seus objetivos. Tenha paciência para construir e aprecie cada dia.

5 **Saiba contar a história e tornar simples uma venda que poderia ser complexa**

Se você consegue explicar seu trabalho para seu avô, provavelmente tem uma vantagem competitiva. A simplicidade e a capacidade de explicar uma ideia sem confundir o interlocutor ajudam as pessoas a entenderem seu propósito e decidirem se vão apostar ou não em seu negócio.

6 **Cuide do patrimônio da empresa e da sua vida pessoal. Trabalhe muito, mas não deixe de se remunerar à altura**
Empreendedores dedicam muito tempo a suas empresas. Entregam-se a seus projetos, arriscam muitas vezes suas relações e seu patrimônio pessoal, colocam cada gota de suor para fazer dar certo. Por isso, nada mais justo do que serem bem remunerados. Eu aprendi a pensar no meu próprio futuro e dar tranquilidade financeira à minha família sem culpa.

## SUGESTÕES DE LEITURA

*Sonho grande: Como Jorge Paulo Lemann, Marcel Telles e Beto Sicupira revolucionaram o capitalismo brasileiro e conquistaram o mundo*
Cristiane Correa
"Para mim, é uma bíblia de cultura e um livro que nos ensina a acreditar. Passa uma mensagem de vai que dá, é possível."

*Empresas feitas para vencer* e *Feitas para durar*
Jim Collins
"São dois trabalhos que envolveram muita pesquisa e que explicam por que existem empresas boas e empresas excelentes. Mostra a importância dos detalhes para ser uma empresa durável. Esses dois livros têm muito a ver com o que acreditamos no Ebanx."

*A lei do triunfo*
Napoleon Hill
"O autor entrevistou vários homens de sucesso no início do século XX e compilou dezesseis lições para o sucesso. Uma das mensagens que me marcou foi que o cavalo que chega meio palmo na frente do outro ganha, ou seja, é preciso ter aquele algo a mais."

*O lado difícil das situações difíceis*
Ben Horowitz
"É uma aula sobre tempos difíceis, que vivemos direto como

empreendedores. Ele fala sobre ser bom quando algo ruim acontece e sobre saber se movimentar no meio do caos, quando está claro que não vai dar, mas o 'não' não é uma opção."

*A guerra pela Uber*

Mike Isaac

"O livro conta a história da Uber em detalhes, com todas as questões de escala — tanto o sucesso quanto as dificuldades que isso trouxe. Há muitas lições sobre o que não fazer no campo pessoal e sobre a importância de ser um bom exemplo para a organização."

*O banqueiro anarquista*

Fernando Pessoa

"Essa obra fantástica fala sobre relações humanas, como cuidar delas e fazê-las cada vez melhores."

*Sobre a China*

Henry Kissinger

"O livro explica o pensamento milenar dessa civilização oriental, muito diferente da nossa cultural ocidental, e conta vários detalhes sobre como os chineses pensam. Foi muito útil para minha relação com esse país."

CAPÍTULO 2

# Anderson Ferminiano

## Fundador da Voxus, empresa de marketing digital focada em e-commerce

*Aos 26 anos, Anderson Ferminiano já fundou três empresas bem-sucedidas. A mais recente é a Voxus, criada em 2014 como um dos primeiros players de mídia programática com tecnologia própria no Brasil. No início, especializou-se em campanhas de vídeo e branding e prometia o melhor custo-benefício para o cliente. Com o passar dos anos, passou a se posicionar como especialista em marketing digital para o mercado de e-commerce, com tecnologia capaz de identificar consumidores com mais alto potencial de compra. Programador autodidata, Anderson começou a desenvolver sites aos treze anos para agências. Seu primeiro estágio foi aos catorze anos na Made in Web, onde propôs criar um setor de inovação e logo se tornou responsável por desenvolver jogos e aplicativos para empresas. Iniciou, mas não concluiu, sua graduação em administração pela Babson College, em Wellesley, em Massachusetts, com bolsa integral da universidade e Fundação Estudar. Em 2015, conquistou o PHP 5 Zend Certified Engineer, uma prestigiada certificação para pessoas 100% capacitadas em desenvolver aplicativos na linguagem PHP (usada para desenvolvimento web), sendo o mais jovem premiado da América Latina a conquistar o título. Dois anos depois, junto com dois amigos, criou o site Estudar nos EUA e recebeu mais de 50 mil reais da Fundação Lemann para o projeto, que abriu as portas para o que conquistaria a seguir.*

## O primeiro empreendimento

Ganhei meu primeiro computador aos onze anos. Ia bem na escola, então passava horas imerso em jogos on-line. Decidi aprender a programar porque queria construir meus próprios jogos e sites. Os códigos sempre continham erros, então eu buscava informações na internet ou em livros que comprava com minha mesada de quinze reais. Com a insistência, uma hora o programa funcionava. Essa experiência me despertou a vontade de desenvolver, eu mesmo, os jogos. Foi assim que entrei na área de tecnologia e me tornei programador. Nas férias, programava durante doze horas por dia. Eu gostava mesmo era de criar os jogos para jogar depois.

Passei a entrar em fóruns e conhecer pessoas, com quem conversava e aprendia muito sobre programação de jogos. Comecei programando servidores piratas e, a partir disso, fui me desenvolvendo. Aos treze anos, já conhecia algumas pessoas de agências pequenas por meio dessa rede na internet. A maioria dos programadores com quem tinha contato era funcionário ou dono de agência. Então, comecei a trabalhar para as agências. Programava sites inteiros por trinta a cinquenta reais. Era legal conquistar meu próprio dinheiro em uma idade em que ainda não havia contas para pagar. Podia gastar com o que quisesse.

Foi nessa época que, com cem reais no bolso, criei um jogo chamado Pokémon Revenge, em que os usuários escolhiam seis pokémons e disputavam batalhas on-line com outros jogadores. Cheguei a ter 15 mil jogadores cadastrados no Brasil e em outros países, como Portugal, Austrália e Estados Unidos. Um dia, recebi uma carta da Nintendo, que detinha o direito sobre a franquia Pokémon, encaminhada pela empresa que hospedava os servidores na época. O tom era amigável, mas não lembro exatamente o que estava escrito, apenas que explicava que não me autorizavam a manter o jogo on-line naqueles servidores. Na hora pensei: "Acho que estou fazendo alguma coisa estranha". Foi inesperado para mim, não sabia que era uma consequência possível. Fiquei frustrado, mas tive que tirar do ar o jogo. Hoje, vejo que foi normal o que aconteceu. Conheci outras pessoas que também receberam cartas como aquela.

Aos catorze anos, já com conhecimento em programação e alguns contatos na área, resolvi tentar um estágio. Eu estava entediado em casa e, uma noite, mandei currículo para cerca de setenta agências. Em uma semana, fui chamado para quatro entrevistas. Em algumas, minha mãe me levou porque eu não sabia andar de metrô. Fui recusado em duas empresas por ser muito novo. Nas outras duas, passei. Escolhi fazer estágio na Made in Web, de desenvolvimento de sites. Meu trabalho era colocar sites no ar e corrigir seus erros. Gostava do trabalho, mas logo não estava satisfeito porque não conseguia ser muito criativo. Então, sugeri para a empresa a formação de um setor de inovação. A proposta foi aceita. Montei a área, que se tornou responsável por desenvolver jogos e aplicativos de celular para empresas.

Nessa época, coloquei em prática todo o ensinamento sobre administração que obtive dentro de casa. Minha mãe é formada em matemática, funcionária pública aposentada, trabalhou como professora por vinte anos e depois se tornou diretora de escolas públicas. Então tem bastante experiência em gestão. Cresci ouvindo conceitos que, de repente, se tornaram úteis para minha vida profissional.

Nossa família era classe média, e não passei por nenhuma dificuldade nem sofri pressão dos meus pais para trabalhar. Mas, quando consegui o primeiro emprego, decidi colaborar com as despesas da família. Pagava parte do meu ensino médio. Gostava da ideia de me tornar financeiramente independente.

Quando eu tinha quinze anos, fiz uma certificação de PHP, um tipo de linguagem de programação, e fui o mais novo da América Latina a conseguir a especialização. Fui também um dos primeiros programadores de iOS no Brasil e aprendi boa parte sozinho. Como gostava de aprender — e gosto até hoje —, logo que vi que o iPhone estava crescendo, fui atrás de entender como funcionava por dentro. A Made in Web topou pagar um minicurso de uma semana, e depois continuei estudando por conta própria. Nesse mesmo ano, fui para a Disney com meu próprio dinheiro.

## O primeiro projeto

Dos catorze aos dezoito anos, mantive um blog de programação, o andersonferminiano.com, onde postava o que estava aprendendo. Tive essa iniciativa porque admirava outros programadores que faziam o mesmo. Minha página recebia visitas de aproximadamente mil acessos por dia. Eu também era moderador de um fórum de programação chamado iMasters. As relações que estabeleci nesse período se estenderam e hoje minha empresa, Voxus, patrocina o grupo E-commerce Brasil, que faz parte do iMasters. Na época, muitos programadores me mandavam e-mails, comentando ou questionando algum tema. Além disso, recebia duas ofertas de emprego por dia. Cerca de 90% dos e-mails, eu não respondia, porque eram praticamente iguais uns aos outros — e eram muitos. Mas um dia recebi uma mensagem um pouco diferente do padrão, e prestei uma atenção também incomum.

Era do Henrique Dubugras, sócio-fundador da Brex [também presente neste livro], que na época tinha quinze anos. Ele falava algo sobre a Universidade de Stanford, no Palo Alto, Estados Unidos, relacionado à programação. Começamos uma conversa por Skype. Falamos por meia hora e lembro que não gostei tanto dele no começo, embora não saiba dizer por quê. Mesmo assim, mantivemos contato. Ao longo do tempo, acabamos nos tornando grandes amigos. Foi uma amizade construída. Ele morava no bairro nobre de Higienópolis, que fica na região central de São Paulo, e eu morava a cerca de vinte quilômetros de distância dele, no extremo da zona leste da cidade. Um dia, eu fui passar o dia na casa dele, e programamos juntos. Fizemos isso algumas vezes desde então e logo começamos um negócio juntos.

Em paralelo ao meu emprego na Made in Web, o Henrique, o Gustavo Haddad, que já era conhecido do Henrique, e eu desenvolvemos o site Estudar nos EUA. O foco era atender pessoas que queriam estudar em escolas norte-americanas com bolsa de estudo. A ideia nasceu de uma busca pessoal. Conforme me destacava no mercado de programação, queria melhorar na minha formação. Pesquisando, concluí que o melhor seria estudar em alguma das conceituadas universidades dos Estados Unidos. Mas, naquela época, era difícil encontrar informações sobre como conseguir chegar lá. Então, transformamos a pesquisa em um negócio.

Para criar o conteúdo, ficávamos muito tempo estudando, falando com outras pessoas para entender cada passo e, depois, passávamos isso de forma didática. Eu aprendi todo o processo para estudar fora fazendo esse projeto.

Decidimos buscar investidores — e conseguimos mais de 50 mil reais da Fundação Lemann, o que indicava que estávamos no caminho certo. O site ajudou mais de 7 mil estudantes a se preparar para os vestibulares americanos.

O Gustavo tocava a parte de conteúdo, era muito bom nisso. O Henrique e eu nos dividíamos em tecnologia e produto. Eu ficava mais na área de atração de usuário, porque sempre gostei de publicidade, de fazer o marketing. Já o Henrique era responsável pelas relações, por exemplo, com a Fundação Lemann.

Nosso site oferecia guias e testes gratuitos para simular os clássicos do idioma, como ACT e Toefl. Era possível se cadastrar e responder aos questionários. Havia muito conteúdo gratuito, como se fosse um portal. Desenvolvemos um app de iOS de educação, que foi pioneiro e ficou em primeiro lugar na categoria por muito tempo. Muitas pessoas baixavam e usavam nosso app para fazer os testes. Mesmo assim, em volume não havia muito download, porque a categoria de educação da Apple Store não era tão popular. Chegamos a criar também um joguinho para incentivar o estudo para os testes. Nessa época, saíram notícias sobre os conteúdos em veículos da Globo. Estavam começando a ficar conhecidos no Brasil os programas para ir para os Estados Unidos, como o Ciências Sem Fronteiras, o que tinha algum impacto também, criando o mercado.

## Estudar nos EUA, a experiência

Estudar nos EUA durou um ano e alguns meses. Durante esse período, deixei o estágio e terminei o ensino médio. Já tinha um dinheiro guardado para ir para San Francisco, na região do Vale do Silício. Escolhi o lugar na internet. Falei com uma agência de intercâmbio, que me indicou a casa de família onde fiquei. Era tão grande e tinha tantos estudantes de diversos países que mais parecia um hotel.

Fiz um curso de inglês de quatro horas por dia e conheci a realidade de estudar no país. O Gustavo também estudava nos Estados Unidos, no Massachusetts Institute of Technology (MIT), em Cambridge, e o Henrique estava no colégio em Berlim. Durante seis meses, trabalhamos cada um de uma cidade. Como era caro morar nos Estados Unidos, eu saía pouco e, pelo que me lembro, o Henrique e o Gustavo também. Quando não estávamos estudando, ficávamos a maior parte do tempo em casa, dedicados ao site.

Depois que paramos o trabalho, o site Estudar nos EUA ficou no ar até 2017. Hoje, não existe mais, pois o conhecimento sobre esse assunto é muito mais difundido por instituições como a Fundação Estudar. Doamos parte do conteúdo, porque percebemos que isso fazia mais sentido do que criar um modelo de negócio nessa área. A amizade com o Henrique e o Gustavo permanece até hoje. Eu admiro muito o Henrique, ele me conectou a várias pessoas, e o nosso grupo de amigos foi crescendo.

Nessa época, eu queria começar a empreender "de verdade". Meu sonho era estudar na Universidade de Stanford, mas não fui aceito (ainda não conhecia os processos seletivos das faculdades norte-americanas). No entanto, descobri que havia outras opções que ofereciam o que eu procurava. Com todo o conhecimento que tinha, consegui uma bolsa integral para fazer o curso de administração na Babson College, em Massachusetts.

A Babson é uma escola mais focada em negócios e menos em tecnologia. Como eu já possuía um background tecnológico, foi complementar. As pessoas dessa escola acreditam que tecnologia não faz a empresa sozinha. Pode ser um grande diferencial, mas administração, finanças e eficiência são muito importantes, inclusive para fazer bom uso da tecnologia. Durante o primeiro ano, a instituição oferece uma disciplina em que os alunos recebem um orçamento para abrir a primeira empresa. O primeiro semestre é teórico, sobre como se cria um produto, já o segundo é mais prático, tocamos a parte operacional da empresa criada.

Cada grupo se organiza democraticamente em uma estrutura hierárquica. Para ser CEO, por exemplo, é preciso fazer uma proposta para o time, que define cada cargo. Eu assumi a posição de assistente de CEO. Oferecia o apoio técnico necessário para a equipe trabalhar. Criamos um produto para carregar celulares da cama. Começamos vendendo uma unidade por semana e terminamos com cinco por dia. Faturamos cerca de 30 mil reais em valores atuais. No fim, é feito um ranking da sala com base no faturamento adquirido. Os lucros são doados para alguma instituição que os próprios alunos escolhem, e os prejuízos são assumidos pela faculdade.

Estudar na Babson me fez conhecer muitas pessoas que desenvolviam suas ideias com um viés empreendedor. Muitos estudantes dessa universidade são filhos de empresários. Encontramos muitos integrantes de *family business*, pessoas que já têm noção de negócio e sabem que são possíveis futuros presidentes dessas empresas. Estar lá me proporcionou um rico networking em indústrias, bancos, manufatura, varejo, pessoas de áreas diversas.

## Empreendedor "de verdade"

Enquanto ainda estava com o projeto Estudar nos EUA, criei, com os mesmos sócios, o Eduque.Me, um aplicativo que ajudava estudantes a encontrar empresas que patrocinassem seus estudos no exterior. Três meses depois, desistimos da ideia, porque não deslanchou. Em janeiro de 2013, lancei minha segunda empresa, a Plaay, um serviço de streaming de música no modelo do Spotify.

Trabalhei no projeto sozinho por um mês e depois chamei um amigo, o João Pedro Motta, para ser sócio. O Plaay foi um sucesso, mas estava difícil administrá-lo de longe (eu ainda estava nos Estados Unidos) e continuar estudando.

Decidi vender para o João e para o fundo que investiu. Tranquei um semestre na faculdade para vir ao Brasil e finalizar a negociação. Mas acabei passando seis meses no país e, nesse período, enviei currículos para trabalhar até voltar aos Estados Unidos. Em outubro de 2014, fui contratado pelo Grupo Mix de Comunicação, que faz parte do Grupo Objetivo, um dos maiores de educação privada do Brasil. Eu tinha muita curiosidade de saber como era trabalhar numa empresa de 50 mil a 100 mil funcionários, de entender como era ser CEO de uma empresa grande, como gerenciar uma organização desse porte.

Trabalhei diretamente com o diretor do Grupo Mix, Fernando Di Genio. Foi legal, aprendi muito. O foco do meu trabalho era analisar todas as empresas do grupo e identificar oportunidades de implementar serviços de internet, além de sugerir como a internet e os meios digitais poderiam melhorar o grupo. Eu observava as pessoas e as dinâmicas em geral e apontava quais ações eram boas e quais poderiam melhorar. Apresentei minhas ideias de mudanças para o presidente do grupo e recebi a proposta de implementar uma delas com o subsídio financeiro da companhia. Depois de quatro meses trabalhando lá, sentia-me realizado e deixei a empresa.

Em dezembro de 2014, antes de terminar o curso na Babson, criei a Voxus — a empresa que toco até hoje. Com todas as experiências na bagagem, decidi me especializar em mídia programática para concorrer no mercado publicitário. O diferencial inicial da Voxus era que o cliente pagava com base nos resultados das campanhas publicitárias.

## Desafios atuais

A empresa cresceu muito rápido. Foi um ciclo insano. No segundo ano, 2016, nossa propaganda gerou em vendas aproximadamente 50 milhões de reais no e-commerce. No terceiro ano, 400 milhões de reais, e agora está em aproximadamente 2 bilhões. Para chegar a isso, tivemos um investimento da Ambev e começamos a desenvolver produtos.

Nossa missão era desenvolver um caminho o mais simples possível para a compra de banner em portal e aplicativo para o e-commerce. Na publicidade, você precisa definir diversas variáveis, como o público, a frequência e a mensagem. Só então consegue comprar propaganda nos portais e nos aplicativos. Nossa tese era a de que isso teria que ser feito de forma muito simples, ou seja, com o mínimo de cliques possíveis, no menor tempo. Definimos que a pessoa gastaria dez minutos por semana para usar nossa plataforma — e que isso tinha de ser mais eficiente do que gastar algumas horas no Google. Ou seja, poderíamos não ser a melhor plataforma do Brasil para as empresas que tivessem grandes estruturas, conhecimento e automações próprias para operar tais plataformas, mas poderíamos ser a melhor plataforma se estivéssemos falando de times enxutos, sem tecnologia de automação ou com pouco conhecimento sobre programática. Esse foi o cenário que encontramos em muitos times de empresas brasileiras, onde a união de uma tecnologia simples com o propósito da empresa fez muito sentido.

Contratamos pessoas, captamos clientes, fizemos a retenção dos já existentes e trabalhamos para o produto ficar melhor. Esse processo teve fases. Em 2016, focamos em criar o produto e conseguir os primeiros clientes. Conseguimos finalizar uma versão em março. De junho a dezembro, já estávamos com uma atração legal. Então, passei a área de vendas, que eu mesmo cuidava, para outra pessoa tocar. Não era uma área comercial, havia uma única pessoa para vender.

Em 2017, contratamos mais gente e estruturamos operações. O ano foi um caos, e não atingimos nosso objetivo organizacional, apesar de ter crescido muito. Conseguimos mais clientes, aumentamos três vezes o faturamento, mas a operação ainda estava desorganizada. Comecei a estudar mais sobre processos. Já era uma pessoa processual, tinha estudado um pouco do tema na faculdade, mas não conseguia transferir isso de maneira eficaz para o time.

Conseguimos atingir o objetivo no ano seguinte, 2018. Já estávamos com o time organizado, e a operação ficou 100% automatizada pela primeira vez depois de quase três anos de empresa. Isso significava que, quando o comercial vendia, conseguíamos entregar o produto imediatamente sem nenhuma reclamação, com níveis de satisfação muito altos. Foi o ano em que começamos a pensar em escalar o time comercial. Mas, para isso, tivemos que estruturar melhor nossa parte de gestão para continuarmos crescendo de forma organizada. Aprendemos a colocar recrutamento no dia a dia de todos os gestores da empresa e padronizar melhor nossas avaliações sobre pessoas, tanto no aspecto técnico quanto no cultural. Também começamos a planejar melhor o que hoje chamamos de *onboarding* de pessoas, que é a experiência ideal de chegada de uma nova pessoa na empresa, para que ela consiga entender rapidamente a cultura e alcançar resultados que justifiquem sua contratação. Com isso organizado, conseguimos diminuir o tempo para um recém-chegado atingir o nível esperado de performance. Antes, um vendedor novo levava entre seis e nove meses para fechar seu primeiro cliente. Depois da reorganização de gestão, esse tempo diminuiu para 45 dias.

Em 2019, o plano aconteceu da forma que pensamos. Com o time reestruturado, trabalhamos na construção da cultura. Nós nos inspiramos muito na Ambev, mas fizemos algumas adaptações. A essência da maneira de pensar é a mesma: eu dou um desafio para o profissional, ele monta um time com determinadas métricas e tem um tempo para concretizar o que precisa. Uma vez que entrega, esperamos um pouco para ver se a entrega é consistente. Quando percebemos que sim, que não se trata só de sorte, então a pessoa ganha um desafio maior de acordo com as oportunidades alinhadas à visão da empresa.

Nosso processo é entender primeiro o desafio e, depois, ver quais são as características de que o negócio precisa. Sempre buscamos oportunidades ligadas às características fortes das pessoas. Queremos otimizar cada fortaleza ao máximo. Procuramos não incentivar muito as características fracas de cada um. As pessoas crescem quando superam desafios maiores. Para avaliá-las, focamos principalmente no que precisam para cada projeto. Se for alguém para o comercial, deve ser relacional e, ao mesmo tempo, entender o produto e o mercado a fundo.

Em relação ao aspecto comportamental, temos quatro níveis. O nível zero é o da pessoa que discorda claramente da nossa cultura e, portanto, precisa ser excluída o mais rápido possível. Não existe cultura boa ou ruim, mas a que combina ou não com o que a pessoa acredita. Uma pessoa que reclama da cultura no dia a dia, que vai almoçar com alguém e fala que meritocracia não faz sentido, vai destruir a cultura no longo prazo, então precisamos tirá-la urgentemente. O nível um é o de quem é neutro. Às vezes, não entende a cultura, ou não é tão a favor, mas também não é contra.

O nível dois é formado, basicamente, de pessoas que concordam, mas não replicam. Elas entendem a meritocracia. Concordam com nosso posicionamento, mas não replicam ativamente. Praticam, mas não multiplicam. O nível três é o de quem concorda e replica.

Nossa cultura se traduz em alguns valores. Por exemplo, o comprometimento. Temos horário flexível, então, se a pessoa se compromete a entregar um projeto hoje, mas não entrega, isso é falta de comprometimento. Mesmo ela não podendo entregar, deve avisar alguém ou pedir ajuda para que a empresa consiga se preparar. Comprometimento é cumprir com sua palavra.

Outro valor importante é a superação de obstáculos. Numa empresa que cresce rapidamente, a pessoa precisa se acostumar a ver um obstáculo e achar um caminho para resolvê-lo, seja com um aprendizado novo ou com criatividade. Por mais que tentemos contratar pessoas experientes e que consigam ser boas no que precisam fazer, um ano depois elas terão que aprender algo novo. Nunca vi ninguém que discorde desse valor, mas já vi muitas pessoas que não conseguem aplicá-lo.

Humildade é outra palavra que valorizamos. Às vezes, há três pessoas numa sala, e elas ficam debatendo sobre qual opinião está certa e nunca chegam a uma conclusão. Esse é um problema recorrente em ambientes com pessoas com opiniões muito fortes. Então criamos esse valor para começar a identificar as pessoas que conseguem entrar em consenso, sem querer ganhar uma discussão, mas sim chegar na melhor solução para o problema. Diante de três opiniões divergentes, você precisa chegar a uma decisão, e ser capaz de reconhecer que talvez a opinião do outro faça mais sentido do que a sua é importante. Muitas vezes, mesmo quando a opinião de outra pessoa faz sentido, é difícil dar o braço a torcer. Mas nós valorizamos quem erra e admite. Ou quem muda de opinião ou aceita a opinião do outro. Isso está atrelado ao aprendizado.

## Erros, aprendizados e infelicidade produtiva

Um dos principais desafios que meus sócios e eu enfrentamos no começo para empreender foi a falta de capital para tecnologia. Hoje, os investimentos de venture capital em start-up estão um pouco melhores no Brasil. Mas, na época em que estávamos começando, poucos entendiam o que era venture capital. Sei também que não fomos a pior geração nesse sentido. Houve momentos mais difíceis antes. Era muito duro conseguir captar dinheiro para criar a primeira atração para o negócio.

Em diversos momentos era razoavelmente difícil pensar em longo prazo. Eu queria construir algo grande, mas minha cabeça se ocupava com questões mais imediatas. Por exemplo, como vou pagar a conta do próximo mês? Esse pensamento, por muito tempo, não me permitiu planejar em longo prazo. Por sorte, a empresa cresceu até que rapidamente.

Além das dificuldades externas, sobre as quais não temos controle, houve os erros cometidos. Eu já errei em quase qualquer coisa. Desde escolher sócio até definir o produto, passando por estratégia de contratação e de divulgação. Mas, quando penso neles, vejo muito mais o lado positivo. Não sou de me arrepender.

Aprendi cedo a lidar com o erro de forma muito positiva. Por mais simples que seja dizer isso, joguei muito videogame na minha infância, e no videogame você perde muito, a toda hora. Em um dos jogos, o Tibia, quando perde, você de fato perde algo relevante: doze horas da sua vida dedicadas àquilo. Aprendi a falhar jogando o jogo. Hoje, quando algo dá errado, eu compreendo e sei que é da vida. Sempre que erro, tento entender a razão e o que posso aprender com o erro para tentar não falhar novamente. Isso foi algo muito natural para mim, desenvolvido nessa época jogando videogames.

No início, pensar sobre capital para mim era pensar que, mesmo tendo escolhido empreender, eu sabia que, se parasse e voltasse a ser programador, conseguiria sobreviver. Isso me dava uma segurança própria. O problema não era morrer de fome. Mas eu queria construir outras coisas que me deixassem mais feliz, e essa era minha motivação real para o risco. Eu penso bastante sobre comportamento de forma geral e observo o meu. Com isso, desenvolvi um autoconhecimento que sempre me ajudou.

Estou longe de conquistar tudo o que quero. Sou uma pessoa eternamente insatisfeita nesse sentido. Defino objetivos para mim e, quando atinjo, na semana seguinte, defino outros duas vezes mais difíceis. Minha personalidade é que eu sou feliz e realizado por pouco tempo — curto e muito intenso. Majoritariamente, na minha vida, eu estou procurando algo mais e não satisfeito.

Um ciclo se repete, e eu aprendi a identificá-lo e a usá-lo a meu favor: naturalmente, no dia a dia, sou uma pessoa superfocada em como vou ser melhor e como vou alcançar conquistas maiores. Quando, por um curto período, acho que alcancei o que eu deveria alcançar, tendo a delegar um pouco mais e a me preocupar um pouco menos. Por dois ou três dias, a cada alguns meses, tenho esse comportamento. Geralmente, nesse período, quebro a rotina e saio mais, faço várias coisas diferentes. Depois traço outro objetivo e retomo.

Tenho sempre um sentimento contraditório em relação à confiança em mim mesmo. Por um lado, desconfio constantemente da minha capacidade. Duvido de mim. O que me motiva hoje a empreender, a testar, é sempre chegar em níveis mais altos nos caminhos que escolho. Por outro lado, tenho muita autoconfiança na execução. Quando questiono se sou capaz de fazer algo, paro para pensar e chego à conclusão de que não tem por que eu não conseguir. Analiso meu histórico, e isso ajuda. Lembrar, por exemplo, que aos catorze anos eu programava muito melhor do que algumas pessoas de vinte e poucos anos.

Ganhei a confiança de todo mundo a meu redor muito rápido na vida — o que me ajudou a me tornar autoconfiante. Mas minha mãe, em especial, teve uma importância grande nesse sentido. Porque demorei a aprender a ler e a escrever, não gostava de estudar, e foi ela quem me deu um empurrão para conseguir, acompanhando de perto meu estudo. No segundo ano, meu desempenho foi ruim. No terceiro e no quarto, em compensação, com a ajuda dela, fiquei em primeiro lugar na escola. A partir de então, comecei a lidar com os estudos sozinho.

Como minha mãe era professora, continuava de olho quando eu tirava notas sete ou oito. Brincava que eu podia estudar um pouco mais, de maneira que reforçava minha confiança de que eu era capaz. A postura do meu pai era parecida com a dela. Sempre estudei em escola particular, porque eles faziam questão, mesmo não tendo muita condição financeira. Eu pensava que poderiam ter viajado mais, mas preferiram investir nos meus estudos.

O ambiente em que me sinto mais feliz é o familiar. Sou bem ligado a meus pais, tanto que moro com eles por opção, porque gosto da convivência. Minha casa é o único lugar em que, quando chego, é quase instantâneo: sinto um aumento do nível de felicidade. É uma casa simples, mas confortável. Gosto de ver meus pais e depois ir para meu quarto, ficar tranquilo.

Meus pais nasceram em cidades do interior de São Paulo — ela em Araçatuba, ele em Cafelândia. Meu pai morava em uma fazenda e ajudava meus avós a colherem café. Com quinze anos, veio para São Paulo sozinho, foi a primeira pessoa da família a vir. Formou-se em engenharia, trabalhou na área por cerca de dez anos. Depois, comprou alguns imóveis e também seguiu carreira em educação. Tornou-se professor de física e matemática no ensino médio. Aposentou-se como professor, mas ainda trabalha como engenheiro. Minha mãe dá aulas de pedagogia em faculdade. Tenho um irmão mais velho, formado em marketing, que trabalha em consultoria estratégica. Ele mora conosco, mas viaja a maior parte do tempo.

Meus pais são um exemplo do que vejo em muita gente no Brasil: pessoas que sempre foram muito esforçadas, e aprendi muito sobre esforço com isso, mas que têm muito medo de tomar riscos. Entendi muito da nossa cultura com eles.

## O presente e o futuro, o Brasil e o mundo

O Brasil me ensinou muito, me motiva ver o que aprendi e o que consegui construir: uma empresa que hoje impacta 2 bilhões de reais no mercado de e-commerce. Mas penso que meu objetivo de vida é construir uma empresa que gere impacto a ponto de mudar a forma como um mercado existe. Algo que me permita replicar todas as oportunidades que tive, como financiar bolsas para outros estudantes. Isso ainda é muito difícil de conseguir no nosso país, e eu gostaria de continuar motivando esse ciclo positivo. Para chegar bem mais longe, ainda vejo muitos obstáculos.

Por isso, analiso muito o mercado americano. É um lugar mais propício ao empreendedorismo e com um mercado digital bem mais desenvolvido. Mas é também mais competitivo e mais complicado de começar do zero. Algumas pessoas dizem que é mais fácil e viável empreender lá, mas considero mais difícil por causa de tudo isso. A tecnologia é muito avançada, além de ter muitas pessoas capacitadas e mais empreendedoras, então é muito rápido para copiarem o que quiser.

Meu foco agora é entender como fazer mais e gerar mais valor no mercado. O que devemos fazer nos próximos cinco anos para conseguir, daqui a trinta, uma empresa que gera dez ou vinte vezes mais valor do que o que fizemos até aqui.

Acredito que o negócio de publicidade on-line deverá mudar muito nos próximos anos, então estou sempre tentando antecipar isso e entender o que podemos fazer para estar à frente e continuar crescendo, capazes de dar o próximo passo. Por isso, não sou apegado tanto ao produto ou à empresa. Sou apegado, sim, às pessoas. Quero que quem me ajudou a chegar até aqui me ajude no próximo negócio e continue crescendo comigo. É preciso achar pessoas boas, construir junto e continuar criando outras coisas, pois o mundo vai mudar.

A maior parte dos meus amigos hoje está nos Estados Unidos. A cada quarenta dias, vou para lá, mesmo que seja para ficar três ou quatro dias. Gosto de viajar para outros países para conhecer outras pessoas e empresas. Um dos propósitos é sair da rotina por um período. Isso me ajuda a ver meu negócio de fora e a pensar no longo prazo.

## OS PRINCIPAIS CONSELHOS DE ANDERSON FERMINIANO

### *Sobre empreendedorismo*

1 **Aprenda sempre, em vez de lamentar os erros**
Ter gosto e disposição para o aprendizado é fundamental. Especialmente na área de tecnologia, onde tudo muda constantemente, e é preciso estar sempre atualizado. Encaro erros como aprendizados. Vejo o lado positivo deles e como posso melhorar.

2 **Busque o autoconhecimento**
Desenvolvi o hábito de observar meu comportamento. Como lido com as situações, onde e por que me sinto bem ou mal e como posso melhorar meu desempenho. Isso me ajudou a identificar oportunidades e a superar diferentes situações de maneira confiante.

3 **Seja humilde**
Este é um dos valores mais importantes e difíceis de praticar. Em geral, perde-se muito tempo tentando ter razão e ganhar um argumento. Ser humilde significa questionar as próprias convicções em prol do que é melhor para o negócio — o que muitas vezes pode ser ceder à opinião de outra pessoa do grupo.

4 **Seja leal**
Cumprir o combinado nem sempre é possível. Mas defendo que sejamos leais até nessas situações, assumindo a responsabilidade por isso, mudando o acordo, propondo uma nova solução. Lealdade é cumprir com a palavra.

5 **Valorize mais as pessoas do que o negócio**
Mais do que o negócio, o que importa são as pessoas que nos ajudam a construí-lo. Se uma empresa deixar de fazer sentido no futuro, pessoas boas podem continuar crescendo juntas e construir novas oportunidades.

6 **Saia da rotina de vez em quando para conhecer pessoas e empresas**
Hoje reservo uma parte do meu tempo para viajar. Gosto de en-

contrar e conhecer pessoas e organizações inspiradoras, que me ajudem a ter novas ideias para meu negócio. Para pensar no longo prazo, é preciso se afastar do dia a dia de vez em quando.

## SUGESTÕES DE LEITURA

*Scaling Up: How a Few Companies Make It... and Why the Rest don't*
Verne Harnish
"Muito bom para entender em que um CEO deveria focar a atenção e os esforços. Especialmente útil para CEOs que acabaram de conquistar seus primeiros milhões em faturamento."

*The Innovator's Dilemma: When New Technologies Cause Great Firms to Fail*
Clayton Christensen
"Recomendo este livro para entender melhor como identificar algo disruptivo. O autor explica por que a maioria das grandes empresas perde novas ondas de inovação."

*Desenvolvendo websites com PHP*
Juliano Niederauer
"Li em cinco dias e foi o que me ajudou a começar a programar de verdade e a entender sobre o tema. Esse e outros títulos do mesmo autor são muito bons para leitores que não sabem nada do assunto. Até os dezesseis anos, eram meus livros de cabeceira."

*Sonho grande: Como Jorge Paulo Lemann, Marcel Telles e Beto Sicupira revolucionaram o capitalismo brasileiro e conquistaram o mundo*
Cristiane Correa
"Este livro me marcou porque comecei a entender a dimensão do mundo. Eu o li quando tinha dezoito anos, uma carreira já interessante e, na mesma época, conheci Jorge Paulo Lemann. Fez parte de uma experiência completa."

*De zero a um*
Peter Thiel
"Esclareceu muitos pontos em relação às start-ups americanas: como elas funcionam, o que as define como boas empresas no longo prazo. Uma forma muito boa de pensar em como fazer algo grande."

*Empresas feitas para vencer: Por que algumas empresas alcançam a excelência... e outras não*
Jim Collins
"Este foi um dos livros do Jim Collins que me marcou. Prático e didático. Li todos dele (e destaco também o *Built to Last: Successful Habits of Visionary Companies*, em coautoria com Jerry I. Porras). Me ajuda até hoje na gestão da empresa."

*O lado difícil das situações difíceis: Como construir um negócio quando não existem respostas prontas*
Ben Horowitz
"É muito bom para entender o que significa empreender e entender se é algo de que você de fato gosta. É uma escolha difícil, e o livro ilustra isso. Mas é também uma decisão muito gratificante e cheia de aprendizado."

*A menina do Vale*
Bel Pesce
"Li o primeiro livro que a Bel Pesce escreveu quando estava indo para San Francisco estudar inglês. A história dela me inspirou bastante a construir a minha, e aquela leitura marcou a minha vida."

CAPÍTULO 3

# André Penha

## Fundador, ao lado do sócio Gabriel Braga, do QuintoAndar, plataforma que simplificou o jeito de alugar imóveis

*O mineiro André Penha, de 41 anos, é cofundador e CTO do QuintoAndar. A empresa existe desde 2012 e usa tecnologia e design para simplificar o processo de aluguel de imóveis. Nerd na adolescência, estudou engenharia da computação na Unicamp, onde começou a se interessar pela indústria de videogames. Com colegas da faculdade, fundou a Overplay, que foi adquirida pela Tectoy, companhia brasileira do setor de brinquedos, em 2006. Foi junto com a empresa e trabalhou na Tectoy, criando e gerenciando o estúdio interno de games até 2010. Um ano depois, decidiu fazer MBA em Stanford, na Califórnia, onde conheceu seu futuro sócio, Gabriel Braga. Os dois se aproximaram durante o curso e, por necessidade, criaram o QuintoAndar, que tem o objetivo de melhorar a experiência do aluguel no Brasil. Os primeiros investimentos foram de amigos do curso. Em 2019, com um aporte do fundo Softbank, a empresa ganhou status de unicórnio. André é casado.*

## Computador sem internet

Nasci em 1980, em Divinópolis, um município no oeste de Minas Gerais que tem uma forte indústria siderúrgica. Fui criado em uma família de funcionários públicos. Meu pai, engenheiro eletricista, trabalhou a vida inteira na Companhia Energética de Minas Gerais (Cemig). Minha mãe era professora da rede pública estadual e, por isso, sempre me incentivou a estudar. Em 1985, eles tomaram a decisão que influenciou boa parte das minhas escolhas profissionais: colocaram um computador dentro de casa.

Naquela época, não era comum ter um PC dentro de casa, mas meu tio, irmão mais velho do meu pai, era físico. Havia se acostumado a usar o equipamento na universidade e comprou um para uso próprio. Meus dois irmãos mais velhos e eu íamos muito à casa dele para brincar com nossos primos e começamos a insistir que queríamos um igual. Depois de muito pedirmos, meu pai cedeu ao investimento. Eu dividia o computador de oito bits com meus irmãos, mas sem dúvida era o que passava mais tempo entretido com a tela. Jogava durante horas ou escrevia programas simples — um treino de lógica que provavelmente me ajudou nas aulas de matemática.

Ainda não existiam sistemas operacionais sofisticados como o Windows, então a única maneira de interagir com o computador era programando em Basic.* Eu achava o máximo. Dependendo da palavra que escrevesse ou do comando que digitasse, o computador fazia o que eu queria. Era como um quebra-cabeça virtual e interativo. O apego por esse computador foi tanto que até hoje guardo em casa. É divertido ver a reação das pessoas agora. Elas me perguntam para que servia um computador se naquela época não havia internet. Realmente, não para muita coisa, mas me distraía dias inteiros e nortearia meu futuro.

Como um bom nerd, eu também desenvolvi um interesse por eletrônica. Comprava revistas especializadas e, na adolescência, co-

---

* Basic foi uma linguagem de programação criada para tornar esse conhecimento mais acessível. Foi elaborada por John Kemeny e Thomas Kurtz, professores na Dartmouth College, nos Estados Unidos.

mecei a produzir placas de transmissores de rádio. Fui aprendendo, conversava com amigos que já estudavam engenharia eletrônica e fazia equipamentos cada vez mais potentes. Resolvi usar o que sabia para resolver um enorme problema da minha cidade nada cosmopolita. As rádios tocavam sertanejo, conteúdo religioso ou as canções pop da moda. Nada de rock'n'roll. Então, fiz um transmissor de rádio FM para tocar o que eu queria ouvir. Ligava as placas caseiras e deixava a antena em cima do telhado. O que rodava eram minhas fitas cassete, cada uma com uma hora de música.

Adorava sair na rua e descobrir as pessoas que estavam ouvindo minha programação. A qualidade do som era limitada, mas a rádio alcançava a cidade toda. Lembro até hoje a frequência que eu usava: 99,1 FM. Claro que eu não sabia que era ilegal ter uma rádio sem concessão. Era um pirata inconsciente de Divinópolis, e só meus amigos mais próximos sabiam, porque operava todo o equipamento do sótão de casa. Até o dia em que meu pai descobriu e mandou desligar tudo, imediatamente. "Isso é crime, não tem conversa."

Em 1991, ele me deu um computador novo. A tecnologia havia evoluído, os jogos estavam mais sofisticados, assim como a linguagem de programação. Comprei também um modem para conectar com outros computadores. Lembro que eu e meus amigos com quem jogava precisávamos falar por telefone antes. "Oi, vamos conectar?" Depois de combinado, voltávamos à tela. O maior risco era alguém pegar o telefone da extensão e desconectar tudo. Três anos depois, a internet discada chegou em casa. Eu ficava acordado de madrugada para pagar o pulso mais barato e para a conta telefônica não sair muito cara.

## Nerds reunidos

Quando chegou o momento de decidir sobre o vestibular, a escolha foi fácil. Queria fazer engenharia da computação. Na época existia um encarte da revista *Exame*, chamado *Exame Informática*, que trazia um ranking das escolas de computação no Brasil. Quando consultei, as três primeiras eram Unicamp, ITA e UFMG. Fiz a prova do vestibular para as três e passei. A decisão de em qual me matricular foi por exclusão. A UFMG era muito perto de casa, e eu queria morar fora, para sair da casa dos meus pais. O problema do ITA era a cultura militar. Se não conseguia me dar bem no colégio de freiras em que tinha estudado, imagine com uma exigência ainda maior de disciplina. Então, em 1998 desembarquei em Campinas. Peguei um ônibus à noite, cheguei pela manhã e fui direto fazer a matrícula. Logo em seguida, encontrei uma pensão para morar.

No início, o mais divertido da Unicamp era conviver com uma turma parecida comigo — nerds que tinham passado a adolescência mexendo em computador. Em Divinópolis, poucas crianças se interessavam pelos mesmos temas que eu. No colégio, tinha a sensação de ser diferente. Na faculdade, era como se tivesse achado meus iguais. Meus colegas conheciam muito sobre computação, o que servia como incentivo para me aprofundar e aprender mais. Apesar desse assunto em comum, nossas conversas eram muito ricas, porque todos tinham outros interesses. O filtro do vestibular selecionava as pessoas que sabiam um pouco de tudo, da biologia à geografia, o que criava um grupo de gente curiosa e motivada.

Durante o curso, eu encasquetei que queria produzir videogame. Já era um jogador, e a ideia de criar algo para as pessoas usarem no dia a dia me animava. Lançar um jogo de sucesso me daria o prazer equivalente ao de ouvir minha rádio nos carros da cidade. Era um pensamento genuíno, mas um tanto ingênuo, porque fazer um jogo de qualidade que atraísse público não era trivial. Além de um bom produto, para chegar a muita gente era preciso ter um histórico no mercado e uma relação com a indústria.

Comecei a pesquisar como programar videogame, algo que na época era bastante complexo. Usando uma analogia, assim como hoje não é necessário entender como uma câmera funciona para produzir um filme, tampouco é necessário saber os detalhes da programação "de baixo nível" (ou seja, a que manda em cada instrução do processador) para construir um videogame. Há ferramentas que facilitam o processo. Mas, na época, era preciso entender os detalhes técnicos para chegar ao produto final.

Já convicto de que aquele era meu sonho, em 2002 juntei os amigos que moravam comigo em uma república e fundamos uma empresa de jogos, que mudou de nome algumas vezes até batizarmos de Overplay. Éramos quatro engenheiros da computação, uma combinação que eu logo descobriria ser um problema. Tínhamos defeitos e qualidades parecidos. Não éramos complementares e não compensávamos os erros uns dos outros. Isso sem contar que não tínhamos noção de como desenvolver uma empresa. Mas tínhamos energia e alguma capacidade técnica para produzir os jogos.

## Aprendizado empírico e lento

Durante quase dois anos, a Overplay sobreviveu praticamente de subsídio da Fundação de Amparo à Pesquisa do Estado de São Paulo (Fapesp), que nos financiava para desenvolver tecnologia para jogos. Recebíamos dinheiro para pesquisa, mas a dinâmica era horrível. Cada projeto demorava um semestre para ser julgado e depois esperávamos mais um semestre para o dinheiro chegar. A essa altura, o entusiasmo envolvido na criação da ideia já havia evaporado. Mas sobrevivemos e tivemos alguns aprendizados nesse período, como contabilidade, pagamento de impostos e o mínimo sobre gestão de empresa. Além, é claro, de me desenvolver tecnicamente. Lembro-me de que a gente fez uma plataforma para jogos em rede, que era algo raro na época.

Olhando para trás, percebo que nossa grande lacuna nesse início foi não ter um mentor ou alguém com mais experiência para puxar nossa orelha. Ficávamos dentro de um quarto escrevendo produtos que ninguém compraria. Se tivéssemos um norte mais claro, cresceríamos mais depressa. Mas eram outros tempos do empreendedorismo no Brasil. Não havia cultura de mentoria, nem livros bacanas sobre o que fazer em uma start-up, muito menos incubadoras. Acho que nem a palavra start-up existia. Essa transferência de conhecimento não era tão madura quanto atualmente. Então foi um aprendizado e um esforço muito lentos.

Em 2004, finalmente emitimos nossa primeira nota fiscal. Conseguimos encontrar um mercado. Naquele momento, as operadoras começavam a distribuir jogos para os usuários de celular. Ainda não existia o smartphone, mas já havia aparelhos com tela colorida. As pessoas baixavam cada jogo por um real, e as empresas criadoras do conteúdo ficavam com cerca de 30% desse valor. Então, a cada download, podíamos faturar cerca de trinta centavos. Era pouco, mas o produto era escalável. Felizmente, uma das nossas criações emplacou. Era o Progol, um jogo de bater falta de futebol, que foi baixado muitas vezes.

Com o sucesso no Brasil, conseguimos negociar com outras operadoras do mundo todo e ficamos mais conhecidos no mercado. Não havia muitas empresas nacionais produzindo jogos como nós. Fazíamos parte de um ecossistema de uma dúzia de pequenos negócios criados com um amadorismo similar: grupos de jovens que saíam da faculdade e queriam fazer videogame.

Cerca de um ano depois da nossa mudança de estratégia, a Tectoy, uma empresa já tradicional no mercado de jogos, entrou em contato conosco. A proposta era que nossa empresa trabalhasse para eles, ajudando-os a desenvolver produtos. Era tentador, não só porque eles tinham dinheiro para investir, mas porque tinham contratos com empresas grandes, como a Sega, desenvolvedora japonesa e dona do personagem Sonic. Concordamos em nos juntar a eles, mas continuamos baseados em Campinas. Na prática, foi uma aquisição, mas eles nos compraram a um valor simbólico.

Depois que fechamos o negócio, percebi que havia uma terceira vantagem que não consideramos: ter gente experiente para nos exigir. Foi ótimo para um jovem de vinte e poucos anos finalmente ter guias para acelerar o aprendizado. Um dos fundadores da Tectoy, Stefano Arnhold, era uma das pessoas que me inspiravam, assim como alguns diretores. Logo nas primeiras semanas me pediram o planejamento do estúdio. Eu precisava decidir onde gastaria o dinheiro, qual custo fixo e variável teria, de onde viria a receita. Nunca havia feito algo parecido, mas me virei e entreguei — e nunca mais esqueci a lição. Era um bom equilíbrio entre autonomia para resolver tecnicamente os problemas e uma direção mais experiente para apontar o caminho.

Em 2005, fui à Califórnia para conversar com a equipe da Sega. Meu objetivo era convencê-los a nos deixar adaptar jogos da marca deles para o celular e para o público brasileiro. Lá fui eu, o garoto de 25 anos, explicar o plano. Fiz uma reunião de quase uma hora, com outras dez pessoas na sala. Senti que algo estava errado quando vi o primeiro executivo fechar os olhos. Nos minutos seguintes, metade dos presentes fez o mesmo. Eles estavam dormindo no meio da reunião. Obviamente, o problema era eu, pensei.

Voltei para o Brasil certo de que seria demitido na mesma semana. Tinha dado tudo erado. Na minha primeira reunião importante do novo negócio, minha ideia não foi suficiente sequer para manter as pessoas acordadas. Quando voltei para o escritório, fui surpreendido. Abri meu e-mail, e havia uma mensagem da Sega. "Estamos de acordo, vamos fazer um teste no Brasil. Segue o código fonte." Oi? Não entendi nada. Eles nem quiseram discutir os valores. Muitos anos depois descobri que, na cultura japonesa, dormir na reunião parece ser algo comum. E também não é um sono profundo, porque eles registram tudo o que você diz. Seja qual for a ciência por trás disso, fato é que haviam entendido a proposta e decidiram apostar em nós. Senti um alívio.

Uma vez fechado com a Sega, negociar com outros editores de jogos foi muito mais fácil. Ficava a impressão de menor risco: "Se ele já vendeu para uma grande, não deve ser tão ruim assim". Então, consegui vender videogame e adaptação para celular para vários editores de jogos como Bandai, Namco, Electronic Arts e Ubisoft. Nos cinco anos seguintes, nos dedicamos a prestar serviço em desenvolvimento de videogame, como uma software house.

Outra boa lição que tive nessa época foi com um projeto de console de videogame que desenvolvemos em parceria com a empresa de tecnologia Qualcomm. Era uma ideia um tanto megalomaníaca, mas parecíamos ter o que precisávamos. Um parceiro de hardware conceituado, um bom conhecimento de distribuição por causa da Tectoy e nossa equipe para fazer o software. Mas deu errado. O console chamava Zeebo e vendeu trinta vezes menos do que a expectativa. Depois entendi que havíamos escolhido o nicho errado para começar. Éramos um console genérico, e nosso principal concorrente era o Playstation, que já rodava vários jogos e era querido pelo mercado. Entendi também que nos apegamos à ideia e não conseguimos enxergar de longe. Focamos nas tarefas e na execução e não conseguimos dar o passo para trás necessário para olhar o todo. De certa maneira, no jargão da tecnologia, escovamos bits — trabalhamos muito por algo sem utilidade para o produto final. Novamente investimos tempo e dinheiro em uma ideia que não tinha chances no mercado. Mas aprendemos.

## A Florença da tecnologia

Durante o ano de 2009, o dólar baixou de 2,30 reais para 1,80. Essa valorização do real aumentava os custos da empresa. Por isso, me reuni com um cliente para renegociar o valor do projeto de desenvolvimento de um jogo. Ele me ouviu e delicadamente me explicou que esse problema era só meu, que não havia o que fazer. Ao final da conversa, disse que, se desistíssemos do contrato, ele poderia usar uma empresa na Polônia para fazer exatamente o mesmo que nós.

Foi como uma ducha de água gelada sobre minha cabeça. Não tínhamos um diferencial nem agregávamos mais valor do que qualquer outra empresa do setor. Era uma informação dura de ouvir, mas ele tinha razão. Naqueles anos já havia milhares de negócios como o nosso pelo mundo. Se minha empresa de sessenta pessoas deixasse de existir no dia seguinte, só aquelas pessoas e suas famílias sentiriam a diferença. O resto do mundo nem perceberia. Além disso, nosso modelo não era escalável. Se eu quisesse dobrar o faturamento precisaria dobrar o número de entregas e o número de pessoas. Eu já estava desanimado com o projeto do console, e essa conclusão me fez olhar para fora. Queria ter um negócio que fizesse a diferença no mundo, que agregasse valor. Queria que as pessoas de fato usassem minhas criações, em vez de trabalhar somente achando que elas usariam. Pensava no Google ou no Twitter. Como ser um deles?

Se eu quisesse entender o Renascimento, iria para Florença. Como meu interesse eram empresas escaláveis, o destino óbvio seria o Vale do Silício. Precisava dar um jeito de aprender com os gigantes. A maneira que encontrei de passar uma temporada legalmente na Califórnia foi aplicar para um MBA na Universidade Stanford. Nos meus *essays*, as redações enviadas durante o processo de inscrição, contei o que tinha vivido até ali e pensei que daria sorte se me aceitassem. Para minha surpresa, aceitaram. Aos trinta anos, eu voltaria a ser estudante. Consegui uma ajuda de custo da Fundação Estudar e um empréstimo de 200 mil dólares da universidade, um valor que eu poderia pagar em 25 anos.

Quando as aulas começaram, fiquei na dúvida se minha aprovação havia sido um engano. Na minha turma estavam um campeão de NBA, um bilionário do Oriente Médio, entre outros profissionais excelentes que haviam se destacado em suas áreas. Eu era um cara que fazia videogame sem um real no bolso. Depois entendi que o objetivo de Stanford era fazer exatamente o contrário das universidades brasileiras. Reunir gente com histórias e interesses diferentes, para formar uma turma tão heterogênea quanto possível.

Passar dois anos em Stanford teve dois efeitos importantes na minha vida. O primeiro foi a proximidade com as pessoas que haviam criado empresas gigantes. Eu estava no meio do Vale do Silício quando o Steve Jobs ainda era vivo. Eu sabia onde era a casa do Mark Zuckerberg. Se essas pessoas andavam pelas mesmas ruas que eu, como qualquer outra, de calça jeans e tênis, ficava mais fácil imaginar que eu também podia conseguir o que queria. O segundo efeito foi aceitar que todas as inovações da história foram feitas contra o consenso. Toda vez que alguém inovou, a maioria das pessoas dizia "não vai dar certo". A verdade é que, se você se importar demais com a opinião dos outros, não faz nada.

De trezentas pessoas no curso, havia seis brasileiros, entre eles o Gabriel Braga. Tentando achar algo em comum no meio de tantas histórias diferentes, fazíamos alguns encontros só nossos. Em uma dessas conversas falamos sobre os planos para o futuro, o que faríamos da vida depois do MBA. Um disse que voltaria para a empresa que estava patrocinando o curso. O outro queria montar um negócio na área médica. E eu disse que não sabia para onde iria, mas montaria um negócio grande que envolvesse tecnologia. Gabriel concordou. Falou que pensava parecido. Ora, então precisávamos conversar.

Enquanto eu tinha minhas experiências profissionais no Brasil, ele havia trabalhado com biotecnologia e comprado uma empresa que deu errado. Decidimos então sentar mais uma vez para conversar e descobrir a empresa que gostaríamos de criar. Reservamos uma sala de Stanford e passamos um fim de semana discutindo. Stanford havia nos ensinado que uma grande empresa tinha três pilares: resolver uma dor profunda, atingir um mercado grande e entregar um produto bom. Então, a primeira pergunta que fizemos foi "o que é uma dor profunda?".

Pensamos no aluguel. Alugar imóvel no Brasil era um processo horrível que muita gente enfrentava. Eu tinha acabado de conseguir alugar meu apartamento vazio em Campinas, depois de quase um ano nos Estados Unidos. Ele concordou. O que eu sofri como proprietário ele tinha sofrido a vida toda como inquilino. Olhando para trás, vejo que a vontade de resolver o problema não tinha a ver somente com o modelo mental ensinado na universidade, mas era parte da minha motivação intrínseca. Assim como criei a rádio para ouvir rock'n'roll, eu queria encontrar um jeito de tornar o aluguel mais simples.

Tivemos que pausar nossas conversas em função do estágio de verão que acontecia no meio do curso. Estávamos aflitos para ganhar algum dinheiro e queríamos trabalhar em algo além da nossa ideia ainda crua. Eu voltei aos videogames e fui para a PlayStation. Uma boa decisão, porque entendi que definitivamente não queria voltar para essa indústria. Também percebi que não queria estar em uma empresa cheia de gente competente, na qual minhas habilidades não se destacavam e eu não fazia diferença alguma. Enquanto isso, o Gabriel foi para uma pequena empresa de certa maneira envolvida com o negócio de aluguel. Uma tal de Airbnb. Deram a ele uma mesa quebrada e uma cadeira furada. No meio do estágio, conseguiram levantar um investimento que levou a empresa a um novo patamar — e que em breve a tornaria mundialmente conhecida.

## Projeto Dorothy

De volta a Stanford, nos aprofundamos na ideia do aluguel. Partimos para uma pesquisa. Dividimos o problema em partes menores. Sabíamos que a dificuldade começava nos anúncios, com fotos escuras e sem enquadramento. Depois era preciso marcar a visita, encontrar fiador, entre outras fases desgastantes do processo. Estruturamos um questionário com as seis etapas do aluguel, pedindo para as pessoas darem uma nota de um a cinco para cada experiência. Elaboramos um e-mail fácil de responder e, em 24 horas, chegaram mais de duzentas respostas. Quase todas as etapas tinham notas baixas, sendo o fiador a parte mais complicada. Então, começamos a pensar em soluções. Batizamos de Projeto Dorothy, em homenagem à personagem de *O mágico de Oz* que dizia "não há lugar como o lar".

Aproveitamos o ambiente de Stanford para conversar com professores e nos matricular em disciplinas relacionadas à tecnologia e ao empreendedorismo. Durante o segundo ano, a salinha em que havíamos tido a primeira conversa se tornou nosso escritório. Mostrávamos o projeto para todo mundo, dispostos a ouvir opiniões e críticas. Não tínhamos medo de ser copiados, era um baita desafio colocar aquilo de pé, e as pessoas tinham outras prioridades. Para nós, expor o plano tinha só vantagem, porque recebíamos bons conselhos, diminuindo nossa chance de fazer besteira. Eu já havia construído uma empresa sem mentoria e não pretendia cometer novamente o mesmo erro.

No fim do curso, alguns colegas nos perguntaram se voltaríamos para o Brasil para fazer o negócio. Dissemos que definitivamente sim. Provavelmente vendo nosso entusiasmo, alguns resolveram investir. Conseguimos levantar 300 mil dólares com esses colegas, o que foi nosso *seed money*. Decidimos voltar para Campinas. O primeiro motivo era já conhecer pessoas na região e saber que havia um bom ecossistema de desenvolvedores para recrutarmos profissionais. O segundo e mais importante era ficar longe das pessoas que se formaram conosco no MBA. Eles já estavam empregados, ganhariam muito mais dinheiro do que nós nos meses seguintes, e São Paulo tinha um custo de vida alto. Imaginei toda sexta-feira alguém nos convidando para jantar e eu tentado a bancar um prato de cem reais. Precisávamos economizar o máximo possível. De certa maneira, fomos para Campinas para ter um incentivo a menos para desistir de empreender. Eu tinha um apartamento pequeno mas confortável, e o Gabriel alugou uma quitinete por quatrocentos reais.

Uma vez estabelecidos, fomos conversar com os investidores para captar mais dinheiro. Fizemos uma linda apresentação e nos preparamos para as reuniões com os fundos. Mandávamos um e-mail dizendo "estamos voltando de Stanford e temos uma ideia". Em um desses encontros, o gestor do fundo deu seu diagnóstico. "Eu não vou colocar dinheiro na sua empresa porque você provavelmente vai desistir disso e procurar um salário, como todos os seus colegas de MBA." Ele tinha um ponto. Minha dívida estudantil nos Estados Unidos era de 200 mil dólares. Mas apostávamos de verdade no negócio. Por isso, tomamos a decisão de não responder nenhuma oferta que aparecesse no LinkedIn. Deletávamos as mensagens. Tirei uma conclusão dessa experiência. Se há algo que você realmente quer fazer na vida, não tenha plano B, porque a tentação de agarrar a alternativa nos dias difíceis é enorme. É preciso ir para o tudo ou nada.

## Inventando a solução

Para decidir o nome da empresa, Gabriel e eu fizemos uma lista com várias opções. Não queríamos parecer uma companhia burocrática, com ares de escritório de advocacia. Deveríamos passar a sensação de algo divertido e próximo. Uma das opções era QuintoAndar. Quando batemos o olho, nós dois gostamos. Dava uma ideia de simplicidade, era fácil de lembrar, tinha boa sonoridade e não deixava dúvidas sobre como escrever. Então, em 2012, começamos a construir a plataforma, devidamente batizada. Em fevereiro de 2013, o site entrou no ar. Cobrávamos inicialmente de maneira similar às corretoras: uma taxa de corretagem, equivalente ao primeiro mês de aluguel, e uma de administração de 8% do aluguel nos meses seguintes — e tudo só depois que o negócio fosse fechado.

Nossa expectativa era resolver em poucos meses o problema do fiador. Ilusão total. Além disso, no nosso plano de negócios, seríamos uma empresa gigante em 2015. Também passamos longe. Em parte porque, apesar de não fazer tanto tempo assim, naquele período era ainda mais difícil conseguir capital para start-ups. Precisávamos primeiro explicar aos investidores o que era o Brasil e, depois, ainda precisávamos convencê-los de que nossa ideia inédita tinha chance de sobreviver.

Somava-se a isso o fato de nossa operação ser complexa. Havíamos decidido atacar um problema que envolvia várias etapas. Durante o planejamento no MBA, havíamos sido aconselhados a escolher e resolver apenas uma parte da jornada do aluguel. Por exemplo, resolver os anúncios e nos tornarmos um classificado on-line de imóveis. Esse foi o conselho que tenho orgulho de não ter escutado. Fazer isso seria o equivalente a querer construir um carro e entregar só a roda. Quase dez anos depois, com a operação mais madura, o desenho do funcionamento do QuintoAndar se manteve muito parecido com o que planejamos desde o começo.

Estreamos o site com um anúncio: "Você quer alugar o seu apartamento? Telefone para nós". Quem queria agendar uma visita em algum apartamento anunciado também precisava ligar para nosso número. Gabriel e eu fazíamos de tudo. Tiramos até licença de corretor de imóvel para poder fazer as transações. Atendíamos o telefone, acompanhávamos as visitas, tirávamos foto e fazíamos a vistoria. Tínhamos uma mentalidade de guerrilha e criávamos as soluções considerando os gargalos mais urgentes que encontrávamos.

Contávamos cada cliente. Demoramos para fechar o primeiro contrato, mas no mês seguinte tínhamos dois. Meses depois, fechamos oito. Aí baixou para cinco. Voltávamos para o funil de conversão para entender o que havia entalado. Ligávamos para o cliente para entender. "Ah, eu não passei dessa etapa porque não entendi direito" ou "demorou demais para resolver". Assim descobríamos novos ajustes a serem feitos e desenvolvíamos os produtos.

Um dos primeiros gargalos importantes que desfizemos foi lançar o agendamento de visita pelo site, em 2014. Até então, eu precisava ficar o dia inteiro de olho no telefone e no e-mail para não perder nenhum cliente. Havia vários desencontros. Quando inauguramos a possibilidade de fazer isso on-line, a pessoa simplesmente clicava no imóvel e escolhia o horário. Nessa época já tínhamos meia dúzia de corretores trabalhando para o QuintoAndar, e o sistema tinha acesso à agenda de cada um deles para mostrar a disponibilidade. Se alguém agendasse visita, eles visualizavam em um aplicativo onde e a que hora deveriam receber o cliente. Foi um alívio. No dia que foi ao ar, me lembro de dormir, acordar e olhar o sistema com várias visitas já marcadas. Estava funcionando! Havíamos conseguido automatizar uma função. Isso também trazia muito mais clientes, porque as pessoas preferiam não falar ao telefone para resolver esse tipo de agendamento.

## Dinheiro para crescer

Ganhamos um bom fôlego para crescer em 2016, quando recebemos nosso investimento série A, um aporte de 7 milhões de dólares liderado pelo fundo Kaszek Ventures. Tivemos três ganhos desse investimento. Primeiro, algo parecido com o que havia acontecido comigo na Tectoy, eu novamente tinha mentores e alguém para puxar nossa orelha. Eles nos cobravam o crescimento, e a gente garantia que entregaria. Avisamos que consertaríamos o que não funcionava, e isso nos permitiria escalar. Ao mesmo tempo, eles nos deram respaldo. No começo, quando todo mundo falava que o negócio não fazia o menor sentido, eles começaram a olhar de fora com um pouco mais de confiança de que tínhamos um modelo bom. Usamos o dinheiro para investir mais em tecnologia, expandir além de Campinas e, finalmente, encontrar uma solução melhor para o problema de seguro fiança, no nosso radar desde 2011.

No fim de 2015, conseguimos acabar com a exigência de um fiador. Essa figura existe em contratos de aluguel para garantir uma segurança ao dono do imóvel. A opção ao fiador é um seguro fiança, uma apólice que garante que, se o inquilino atrasar o pagamento, a seguradora cobre. Inicialmente, decidimos contratar um seguro fiança caríssimo de prateleira para oferecer aos nossos clientes donos de imóvel. Era uma apólice para cada contrato que a gente bancava.

Para dar uma ideia da loucura: nossa receita era 8% do aluguel, e o seguro fiança custava para nós 7,5% do aluguel. Tirando o imposto da nossa operação, operávamos no negativo. Mas decidimos bancar. Fizemos conta. Se essa decisão funcionasse, atrairíamos clientes, e o QuintoAndar teria mais volume. Com isso, conseguiríamos negociar com as seguradoras para que elas vendessem apólice para nós por um preço muito melhor do que o cobrado no varejo. Era tudo ou nada. Se não funcionasse, perderíamos o dinheiro e fecharíamos o negócio. Mas funcionou. Eliminamos esse gargalo e crescemos muito.

Com uma base de clientes maior, fomos negociar com as seguradoras. Mostramos nossas contas, as estatísticas de quem não pagava em dia, o perfil dos devedores. Não entramos em acordo. Não queriam cobrar o preço que estávamos dispostos a pagar. Então, lá fomos nós para mais uma jornada. Se não tem no mercado, fazemos dentro de casa. Era essa a mentalidade. Formamos uma equipe de cientistas de dados e especialistas em crédito. Eles encontraram uma solução para que o QuintoAndar oferecesse o seguro fiança. Em vez de fazer seguros individuais, colocamos todos os inquilinos da plataforma em uma única carteira e fizemos um seguro para essa carteira, o que protegeria a empresa caso os índices de inadimplência aumentassem muito — isto é, se muita gente deixasse de pagar aluguel ao mesmo tempo. Apesar de sofisticada, a estrutura era vantajosa para todo mundo no ecossistema. O novo sistema foi ao ar em 2018, depois de já termos recebido novas rodadas de investimento.

Outra inovação do nosso negócio foi fazer assinatura digital on-line dos contratos de aluguel. Ninguém oferecia isso. Contratamos um fornecedor externo e tornamos esse o padrão do QuintoAndar. Economizamos três dias das pessoas entre idas e vindas do cartório, porque antes precisávamos passar o papel por todos os envolvidos e reconhecer firmas. Por incrível que pareça, algumas pessoas no início reclamaram do novo sistema. Pediam o contrato em papel. Discutimos se daríamos essa opção. Concluímos que não. Se o cliente quisesse em papel, não era nosso cliente.

Um momento muito difícil que vivemos nessa fase de crescimento mais intenso foi após o impeachment da presidente Dilma Rousseff, em 2016. Estávamos tentando fazer a série B de investimentos, mas os investidores estrangeiros estavam receosos, temendo a instabilidade política do país. Queriam deixar a conversa para o ano seguinte, mas o ano seguinte seria tarde demais para nós. Tivemos sorte de encontrar alguns mais corajosos que gostaram e resolveram apostar no QuintoAndar.

## Novos desafios para crescer

Desde nosso primeiro aporte, tivemos anos muito bons. Chegamos a mais de mil corretores cadastrados na nossa plataforma e mais de mil funcionários. Em 2019, a empresa ganhou o título de unicórnio, após uma rodada de investimentos de 250 milhões de dólares liderada pelo fundo Softbank. Mas se engana quem pensa que isso faz os desafios sumirem.

Na minha vida pessoal, felizmente, pouco mudou. Moro em uma casa melhor do que quando estava na minha quitinete em Campinas, mas continuo sendo eu, com minha esposa e dois cachorros. Na empresa, pensamos diariamente no próximo passo tentando resolver os problemas que aparecem a todo momento. Um desafio recente, por exemplo, tem sido contar para todo mundo que o QuintoAndar existe e quais são suas vantagens, obrigando a empresa a estruturar melhor suas iniciativas de marketing, reforçando a área e sendo mais ativos na comunicação do que fazemos. Precisamos também melhorar todo dia a eficiência do produto, quantos cliques um atendente precisa dar para achar uma informação ao telefone com o cliente. Tirar novos gargalos da frente.

Aprender a priorizar é fundamental. Se há uma lição positiva que tiro da minha experiência na empresa é o foco. Nunca quisemos fazer 25 tarefas ao mesmo tempo. Sempre soubemos que queríamos fazer algo grande e complexo, mas não tiramos o olho do problema que havíamos nos proposto a resolver.

Eu mesmo mudei muitas vezes de papel. No início, era o empreendedor que fazia tudo. Já consertei ar-condicionado quebrado. Quando mudamos o escritório de Campinas para São Paulo, vi que a sala estava sem carpete. Era sexta-feira, e o time chegaria para trabalhar na segunda. Saí correndo para comprar o tecido, mas não consegui instalador. No sábado, lá estava eu achando que seria fácil pregar o negócio no chão. Era preciso usar uma cola, que eu não sabia que era tóxica. Fiquei totalmente drogado e passei o domingo de cama. O carpete, claro, ficou todo torto e cheio de lombadas.

Hoje sei que preciso diminuir o ímpeto de fazer agora. Procuro me conter e não saio consertando o que está errado imediatamente, porque tenho outras tarefas, e a empresa tem outras pessoas. Minhas decisões são muito mais macroscópicas, me esforço para não me atentar ao micro, ao detalhe. Antes eu escrevia código; agora o QuintoAndar tem profissionais muito melhores do que eu para fazer isso. Para os carpetes, existe o time de *facilities*. Precisei aprender a coordenar, ajudar as pessoas a tirarem os obstáculos da frente, organizar os times e pensar na estratégia da empresa e dos produtos.

Quando me perguntam sobre cultura, confesso não gostar da expressão manutenção da cultura. Gosto da transformação contínua e natural. Temos duas características marcantes na companhia: autonomia e transparência. As pessoas precisam ir atrás de resolver problemas para os quais ninguém tem a resposta e devem discordar umas das outras e apontar o que não gostaram. Dito isso, desejo que a cultura esteja em constante evolução. Procuramos fazer o exercício de trazer gente que vai contribuir com uma opinião nova, que vai nos ensinar algo e que vai tomar decisões diferentes das que o Gabriel ou eu tomaríamos. E isso é ótimo.

## OS PRINCIPAIS CONSELHOS DE ANDRÉ

### *Sobre empreendedorismo, diversidade e tecnologia*

1 **Se não tem o que quer, faça**

Aprendi cedo que, quando o mundo não oferece uma solução para meus problemas, devo correr atrás e fazer minha parte para criá-la. Foi assim também no QuintoAndar, onde encontramos nossa própria solução para melhorar a oferta de seguro fiança para nossos clientes.

2 **Junte-se a quem tem características complementares a você**

Durante a passagem por Stanford, entendi como era interessante conviver com pessoas diferentes de mim. Na empresa, estou sempre em busca da equipe mais diversa possível, que vai contribuir com perspectivas diferentes sobre os mesmos problemas.

3 **Encontre mentores**

Cerque-se de pessoas com mais experiência que você, que possam oferecer orientação e contribuir com um olhar de fora. Empreendedores ficam muito imersos em seus projetos, apaixonados por suas ideias, e ter alguém para puxar a orelha ou compartilhar conhecimento ajuda a ajustar a rota mais rapidamente.

4 **Não tenha plano B**

Se você tem um sonho, um projeto que deseja profundamente tirar do papel, não crie um plano B. Vá para o tudo ou nada e só pense em qual será sua alternativa quando der errado — não antecipe o fracasso. Isso porque, nos dias mais difíceis, será grande a tentação de agarrar a alternativa, se ela estiver ao alcance.

5 **Priorize**

Tenha foco e não queira resolver uma dúzia de problemas ao mesmo tempo. Lembre-se a todo momento de qual é seu objetivo e quais são as tarefas prioritárias para alcançá-lo. Sempre soubemos que queríamos fazer algo grande e complexo, mas nunca nos esquecemos de que nosso propósito era facilitar a experiência do aluguel.

6 **Só ouça os conselhos que fizerem sentido para você**
Receber orientações e ouvir gente mais experiente é importante. Mas tenha sempre um filtro pessoal para avaliar quais conselhos fazem sentido seguir e quais não funcionam para seu negócio. Dependendo dos seus valores e objetivos, algumas sugestões simplesmente não se aplicam.

## SUGESTÕES DE LEITURA

*A segunda era das máquinas: Trabalho, processo e prosperidade em uma época de tecnologias brilhantes*
Andrew Mcafee e Erik Brynjolfsson
"Este livro nos mostra as consequências (positivas e negativas) da automação e da evolução industrial, comparando a atual Revolução Industrial com a primeira, que aconteceu no século XIX."

*O lado difícil das situações difíceis: Como construir um negócio quando não existem respostas prontas*
Ben Horowitz
"Ben Horowitz nos dá uma aula de realidade. Não há respostas fáceis em situações difíceis. Se você quer seguir por conta própria, sem um chefe em quem pode colocar a culpa, você vai ser a pessoa que leva a culpa. Então, é mais importante ainda entender exemplos de situações difíceis e pensar em como enfrentá-las."

*Inspired: How to Create Tech Products Customers Love*
Marty Cagan
"Este é o básico de desenvolvimento de produto. Todo mundo que quer fazer algum produto, digital ou físico, deveria ler. Um livro simples e gostoso de ler, que nos faz ter arcabouço de design e

gestão para situações do dia a dia no desenvolvimento de soluções para o mundo."

*Avalie o que importa: Como Google, Bono Vox e a Fundação Gates sacudiram o mundo com os OKRs*
John Doerr
"Um livro sobre disciplina, comunicação de metas e foco. Vale para qualquer gestor de time, de qualquer time."

*Sapiens: Uma breve história da humanidade*
Yuval Noah Harari
"Este é talvez o mais vendido dos livros que escolhi. Harari nos faz entender melhor o comportamento humano — o nosso e o das pessoas em nossa volta — com a visão de um historiador profundamente competente em uma narrativa fácil e divertida. Fortemente recomendado para todos os seres humanos, de qualquer profissão."

CAPÍTULO 4

# Camila Achutti

## Fundadora da Matertech e líder mundial na luta por mais mulheres na tecnologia

*Por influência do pai, Camila Achutti se apaixonou por programação e se tornou uma das maiores lideranças mundiais do movimento por igualdade de gênero no mercado de tecnologia. Aos dezoito anos, começou a estudar ciência da computação no Instituto de Matemática e Estatística da Universidade de São Paulo (IME-USP) e logo fundou o blog Mulheres na Computação, motivada pela falta de representatividade do gênero na turma. Durante a graduação, estagiou no Google Cs Academy e, em 2013, se tornou embaixadora da Technovation Challenge Brasil, desafio de empreendedorismo e tecnologia que incentiva mulheres a serem mais do que consumidoras nessa indústria. Em 2015, fundou a Ponte 21, uma consultoria de inovação e tecnologia que tem como propósito facilitar a produção de software, ajudando empresas a transformar ideias em produtos viáveis em pouco tempo. Sua paixão pela educação a levou, no ano seguinte, a fundar outro negócio, a Mastertech. A empresa tem como objetivo treinar alunos em conceitos de quatro verticais: negócios, marketing, design e tecnologia, buscando sempre uma resposta ágil para as rápidas transformações do mercado atual. A start-up é reconhecida mundialmente. A fundadora conquistou o Women of Vision 2015,* sendo a primeira estudante latina a receber o prêmio, e está na lista da Forbes Under30 em Tecnologia e Educação. Camila tem 29 anos.*

* Na categoria Student of Vision ABIE Award, concedida pelo Instituto Anita Borg. Todo ano, o prêmio reconhece mulheres de destaque em tecnologia nas categorias Inovação, Liderança e Impacto Social.

## "Meu pai é um espião que se comunica com alienígenas"

"Alguém que resolvia todos os problemas." Era assim que eu, quando criança, enxergava meu pai. Ele era programador, e, por isso, cresci em uma família que respirava tecnologia. Às vezes, de madrugada, ele acordava para atender um telefonema de trabalho e, do quarto, minha irmã gêmea e eu pensávamos: "Papai vai ter que trabalhar de novo!". Eu sempre ficava escondida, escutando-o ditar códigos Common Business Oriented Language (COBOL) pelo telefone na maior tranquilidade. Aos oito anos, achava que meu pai era um espião que se comunicava com alienígenas. Com o tempo, a linguagem programática acabou se tornando mais natural para mim do que para a maioria das pessoas. Comecei a encarar aquela como apenas mais uma forma de se comunicar. Minha vontade era um dia entender essa tal língua que meu pai dominava tão bem — e que me parecia divertida — e ser como ele. Desde cedo, meu sonho se tornou ser programadora.

Nunca mudei de ideia. Porém, como a tecnologia ainda é muito associada à figura masculina, não me ocorreu cursar um ensino técnico no setor, o que hoje vejo que poderia ter sido um bom início. De qualquer forma, o tempo passou rápido. Quando vi, já estava com dezoito anos. Era 2010, e eu consegui entrar em uma universidade pública (IME-USP) para cursar ciência da computação.

O primeiro dia de aula caiu em 8 de março em 2010, o Dia Internacional da Mulher. Mas nada foi como eu havia imaginado. Toda a idealização da faculdade que construí durante a escola caiu por terra. Eu era a única mulher na turma. Portanto, não me sentia representada. Olhava em volta e não havia ninguém parecido comigo. A aula de abertura já foi um choque de realidade: introdução aos algoritmos. Eu não entendia nada do que o professor dizia. Ninguém falou comigo naquele dia. Nos dias seguintes, algumas pessoas falaram comigo para perguntar o que eu estava fazendo ali. Bom, isso eu sabia bem. Porque sempre gostei de matemática e física, assim como também gostava de escrever e me fazer entender através das palavras. Mas eu ainda precisaria de um tempo para encontrar meu lugar naquele ambiente.

Cheguei em casa do primeiro dia de aula desesperada, pensando que havia estudado anos por um sonho que talvez não pudesse ser tão legal assim. Comecei a sentir que chamava atenção por ser a única mulher do curso: qualquer coisa que eu fizesse, boa ou ruim, eu estaria sob o olhar atento de colegas e professores. A falta de representatividade criou em mim dúvidas e questionamentos sobre minhas escolhas. Será que havia tomado a melhor decisão?

Por incentivo da minha mãe, continuei a faculdade. Mas, inquieta diante de tão poucas mulheres na área, fui atrás de entender o motivo e achar referências femininas no mundo da tecnologia e da computação. Encontrei histórias fascinantes mas pouco difundidas. Por exemplo, a da inglesa Ada Byron, que escreveu o primeiro algoritmo para ser processado na máquina analítica que hoje conhecemos como computador, e a da norte-americana Grace Murray Hopper, que criou a linguagem de programação que serviu como base para a criação do COBOL (a mesma que meu pai utilizava para programar por telefone). Na faculdade havia uma piadinha frequente: se entrou na fila da engenharia, não pode ter entrado na da beleza. Mas eu sempre tinha uma resposta na ponta da língua: você gosta de usar a rede wi-fi, certo? Ela não seria possível sem Hedy Lammar, que, além de inventora, foi uma das atrizes mais bonitas da história do cinema. O piadista ficava então sem argumento.

Com o tempo, virei o jogo. Fiz muitas amizades e descobri um mundo de possibilidades. Aprendi a programar e descobri que não sabia o que era matemática e física de verdade. Entendi que programar é uma arte, a concretização de uma ideia, a resolução de um problema, como eu intuía na infância. É uma maneira de melhorar a vida das pessoas.

Na faculdade, eu não pensava em empreender. Nunca pensei que seria CEO, muito menos da minha própria empresa. Tinha certeza de que seria *chief technology office* (CTO) de alguma grande corporação — e esse era meu plano. Mas logo que me formei, já me vi na cena empreendedora que se formava no país. De novo, sentia-me sub-representada. Em alguns eventos de start-ups que aconteciam aos fins de semana, era a única mulher. Tentava encontrar uma mentora, mas não conseguia. Usei isso a meu favor, em alguma medida. Como comecei cedo esse movimento, fui crescendo sob o olhar de muita gente, o que me permitiu, por exemplo, marcar reuniões e acessar pessoas que talvez eu não conseguisse se a concorrência fosse grande. Usei as oportunidades que conquistei para abrir portas para outras pessoas.

## Barreiras da computação

Tive dificuldades para encontrar minhas poucas referências femininas na história da tecnologia. Principalmente, para encontrar conteúdo sobre elas em português. As pessoas procuravam "Mulheres na tecnologia" ou "Diversidade na computação" na internet — como eu fiz tantas vezes — e não encontravam nada. Os jargões utilizados pelas pessoas da área também me incomodavam. Em geral, é comum se deparar com profissionais que utilizam termos complexos. Minha opinião é que fazem isso não por falta de palavras, mas porque não querem que o outro entenda o que falam. Há certa intenção de forjar uma superioridade. O que me inquietava era que eu via muitas meninas sendo lesadas por isso. Durante a graduação, percebi também que precisava me desenvolver mais do que os outros para realizar a mesma função, e que muitas alunas desistiam logo no primeiro ano de faculdade por causa dessa pressão.

Tudo isso me inspirou a criar o blog Mulheres na Computação, um espaço em que compartilhava aprendizados com outras mulheres da área tecnológica. O intuito era oferecer o que eu mesma, em minhas pesquisas, não pude ter acesso com facilidade: referências, conteúdo técnico e espaço para trocas e discussões com uma linguagem simples e clara. Também traduzia conteúdos do português para o inglês. Comecei a liderar a discussão sobre pluralidade em tecnologia e, principalmente, programação. Eu ainda era uma menina, e poder olhar para o plural e fazer parte do grupo foi muito importante para mim. O Mulheres na Computação ainda existe e está ativo.

## Embaixadora da tecnologia

Em poucos anos, me tornei a maior referência em português que aborda a questão de gênero na tecnologia. Então, em 2013, ajudei a trazer para o Brasil o Technovation Challenge, desafio de empreendedorismo e tecnologia que incentiva mulheres a serem mais do que consumidoras de tecnologia. Tornei-me embaixadora dessa iniciativa.

Trata-se de uma competição entre meninas que desenvolvem um aplicativo para resolver um problema em sua comunidade. Pode ser um problema de saúde, social ou mesmo a falta de um recurso. Ao longo de doze semanas, elas passam por um currículo on-line que as ajuda a desenvolver uma solução em potencial e a programar um aplicativo de celular como parte do projeto. Aprendem a estudar a concorrência, identificam maneiras pelas quais podem reunir usuários e criam estratégias para obter receita. Ao final, desenvolvem um plano de negócios e lançam suas ideias por meio de um vídeo para uma competição regional on-line. Os vencedores viajam para a Califórnia para competir no evento Technovation World Pitch. A equipe vencedora recebe 10 mil dólares em financiamento e suporte para concluir o desenvolvimento do aplicativo para lançar no mercado.

Eu liderei a expansão da competição para o Brasil. Tínhamos quatrocentas meninas no primeiro ano, apenas com trabalho voluntário, e no ano seguinte recebemos investimentos da Fundação Lemann e alcançamos 1600 meninas em todo o país. Nesse período, também iniciei minha atuação na área de licenciatura. Queria dar aulas, pois acreditava que ter mais mulheres professoras atrairia mais garotas para a área.

Ainda em 2013, já próxima de me formar na faculdade, decidi participar do Google CS Academy, um programa de treinamento na sede da empresa, na Califórnia. Durante três meses, fiquei imersa em um dos maiores centros de inovação global de tecnologia, o Vale do Silício. Estagiar lá me fez ter muitos insights sobre minha carreira e sobre a tecnologia no Brasil. O primeiro foi a confirmação de que meu objetivo profissional estava na área da educação. Eu queria desmistificar a tecnologia. Mostrar que é menos complicada do que se imagina e pode ser acessível e transformadora na vida de alguém.

O que despertou em mim o desejo de empreender nessa área foi identificar a distância entre o Vale do Silício e a realidade brasileira. Minha sensação era a de que os conflitos lá já estavam sanados. Por exemplo, já havia clubes de programação acessíveis a todos. Ao mesmo tempo que era muito interessante e legal estar na efervescência daquela região nos Estados Unidos, a experiência me fazia ver com mais clareza o desafio que tinha no meu país. Eu queria ser parte da solução dos problemas no Brasil.

## A construção de um mercado

Quando voltei para o Brasil, trouxe comigo um trabalho: de madrugada programava para uma ONG americana, no contraturno de um filipino e um russo. Ganhava em dólar pelo trabalho. A moeda estava em quatro reais, o que somava 4 mil dólares, uma fortuna na época. Eu viajava quase toda semana para acompanhar o que estava acontecendo nos Estados Unidos e participar de conferências, visitar outras empresas para aprender com elas — muitas vezes, fazia bate e volta para países distantes. Comecei também a dar palestras e fazer mentoria. Foi uma fase muito legal, porque conheci muitas pessoas e realidades diferentes. Mas a correria da agenda me fazia passar por cima da minha saúde.

Em 2014, saí na capa da revista *Info*. Na última linha da entrevista, eu falava que queria voltar para o Brasil e montar uma escola. Talvez isso tenha mexido com o presidente da Faculdade de Informática e Administração Paulista (Fiap), Gustavo Gennari, que viu e me ligou. Perguntou o que eu achava de trabalhar na instituição, desenvolvendo projetos de inovação em educação. Aceitei. E foi na Fiap que conheci meu futuro sócio, Felipe Barreiras, engenheiro empreendedor também envolvido no setor de educação.

Durante os dois primeiros anos em que estivemos na Fiap, nos entregamos ao trabalho. Eu tinha muito contato com o Google e uma cabeça diferente desde que havia voltado do Vale do Silício. Acreditava em fazer um negócio digital e escalar. Desenvolvemos a Maratona de Aplicativos Fiap + Google (App Marathon), com 15 mil jovens. Nessa competição, grupos formados por três a cinco alunos do ensino médio são desafiados a criar um aplicativo para Android na plataforma AppInventor v2. Tem que ser algo que pode melhorar a vida deles como alunos, sua escola ou a educação no Brasil. O objetivo é transformar jovens de meros usuários a desenvolvedores.

Com o trabalho em geral, o Felipe e eu nos identificamos de cara. Sempre tivemos muita vontade de ensinar às pessoas. Foi aí que nasceu a ideia de montar uma escola de programação dentro da Fiap. Oferecemos o projeto para a diretoria, mas eles não se interessaram. Nos sugeriram fazer um piloto só com os alunos. A ideia era que inicialmente se chamasse Mastertech. Nos inspiramos no sucesso do programa de TV *Masterchef* por causa da nossa proposta, que era a de que os alunos também colocassem a mão na massa. Insisti com a Fiap, falei que era uma proposta de negócio, que estávamos empenhados em fazer direito e que seria o futuro da universidade. Mas não os convenci.

Nessa época, o Felipe e eu já sentíamos uma necessidade forte de abrir um negócio próprio e sabíamos que poderíamos fazer muito mais se empreendêssemos juntos. Queríamos fazer do nosso jeito. Então pedimos demissão.

## Uma ponte tecnológica

Mas nosso primeiro projeto não foi a escola que havíamos sonhado. Demos um passo para trás, planejando montar a escola quando tivéssemos capital — mais precisamente, 1 milhão de reais. Só que ainda não entendíamos nada de negócio. Sobrar 1 milhão de reais é impossível nos primeiros anos, como descobriríamos em breve.

Em 2015, fundamos a Ponte 21. Começamos basicamente vendendo software, já que tudo o que sabíamos era programar. Não tínhamos dinheiro para nada. Com o tempo, nos posicionamos como uma consultoria de inovação e tecnologia com o propósito de facilitar a produção de software ajudando empresas a transformar ideias em produtos viáveis em um curto período. Fazíamos isso promovendo conexão da tecnologia com as pessoas. Nosso slogan era: um novo produto em oito semanas. Se durasse mais de oito semanas não era um Mínimo Produto Viável (MVP). Pegamos a lista das maiores empresas do Brasil, que havia acabado de ser publicada pela Forbes, e mandamos e-mails e mensagens no LinkedIn. Nosso primeiro cliente foi a Leroy Merlin. Logo fomos contratados também pela Renault, pelo Itaú e por outras grandes empresas que não tinham braço interno para gerenciar os projetos de inovação.

Aos poucos, fomos conquistando nosso espaço. Em um ano, saímos de duas pessoas (Felipe e eu) para dezoito na empresa. Mal sabíamos o que era CNPJ e não entendíamos nada de administração — íamos descobrindo no dia a dia, apagando incêndios. Então, chamamos a mãe do Felipe para trabalhar conosco porque ela tinha experiência e poderia nos ajudar na gestão. Ela já havia trabalhado no Vale e entendia melhor do assunto.

A Ponte 21 era uma empresa sensacional e superlucrativa. Iniciamos em janeiro e, em novembro, tivemos 1 milhão de reais de faturamento. Apesar de o negócio ter sido um passo essencial para me aproximar de outros players do setor de tecnologia no Brasil, a verdade é que ainda não tinha o foco em educação que eu sonhava ter. Lembro-me de uma conversa que tive com o Felipe nessa fase, em que falei: "Estamos esperando as condições para abrir uma escola, mas a gente teve condições ideais para abrir esta empresa?". A resposta era não. "Por que estamos esperando para abrir a escola, que é nosso sonho? Devíamos fazer isso agora." O que realmente queríamos era ensinar tecnologia e espalhar a mensagem. Foi quando decidimos criar uma escola onde as pessoas pudessem fazer transformações. A Ponte 21 hoje não existe mais. O trabalho que fazíamos lá está sob o guarda-chuva da Mastertech.

## Uma start-up para multiplicar conhecimento

Em novembro de 2015, o Felipe e eu criamos a Mastertech. Decidimos começar em janeiro a operação da escola. Eu já dava aulas no Insper, então fiquei responsável por montar o currículo. O Felipe assumiu as vendas. Partíamos das ideias que eu tinha na cabeça e do que havia pesquisado. Nossa principal referência eram os Boot Camps, programas de curso imersivo e intensivo de tecnologia, que haviam se popularizado nos Estados Unidos na crise de 2008. No Brasil, não havia nada parecido — mas estávamos em crise, as pessoas precisavam de emprego. Então fomos para Nova York fazer um *benchmark*.

Criamos um modelo de escola imersiva, com oito horas de aula por dia. Ensinamos lógica, programação web, programação de app, internet, inteligência artificial, impressão 3D e também gestão ágil de projetos e *design thinking*. Além disso, tinha ioga pela manhã. Em dois meses, a pessoa mudava de vida — esse era o sonho. Mas ainda tínhamos muitas questões na cabeça: o que é possível ensinar de fato em oito semanas? Como fazer para a pessoa ter uma mudança de carreira nesse período? Descobriríamos na prática.

No dia 4 de janeiro de 2016, começamos o curso, que foi considerado o primeiro Boot Camp do Brasil. Tínhamos trinta alunos. A Mastertech realmente era uma empresa.

No mês seguinte, a Globo bateu à nossa porta. Ficamos surpresos. A jornalista Daiana Garbin perguntou se poderia fazer uma entrevista para o *Jornal da Globo*, pois o setor de tecnologia da informação era o único que não estava demitindo. Quando a repórter chegou, não tínhamos página na internet nem nome definido. Viramos a noite construindo o site e acabamos mantendo o nome Mastertech, que se mostrou adequado inclusive porque os estrangeiros conseguem falar facilmente. Lembro que esse foi o momento em que me dei conta de que finalmente havia encontrado o caminho que me realizava. Esse era meu lugar.

Com a experiência, comecei a chamar a Mastertech de "escola de habilidades do século XXI". É um lugar em que você aprende tudo o que quiser. Porque entendemos que faz sentido também, além do Boot Camp, criar cursos e workshops de acordo com as necessidades das pessoas, em quatro verticais: negócios, marketing, design e tecnologia, buscando sempre uma resposta ágil para as transformações de mercado. A validade média de uma habilidade na área de tecnologia são três anos, diferentemente de outros setores. Então, em vez de propormos um currículo fechado, escolhemos o caminho inverso. Perguntávamos para quem nos procurava: do que você precisa? O objetivo é ensinar de forma dinâmica o maior número de pessoas no menor tempo possível.

Ser pioneiro em educação no Brasil significa enfrentar desafios de diversas naturezas. É preciso ser resiliente e estar preparado para tomar muito tapa na cara. Abrir uma empresa, levantar investimento, encontrar mão de obra, são grandes dificuldades. Trabalhar com educação de tecnologia escalável e imersiva exige ainda mais: uma transformação cultural. Passamos todo o período de educação escolar sendo totalmente passivos. A escola ainda ensina a decorar. Não estamos acostumados a assistir a uma aula ativamente. Mas a realidade está mudando, e vamos ter que aprender. Precisamos cada vez mais fazer projetos. Não teremos mais um professor que é especialista e que tem todas as respostas. É preciso aprender a aprender.

A Mastertech formou 15 mil pessoas até o fim de 2016. Tínhamos faturado um pouco menos de 1 milhão de reais com os cursos. Até que algumas empresas começaram a bater à nossa porta pedindo um treinamento *in company*. Inicialmente, não exploramos bem esse mercado. Mas, em 2017, voltamos ao tema com foco total.

As tecnologias estão em transformação, e os profissionais precisam estar atualizados para se manterem relevantes. É preciso pensar em soluções para que grandes empresas não precisem demitir ninguém, mesmo tendo 5 mil pessoas trabalhando em algo que em três anos será automatizado.

No contexto de crise do Brasil, mesmo que você seja demitido, minha preocupação é que saia competitivo para o mercado. Uma pessoa que por quinze anos programou em COBOL nunca mais vai fazer isso na vida. Se demiti-la, o que ela fará então? Entramos em uma vertente de reconhecer como atualizar esse conhecimento de um jeito ágil, mais do que rápido. É isso o que temos feito com as empresas, já olhando para o futuro do trabalho e levando em conta distribuição de renda e diversidade. Afinal, se temos a chance de refazer uma força de trabalho, vamos refazer direito. Olhando para o equilíbrio da diversidade, de idades, de tudo. Temos tido a chance de fazer esses movimentos em grandes corporações.

Atendemos 150 empresas em 2018. Quando colocamos em perspectiva, vemos que isso salvou muitos funcionários de demissão, porque conseguiram atualizar seus conhecimentos. Batemos 10 milhões de reais em faturamento somando nossos quatro anos de operação, o que para mim foi um marco. Nesse mesmo ano, formamos 3 mil jovens em nossos cursos.

Fico feliz de ver que a empresa é reconhecida nacional e internacionalmente. Nossa metodologia foi considerada a melhor para ensino de programação e desenvolvimento web pelo Massachusetts Institute of Technology (MIT). A única start-up da América Latina a participar do DreamForce, um dos maiores eventos de tecnologia do mundo e o maior encontro anual da Salesforce para inspirar e motivar profissionais que inovam em vendas, marketing, atendimento ao cliente e e-commerce. A Mastertech foi também premiada em Nova York com o Community Giver 2017 pelo alto impacto na comunidade no WeWork Creator Awards. E fechamos parceria oficial com o Facebook no ensino de programação no Brasil pela Estação Hack São Paulo From Facebook.

## Mudança de cenário, reforço do propósito

Até 2018, estávamos instalados no Cubo, espaço de *coworking* do banco Itaú, junto com outras start-ups inovadoras. Mas crescemos e precisamos de mais espaço. Mudamos, então, para um escritório na avenida Paulista. Desde então, o negócio e eu passamos por um processo de amadurecimento.

Foi nesse ano que o Felipe e eu desfizemos a sociedade. Passamos a ter visões diferentes de para onde o negócio deveria caminhar. Até que, um dia, ele falou que queria uma empresa que escalasse e que vendêssemos por um preço alto. E isso claramente não era o que eu queria. Construí uma empresa porque acreditava no propósito dela — e continuo acreditando. Então, negociamos um valor, e comprei a parte dele. Paguei à vista e, para isso, tivemos que reduzir a equipe. Eu poderia ter pedido investimento a alguém, mas decidi não fazer isso. Escolhi que o dinheiro não seria minha primeira meta. Isso acarretou várias mudanças no negócio.

Trouxemos três pessoas para o time e, em 2019, abrimos uma ONG que eu sempre quis. Sabia que seria na área de educação, mas queria também que fizesse serviço social, que atendesse prefeituras e presídios — e isso não caberia no contexto de start-up investida. Estamos no Brasil, temos muitos desempregados, um grande índice de desigualdade, isso me incomoda. Levantamos 1,5 milhão de reais com a ONG para abrir os cursos da Mastertech em três unidades direcionadas ao público carente e estamos trabalhando com a Fundação Casa.*

Quando olho para trás e me vejo com vinte e poucos anos, faço uma mea-culpa. Eu era uma menina que enchia a boca para falar sobre faturamento e número de funcionários da nossa empresa. Cometi erros que hoje aprendi a ressignificar para seguir em frente. Um dos maiores erros foi ter negligenciado aspectos financeiros da empresa e delegado para outras pessoas cuidar dessa parte, em vez de eu mesma tomar as rédeas. Foi um erro que teve custos emocionais e estratégicos. Um empreendedor não pode se dar ao luxo de olhar só para alguns lados do negócio. Precisa se manter atento a tudo.

Queria aproveitar as oportunidades, e a vida foi acontecendo. Com o passar do tempo, fui reconhecendo o que importava mais para mim. Me sinto como aqueles atores de novela, a que assistimos quando ainda eram crianças e que foram crescendo aos olhos de todos.

* Fundação Centro de Atendimento Socioeducativo ao Adolescente, responsável por menores infratores, em São Paulo.

Hoje, tenho um pouco mais de consciência do lugar que ocupo e das vantagens que tive na vida. Estou dentro do padrão social, sou branca, de classe média e fiz uma faculdade boa. A exposição desde cedo me abriu para ouvir outras histórias e reconhecer que nem todo mundo tem a oportunidade que eu tive. Isso foi me abrindo a cabeça. É muito fácil dizer que, para empreender ou ocupar seu espaço, é só ir e tentar. Mas não é bem assim. Sou muito grata por ter tido a oportunidade de ampliar minha visão de mundo e não querer necessariamente parecer com algo que vinha de fora.

Eu me orgulho por termos ensinado mais de 15 mil jovens a criar aplicativos, da Amazônia a comunidades no Rio de Janeiro. Eu olho para a turma e falo: "Essa galera é que vai mudar o Brasil". São pessoas que não tiveram privilégio, para muitas concedemos bolsas. Então, se eu conseguir mudar essa turma, está tudo bem.

As crianças e os adolescentes, embora hiperconectados, estão fazendo mau uso das ferramentas e não fazem ideia do poder dos conteúdos. Por isso o ensino de tecnologia precisa ser ampliado. A programação não deveria ser um fim, mas um meio. Assim como se aprende a ler e a escrever, deveríamos aprender a programar independentemente de a criança virar ou não um programador no futuro. Ter o básico de conhecimento em letramento digital é um diferencial em qualquer profissão, como era o inglês no passado (e agora é essencial).

Há uma parcela seleta da população que entende de tecnologia, que sabe usufruir e tirar proveito dela. A massa consome passivamente, enquanto os dados são roubados, a conta é invadida, entre outros problemas que estão se tornando cada vez mais frequentes.

Entender a tecnologia é entender como o mundo está se organizando. Se as meninas tivessem, desde pequenas, uma proximidade maior com ferramentas tecnológicas, teriam mais condições de igualdade no mercado de trabalho no futuro. Defendi uma dissertação na USP sobre esse tema em 2017: *Tree Bark Framework: Competences and Mindset Rearrangements for Digital and Technology Literacy in Times of Exponential Rate of Changes*. Saber programação traz mais independência, ajuda a desenvolver o pensamento crítico com relação à tecnologia, possibilita concretizar ideias e resolver problemas para melhorar a vida das pessoas. Está na hora de quebrar o estereótipo do talento natural do geek. O pensamento lógico e computacional precisa chegar à casa das pessoas. São habilidades do século XXI, fundamentais para ter a tecnologia como uma aliada e não uma ameaça.

## O Brasil não é o Vale do Silício

Uma das questões que mais têm me incomodado é que acabamos criando uma cultura de start-ups no Brasil com a mentalidade de que deve ser muito parecida com o Vale do Silício. Criamos uma cultura de crescimento acelerado, e esse tem sido um dos meus principais questionamentos. Em uma economia instável como a nossa, com tantas reviravoltas políticas, me parece um pouco desconexo esse desejo da nossa realidade. Expandir no Brasil é bem diferente de fazer isso nos Estados Unidos, onde existe uma linearidade cultural. Há regiões do Brasil, como o Norte, em que as pessoas ainda estão pouco conectadas.

Apesar de todo o orgulho que tenho da Mastertech, reconheço que nós, empreendedores brasileiros, criamos um fardo pesado para quem começa a start-up no contexto do nosso país. Importamos muitos modelos americanos sem colocar uma inteligência, sem aculturar, e acreditamos que esse fosse o único caminho. Muitas pessoas olham para a Mastertech hoje e falam: "Vocês não são uma start-up. Vocês são uma escola". Eu acho ótimo ser uma escola, é o que sempre sonhei. Mas, com a cabeça mais madura de hoje, discordo de que para ser uma start-up tem que ter um aplicativo, um site, tem que vender pela internet, tem que crescer, não pode fazer off-line e tem que ser extremamente escalada.

Com a experiência, fomos vendo que não era aquilo que queríamos ser. Perdemos grana e saúde nessa tentativa de nos encaixar em um modelo. Claro que o dinheiro é importantíssimo para o negócio, mas não faço o que faço só pelo dinheiro. Se fosse, haveria jeitos mais fáceis de ganhar.

Existe um movimento que está começando nos Estados Unidos, o Zebras Unite,* que, por incrível que pareça, foi movido por mulheres. Elas alegam que cansaram da expectativa de ser unicórnios e que vão virar zebras para consertar o que os unicórnios estão fazendo. Argumentam que os unicórnios não existem, mas as zebras sim. Me incomoda vivermos nesse mundo idealizado. Empreender é zero idealização. Não é um conto de fadas.

Quando olhamos para as start-ups nos Estados Unidos hoje, muitas não se sustentam. Parece um cenário real, mas é óbvio que vai estourar uma bolha. Não tem como pagar essa conta. Nós fomos ficando tão malucos que transformamos a start-up em um bicho que só queima dinheiro e que não se importa. Uma empresa não tem que ser lucrativa? Não tem que pensar como é que vai pagar o salário dos funcionários?

Talvez não façamos o que outra start-up está fazendo do ponto de vista de dinheiro, porque decidimos não levantar investimento por enquanto. Mas estamos avançando. Por outro lado, eu também penso: o que fazemos é tão legal, será que não dá para fazer mais rápido? Meu grande foco para 2020 é encontrar uma forma de escalar sem perder nossa essência.

A maior dificuldade hoje como empreendedora mulher é a mesma do início: continuar olhando em volta e ainda não me reconhecer como parte de um grupo. É ir em um evento de fundadores e continuar sendo a única mulher. Ir em um evento de tecnologia e continuar sendo a única palestrante. Olhar para capas de revistas da área e só ver homens.

Apesar de, atualmente, dividir o tempo entre aulas, palestras, curadoria do Mulheres na Computação e minha empresa, eu não abandonei o propósito que me motivou no início da carreira: aproximar mais mulheres do mundo da tecnologia. Sigo meu trabalho para continuar trazendo transformações positivas ao mercado. Só

* O movimento foi fundado por quatro empreendedoras e reúne uma comunidade on-line com mais de 4 mil empreendedores e investidores, exigindo um movimento mais ético e inclusivo para combater a cultura atual de start-ups e de venture capital.

que com a diferença de que hoje tenho muito mais confiança e coragem, pois criei musculatura.

Mais da metade dos alunos formados nos cursos da Mastertech é composta de mulheres, além de termos a preocupação em trabalhar com professores e colaboradores de experiências diversas, pois, enquanto não houver diversidade no perfil dos profissionais de tecnologia, não haverá empatia suficiente para direcionar a tecnologia à solução de problemas dos diferentes grupos sociais. É isso o que busco agora.

## OS PRINCIPAIS CONSELHOS DE CAMILA

### *Sobre empreendedorismo, diversidade e tecnologia*

1 **Saiba que a programação é o novo inglês**
Assim como falar inglês no passado era um diferencial para a formação profissional, acredito que a programação seja hoje. Mesmo que não vá ser programador, toda pessoa deveria ter noções básicas de tecnologia para usufruir e se proteger do potencial dela.

2 **Não espere o momento ideal para agir. Ele não existe**
Eu queria faturar 1 milhão de reais na primeira empresa antes de abrir a segunda — esta sim a realização de um sonho. Mas percebi que esse dia não chegaria tão cedo (talvez nunca) se eu não arriscasse. Depois que decidi seguir em frente com os recursos que tinha, as duas empresas cresceram.

3 **Seja pioneiro**
Se eu tivesse me intimidado porque não via mulheres nas quais me inspirar na tecnologia, não teria construído minha empresa. Aproveitei a oportunidade para me tornar uma referência e contribuir com o crescimento da presença feminina nesse mercado globalmente.

4 **Encontre sua motivação e não se distraia**
Inspire-se, mas não se contamine com modelos que parecem ser "o certo". Cada negócio é um. Para empreender é preciso ter os

pés no chão e lembrar por que começou: para crescer 10% ao ano e vender logo seu negócio ou para se realizar todo dia? Vale qualquer resposta, desde que seja a sua.

5 **Esteja pronto para as adversidades. Empreender não é um conto de fadas**
As pessoas tendem a romantizar o empreendedorismo, mas ter uma start-up é enfrentar desafios, dos mais diversos tamanhos e naturezas, todos os dias. De impostos a mão de obra, passando por completas transformações culturais. Aprenda a ser resiliente.

6 **Mantenha-se atento a todas as áreas do negócio**
Aprendi com os erros a não negligenciar nenhuma área da empresa. Inicialmente, foquei-me mais na operação e deixei o financeiro na mão de outras pessoas. Mas entendi que um empreendedor precisa conhecer todos os aspectos de seu negócio porque a responsabilidade sobre tudo é dele.

## SUGESTÕES DE LEITURA

*Faça acontecer*
Sheryl Sandberg
"Eu li este livro quando estava começando a carreira em tecnologia. Naquela época, eu me sentia ainda muito impotente para fazer aquilo e foi importante ter lido de uma mulher, COO do Facebook, que as mulheres precisam se posicionar no mercado de trabalho."

*Opção B*
Sheryl Sandberg
"Quando li o segundo livro da Sheryl, eu estava em um momento completamente diferente. Nele, a autora assume que errou, que não era só se posicionar. Ela entendeu que estava em uma situação privilegiada antes por viver sua opção A de vida. Mas agora estava encarando a opção B, mais difícil."

*O poder do hábito*

Charles Duhigg

"Já li este livro mil vezes. Destaco o capítulo 6, "O poder da crise", em que o autor fala sobre como podemos ressignificar nossa percepção em relação às crises. Segundo ele, essas são chances de nos reinventarmos e começarmos do zero. Portanto, deveríamos abraçar estes momentos."

*O essencialismo: A disciplinada busca por menos*

Greg KcKeown

"O livro defende que devemos falar 'sim' de maneira mais lenta — e não mais rápida. Mostra que criamos uma rotina em que nos sentimos impelidos a aceitar tudo, mas, com essa atitude, estamos dissipando nosso foco e energia e não olhando para o que é essencial para nós mesmos."

CAPÍTULO 5

# Diego Siqueira

## Cofundador e CEO da TG Core, gestora de recursos com foco exclusivo no mercado imobiliário. A empresa é parte da Trinus Co., que se denomina a primeira *landtech* do mundo

*Diego Siqueira é CEO e sócio-fundador da Trinus Co., uma plataforma tecnológica que tem o propósito de desenvolver um mercado habitacional mais igualitário para todas as classes sociais no Brasil. O motor da empresa é a TG Core Asset, gestora independente de recursos com foco exclusivo no setor imobiliário. Nascido em Goiânia, mudou-se para São Paulo para estudar administração de empresas na Fundação Getúlio Vargas. Já formado, ingressou no mercado financeiro. Trabalhou na gestora Opportunity e foi analista por dois anos na Rio Bravo Investimentos. As experiências despertaram nele o desejo de atuar na economia real. Começou, então, um estudo profundo sobre o mercado imobiliário brasileiro, até concluir que sua oportunidade estava na improvável missão de contribuir com o desenvolvimento do médio empreendedor imobiliário. Voltou para Goiânia para iniciar seu próprio negócio. Em 2009, fundou a Trinus, que oferece suporte à governança das incorporadoras, e ganhou um braço de gestão de fundos, a TG Core Asset. Diego tem 37 anos, é casado e pai de dois filhos.*

## O maior fazendeiro de Goiás

Nunca me destaquei em nenhuma atividade quando eu era criança. Gostava de praticar esportes, como basquete e vôlei, mas não tinha um desempenho brilhante em nenhum deles. Sempre fui muito magro e não tinha força nem habilidade para chamar a atenção nos times. Dificilmente conseguia ganhar. Com isso, meu espírito competitivo ficava frustrado. Na sala de aula, a situação era parecida. Tinha boas notas, me dedicava em época de prova, nunca descuidei das tarefas, mas não ficava entre os melhores alunos da turma.

O que eu certamente tinha era um impulso empreendedor. Pelo menos é o que indicam as histórias que minha família gosta de contar. Meu avô diz que, quando bem novo, eu fazia festas no quintal de casa, servia cachorro-quente e suco e cobrava ingressos. Segundo ele, eu ficava muito feliz com o faturamento. Minha tia certa vez me levou para a praia e garante que voltei com mais dinheiro do que fui, porque eu me oferecia para ajudar as pessoas e, como recompensa, ganhava sempre algum trocado.

Desde pequeno eu dizia que queria fazer algo grande. Inicialmente, minha ideia era ser fazendeiro, porque essa era a realidade mais tangível. "Quero ser o maior fazendeiro de Goiás", declarava para a família. Depois, sonhava que queria criar uma cidade ou ter uma grande empresa. As pessoas achavam divertido, davam risada. Minha mãe não sabia de onde eu tirava essas ideias, já que não havia nenhum grande empresário na família.

Nasci em Goiânia, em uma família de funcionários públicos, no dia 8 de dezembro de 1983. Com uma renda de classe média, meus pais proporcionaram para mim e meu irmão, dois anos mais novo, uma boa formação em colégios tradicionais da cidade, como Marista e Dinâmico. Aos fins de semana, frequentávamos a piscina ou as quadras do Country Clube de Goiás e a fazenda da minha família, onde eu também passava férias.

Desde criança, sempre tive uma urgência que hoje interpreto como ansiedade. Por exemplo, eu considerava dormir uma perda de tempo. Virava noite catalogando meus brinquedos, uma atividade pouco comum para uma criança — o que já indicava a tentativa de controle como outro traço da minha personalidade. Só caía no sono quando meu corpo estava no limite. Queria que tudo acontecesse rápido. Lembro-me da sensação que tinha cinco minutos antes de o sinal da escola tocar, para anunciar o fim das aulas: começava a ficar nervoso e inquieto na carteira, esperando para passar para a próxima atividade. De repente, parecia que não aguentaria esperar mais nenhum segundo pelo que viria a seguir.

Talvez por causa dessa inquietação, na adolescência eu ficava um pouco revoltado com a maneira como alguns adultos levavam a vida. Me parecia que eram felizes, mas tranquilos demais com a segurança de ter um emprego estável, aproveitando a vida no tempo livre, sem mais ambições, como construir um novo negócio, por exemplo. Eu achava que era possível realizar mais, que todos deveriam ser mais ambiciosos. Hoje entendo que há diversos caminhos para ser feliz, cada pessoa tem sua vocação e sabe o que é melhor para si.

## A descoberta do mercado financeiro

No início do ensino médio, eu pensava em estudar medicina. Vislumbrava nessa escolha a possibilidade de seguir uma profissão respeitada e desafiadora, na qual eu poderia realizar aquele "algo grande" que sonhava (sem levar em conta que eu sofria demais ao ver outras pessoas em sofrimento). Mas, em 2000, fiz um intercâmbio nos Estados Unidos, como todos os meus primos, e lá acabei mudando meus planos profissionais.

Passei um ano morando em Taft, uma cidade pequena a pouco mais de uma hora de Los Angeles, na Califórnia. Não vivi muitas aventuras, pois tinha dezesseis anos e minha rotina não era muito diferente da que tinha no Brasil. Basicamente, limitava-se a ir de casa para a escola, e vice-versa. A diferença é que estava convivendo com adultos e colegas novos, o que me permitiu certa evolução pessoal.

O colégio oferecia várias disciplinas fora da grade obrigatória que não havia na maioria das escolas do Brasil, como aula de fotografia. Me inscrevi em todas que consegui. Uma delas chamava Economia e Mercado Financeiro e exigia que fizéssemos um trabalho em grupo para montar uma carteira teórica de investimentos. Tínhamos que estudar o cenário econômico americano e as empresas listadas na Bolsa de Valores. Gostei do tema e me empenhei muito na pesquisa. Descobri que era divertido conhecer os diferentes setores e entender por que um estava com um desempenho melhor que o outro. Nosso grupo ganhou a competição, pois fizemos a carteira que mais rendeu no período avaliado.

Gostei da experiência. O tema me despertou interesse, e fiquei com a sensação de que aquela era uma ferramenta para construir algo grande. Por isso, quando voltei para o Brasil, já estava convicto de que trabalharia no mercado financeiro, mas não sabia qual era a faculdade certa para chegar lá. Então, em uma conversa sobre o assunto, um amigo me contou que a Fundação Getúlio Vargas (FGV), em São Paulo, era a melhor faculdade de finanças do Brasil. Pesquisei sobre ela e fui visitar. Fiquei encantado com o ambiente. Parecia mais um banco ou um escritório do que uma faculdade. Coloquei na cabeça que eu precisava entrar ali.

Mas havia dois obstáculos. Primeiro, eu precisava passar no vestibular do curso de administração, uma prova difícil. Segundo, se passasse, seria um desafio pagar, porque a mensalidade era muito cara. Decidi resolver um problema de cada vez. Ajudou o fato de minha mãe ter me apoiado desde o início. Ela sempre havia sido meu alicerce emocional. Meu pai não se convenceu tão facilmente, mas, vendo minha convicção, entendeu que aquilo me faria bem e decidiu embarcar na ideia conosco.

Eu podia não ser um aluno brilhante, mas o que não me faltava era determinação e perseverança. Comprei todos os materiais disponíveis para me preparar. Na época, a prova da FGV não cobrava conteúdo de química, física e biologia. Então, me concentrei no resto. Lembro-me de um diretor da escola em que eu estudava que comentou com meu tio que só os alunos muito inteligentes passavam na

FGV, dando a entender que eu não tinha chances. Quando descobri, fiquei com ainda mais vontade de passar. Um daqueles empurrões que vêm de maneira inesperada.

Entrei em um ritmo de estudo pesado. Cheguei a passar dezesseis horas sentado com meus livros e cadernos em um único dia — literalmente, porque eu cronometrava e pausava o timer quando interrompia até para ir ao banheiro. Foi assim durante um semestre, mas na hora da prova me deu um branco. Eu não conseguia resolver nenhuma questão, errava nas contas mais simples. Perdi pela questão emocional.

Saí decepcionado, porque conhecimento não me faltava. Então, meu plano para o semestre seguinte foi me dividir entre o conteúdo e a preparação psicológica. Eu havia emagrecido cinco quilos e estava comendo mal. Decidi melhorar a alimentação e voltei a fazer exercício. Fazia vários simulados mantendo um ritmo intenso de estudo, mas não alucinante. Na segunda tentativa, fui bem mais calmo para a prova.

Eu estava na casa da minha avó quando saiu a lista de aprovados. Era um sábado, dia de almoço em família. Comecei a procurar meu nome de baixo para cima. 150, 149, 120, 90... E nada de encontrar. Começou a me dar um frio na barriga. Será que de novo não tinha conseguido? Até que, em nono lugar, lá estava "Diego Siqueira". Foi um dos momentos de maior realização que tinha vivido até então.

Essa experiência me ensinou uma lição: jamais subestime as pessoas medianas. Se forem esforçadas, elas podem superar as mais inteligentes da sala. Tenho certeza de que muitos alunos mais inteligentes do que eu fizeram aquele vestibular, mas foi meu suor que me levou a ficar entre os dez primeiros.

As pessoas que atingem realizações fantásticas em geral não se acham muito inteligentes. Hoje acredito que, se eu fizer a mesma tarefa que alguém com um QI muito acima do meu, ele pode até sair na minha frente, mas no médio prazo eu tenho grandes chances de ultrapassá-lo. A dedicação rompe barreiras e, quanto menos você sabe, mais humilde tende a ser para aprender e acessar as informações que farão a diferença.

## Vida em São Paulo

Vencida a primeira barreira, precisava descobrir o que fazer para pagar as contas. Além da mensalidade, havia o custo de vida de uma cidade muito mais cara que Goiânia. Consegui um financiamento com juros razoáveis que permitiu diluir o valor da faculdade em mais anos. Eu tinha um primo que já morava em um apartamento na capital paulista. Disse para ele que precisava de um lugar para ficar durante um tempo. Como só havia um quarto, ele liberou o sofá da sala. A situação temporária se estendeu por dois anos, mas até hoje ele lembra com leveza dessa fase, contando que ficava impressionado com o fato de que, todos os dias, eu fechava o sofá depois de acordar para deixar tudo arrumado.

No primeiro dia de aula, eu sentia um misto de alegria e medo. Depois de me tornar especialista em fazer prova, agora teria de enfrentar um desafio completamente diferente. Era como se eu começasse uma nova corrida, com um monte de gente passando na minha frente e que eu teria que ultrapassar nos anos seguintes. Mas eu estava cheio de energia.

Os dois anos iniciais do curso de administração eram de matérias obrigatórias e mais generalistas, como marketing, recursos humanos e finanças. Tínhamos aulas em horários diferentes ao longo do dia, uma grade feita para os alunos não trabalharem. Passando boa parte do tempo na FGV, entrei para o Diretório Acadêmico, que organizava as festas da faculdade.

Como eu continuava sendo uma pessoa ansiosa, depois da segunda festa que organizei já me sentia pronto para montar uma empresa de eventos. Juntei alguns amigos e passamos a fazer festas para outras faculdades de São Paulo. Ganhamos dinheiro, gastamos, nos divertimos e conhecemos muita gente — inclusive minha futura esposa. Mas chegou o momento em que as madrugadas insones começaram a atrapalhar minhas notas e, quando percebi que estava desviando do propósito, deixei a empresa.

No terceiro ano, com os horários das aulas mais organizados, me inscrevi em programas de estágio. Consegui uma vaga no Opportunity, uma das maiores gestoras de recursos do país e referência na época. Tinha uma equipe de alto nível e um programa de treinamento para os estagiários. Tive sorte de trabalhar com chefes que me ensinaram muito. Além disso, consegui ganhar dinheiro para sair do sofá do meu primo e alugar um quarto em uma república.

Pela primeira vez, apliquei na prática o que estava aprendendo na teoria e concluí que era muito mais interessante. Entendi como usar os conceitos que eu tinha estudado para administrar meu dinheiro e como os gestores faziam as análises que levavam às decisões de investimento. Foi também meu primeiro contato com a cultura do mercado financeiro, aprendendo o que significava meritocracia e *partnership*.

Mergulhei no trabalho e, de novo, a faculdade ficou em segundo plano. Em uma das aulas, perdi as contas das minhas faltas e acabei estourando o limite. Era a matéria preparatória para o trabalho de conclusão de curso, e a professora não perdoou, me obrigando a repetir. Por causa disso, tive que ficar um semestre a mais na FGV. Fiquei frustrado, mas não havia saída.

Enquanto isso, no Opportunity minha euforia havia diminuído. Eu gostava do aprendizado, mas comecei a questionar a dinâmica do mercado acionário. Trabalhávamos com análise fundamentalista* para precificar as empresas e decidir se era hora de investir ou desinvestir — mais ou menos o que havia feito no intercâmbio, mas agora profissionalmente. Porém, a todo momento uma declaração do presidente ou um fator macroeconômico sacudia o mercado. O curto prazo era muito volátil, e para ser reconhecido nesse setor eu precisaria acumular uma experiência de muitos anos de sucesso, o que poderia ser atrasado por notícias e fatores imprevisíveis. Além disso, eu percebia que o mercado de ações era muito influenciado por especulações. O dinheiro mais mudava de mãos do que criava riqueza no mundo real. Concluí que não queria mais trabalhar com

* Análise fundamentalista é a que considera a situação financeira e mercadológica de uma empresa, levando em conta resultados presentes e projeções futuras.

renda variável, mas sim encontrar algo que me aproximasse da geração de riqueza e da produção.

Meus questionamentos minimizaram o impacto negativo dos seis meses a mais de FGV. Recebi um convite para ser efetivado no Opportunity, mas o atraso na formatura inviabilizava a contratação. Assim, já desanimado com aquele mercado, decidi olhar o copo meio cheio e aproveitar a extensão do curso para fazer estágio em outra área. Naquele momento, tive uma sensação que, embora ainda não soubesse, se repetiria ao longo da minha vida. Precisei de um choque, de um acontecimento ruim para dar uma virada.

## Economia real

Eu me inscrevi em novos processos seletivos e passei no da Rio Bravo, uma gestora pioneira em lançar instrumentos financeiros focados no segmento imobiliário. Eu estaria mais próximo da economia real, pois, nesses produtos, o dinheiro dos investidores é usado para que os fundos da gestora se tornem sócios em empreendimentos. Na prática, o dinheiro de um fundo imobiliário é usado para contratar arquitetos, projetistas, engenheiros, mestre de obras, pedreiros, agência de marketing e toda uma cadeia de fornecedores para criar um produto de tijolo e cimento.

Tive um bom desempenho nos primeiros meses e fui efetivado assim que me formei. Me apaixonei por essa outra possibilidade dentro do mercado financeiro. Fiquei dois anos e aprendi muito nesse período. Trabalhei em uma área chamada gerencial, que consolidava as posições do fundo; portanto, tinha visão de todas as operações feitas, ainda que não participasse diretamente das negociações.

Quando já estava familiarizado com a dinâmica da nova empresa, observei que os investimentos eram sempre em projetos de grandes construtoras brasileiras. Havia negócios em cidades como São Paulo, Campinas e Rio de Janeiro, onde as gigantes do setor atuavam. Passei a fazer perguntas. Será que não daria para ter esse tipo de operação nos imóveis de Goiás? Ou em outras regiões dominadas pelos médios empreendedores imobiliários? Todos com quem eu conversava resistiam à ideia, porque as empresas menores não tinham uma estrutura de governança, como balanços auditados e transparência. Eram em sua maioria familiares, que cresceram dentro de certo perímetro, sem uma profissionalização equivalente à das dez maiores do setor — boa parte delas listada na bolsa de valores, com normas rígidas a cumprir.

Eu entendia o argumento, mas a questão continuava martelando na minha cabeça. Fui estudar e, usando dados de mercado, descobri que o médio empreendedor imobiliário era responsável por cerca de 80% do mercado imobiliário brasileiro. Fiquei chocado. Será que as gestoras só querem mesmo olhar para os outros 20%? Tudo bem, Cyrella e MRV eram duas excelentes construtoras com bons *ratings* (credores de boa qualidade) e que geravam títulos para os fundos com segurança e retorno, mas as duas juntas representavam um percentual muito pequeno do mercado imobiliário brasileiro. Eu farejava que havia uma oportunidade nisso.

O próximo passo da minha pesquisa foi entender se havia alguma chance de esse setor se consolidar, isto é, as maiores comprarem as menores. Ninguém estava dando muita atenção para os médios, mas havia uma chance de eles se juntarem aos grandes no longo prazo. Conversando com pessoas experientes do setor, entendi que essa possibilidade era remota. Entre 2006 e 2009, algumas grandes incorporadoras haviam comprado negócios menores Brasil afora, sem sucesso. O mercado imobiliário tem características que beneficiam os empreendedores regionais. Primeiro pela variação da preferência em relação ao tipo de imóvel. Cada cidade ou estado tem suas peculiaridades culturais que geram impacto na escolha das pessoas por suas moradias ou investimentos e no relacionamento com a construtora no momento da compra. Além disso, o contato com os órgãos públicos locais que aprovam as obras acaba sendo mais fácil quando todos já se conhecem.

Levando tudo isso em conta, minha conclusão foi a de que havia sim espaço para atuar com o médio empreendedor imobiliário. Então, em 2009, minha ansiedade bateu de novo. Eu já havia passado dois anos em uma gestora de fundos imobiliários, um ano aprendendo sobre renda variável, quatro em uma faculdade de ponta e tinha encontrado uma oportunidade de atuação. Não dava para esperar.

Pedi demissão da Rio Bravo com o sonho de voltar para Goiânia, montar minha gestora no Centro-Oeste e focar no médio empreendedor imobiliário Brasil afora. Escolhi voltar para minha cidade por três motivos. A mão de obra mais barata, a facilidade de acesso a uma rede de contatos por meio da minha família e a falta de concorrência na região.

Pondero que talvez tenha sido uma decisão precipitada, mas foi o que me trouxe para onde estou hoje. Se eu não fosse tão ingênuo, talvez não teria sido tão corajoso. Se eu tivesse esperado mais anos, me preparando com a experiência do mercado, talvez me acomodasse com o salário e os benefícios e não pensaria mais em sair de uma grande companhia. Desconhecer o quão difícil seria a jornada foi fundamental para eu criar meu próprio negócio.

## De volta para casa

Eu tinha 20 mil reais guardados, dinheiro que me manteria por alguns meses sem receber salário. Tive que voltar para a casa dos meus pais para economizar o máximo possível. Eles estranharam quando avisei que estava saindo de São Paulo. Eu já estava havia nove anos longe e trabalhava em uma boa empresa. Pedi que não se preocupassem, porque eu tinha um plano. Deram um voto de confiança e me receberam sem mais questionamentos. Foi bom estar perto deles no início. Era um porto seguro para mim.

A primeira coisa que fiz foi descobrir de qual licença eu precisava para abrir uma gestora de fundos. Quando descobri, veio o balde de água fria: o órgão regulador exigia seis anos de experiência em gestão para tirar essa licença. Em tese, não teria como avançar, afinal eu não preenchia esse requisito. Mas me virei como pude. Consegui comprovar a experiência no Opportunity e na Rio Bravo, que somavam quase quatro anos. Um bom começo. Ignorei o fato de ainda faltarem dois anos para cumprir a exigência e entrei com o pedido na Comissão de Valores Mobiliários (CVM). Como era de imaginar, a resposta foi negativa. Fiquei tenso. Não estava disposto a voltar para São Paulo e trabalhar mais dois anos para acumular o que faltava.

Nessa época, recebi uma proposta de trabalho. O dono de uma empresa local de agentes autônomos de investimento sabia da minha experiência e, quando soube que eu estava voltando para Goiânia, me ofereceu trabalho. Ainda tateando o mercado, aceitei fazer um teste. Mas a empresa basicamente orientava os investidores na área de renda variável, e eu já sabia que não era isso o que queria. Uma semana antes de ir embora, reencontrei uma ex-colega de escola, Giovanna Dutra. Ela tinha acabado de voltar do exterior e bateu na porta dizendo que queria trabalhar no mercado financeiro. Eu a contratei sem saber que, pouco tempo depois, ela seria minha grande parceira em uma jornada empreendedora.

Saí em setembro de 2009 para montar outra empresa com dois sócios — um cliente e um colega que eu havia conhecido no negócio de agentes autônomos. Descobri que existia uma segunda licença que eu poderia tirar, de consultor de valores mobiliários. Ela me permitia assessorar investidores e contava como tempo de experiência para tirar a licença de gestão, a que eu realmente queria. Me conformei com essa alternativa e criamos a Trinus. Éramos três, por isso o "tri". Sempre gostei de nome em latim, então coloquei o "nus" para complementar, gerando esse efeito.

Logo nos dividimos em duas empresas, a Trinus Capital e a Trinus Consultoria. A primeira funcionava com a lógica de agentes autônomos, que era a experiência dos meus outros sócios. Eu ficava com a consultoria. Aos 25 anos, batia na porta das famílias donas de fortunas em Goiânia para orientá-las sobre investimentos. Contava da minha experiência em São Paulo e tive que aprender como mostrar o valor do serviço. Comecei a criar relatórios com todos os investimentos que a pessoa tinha, em diferentes bancos, mostrando quanto a carteira dela havia rendido em cada um e como ela poderia diversificar mais para se proteger do risco. Além das famílias, atendíamos os investidores institucionais da região, mercado que decidimos descontinuar nos anos seguintes.

Eu trabalhava muito, acordava cedo e ia até a madrugada, dedicado para fazer o negócio dar certo. Precisava de mais gente boa me ajudando. Foi quando me lembrei da Giovanna. Ela tinha disposição para trabalhar, havia ganhado experiência no mercado e já tínhamos certa afinidade. Então, eu a convidei para se juntar a nós. Felizmente, ela veio.

Depois de um ano, ficou claro que meus sócios estavam em outro ritmo e nossos interesses divergiam, apesar de serem excelentes pessoas. Comprei a parte deles. Nesse momento de bifurcação, perguntei para a Giovanna: você fica ou vai? Ela não pestanejou. Disse que ficava. Foi um alívio. Apesar de termos convivido pouco, eu já contava muito com ela e sabia que tínhamos qualidades complementares. Sempre admirei sua autoconfiança, à qual me agarrava quando duvidava de mim mesmo.

Ficamos só com a Trinus Consultoria. Para a Giovanna não se arrepender da decisão, mudei o escritório para um conjunto de prédios que havia perto da casa da mãe dela, em Aparecida, na grande Goiânia. Era preciso que ela ficasse ali, porque eu passaria muito tempo na rua vendendo e encontrando os clientes. Era uma salinha de menos de trinta metros quadrados bem simples e não muito atraente, mas fomos em frente.

Fazer consultoria de investimento não era meu sonho nem meu trabalho preferido, mas, conforme os meses passavam, eu ficava mais perto de tirar minha licença de gestor. Então havia um objetivo claro.

## Aprendizado contínuo

A energia com que voltei para Goiânia e a ansiedade de realizar algo grande me levaram a perder o foco nos primeiros anos. Como eu havia passado muito tempo longe da região, para construir uma rede de relacionamentos me envolvi com a Associação Comercial do Estado de Goiás e me tornei presidente da Associação Comercial Jovem.

Decidi investir em outras empresas. Ajudei a criar um site de compras coletivas, tendência na época. Montei uma companhia de infraestrutura, uma de câmeras de vigilância e outra de eventos corporativos. Por causa dos meus contatos na Associação Comercial, promovia muitos encontros na região. No fundo, hoje enxergo que queria provar que o menino que havia estudado na FGV e com experiência em grandes empresas de São Paulo era capaz de ser um megaempresário. Mas a verdade é que eu não gostava de nenhum daqueles outros negócios. Passei a achar tudo chato, e as empresas só me davam dor de cabeça. Nem dinheiro eu ganhava.

Minha grande inspiração para me situar no meio daquela confusão foi meu sogro. Formado em medicina com residência em ortopedia, abandonou a medicina ainda jovem para empreender. Seus negócios prosperaram, e ele se tornou um exemplo de *self made man* na cidade, com várias empresas sob sua gestão. Certo dia, entrei na sala dele e percebi que não havia um computador na mesa. Fiquei surpreso. Ele cuidava de tudo aquilo sem passar o dia checando e-mails?

Refletindo depois, entendi que seu maior trunfo como empresário era não ter perdido a humildade, apesar de tudo que havia conquistado. Sua capacidade de ouvir e aprender com qualquer pessoa que cruzasse seu caminho, sabendo que toda informação era valiosa. Ele não deixava que o sucesso limitasse seu aprendizado contínuo. Assim como eu havia feito anos antes ao prestar vestibular, ele passava na frente e chegava mais longe porque não se achava o mais inteligente da sala.

Depois de dois anos, vendi todas as empresas que estavam drenando minhas energias para me concentrar na Trinus. Precisei de humildade para recuar, deixando meu orgulho de lado. Voltei para o foco do meu negócio e aprendi uma grande lição.

## Oficialmente gestor

Finalmente, em 23 de julho de 2013, a CVM me deu uma ótima notícia. Nossa licença de gestão estava liberada. Fiquei muito feliz. Finalmente eu abria o caminho para o que de fato queria fazer desde minha demissão da Rio Bravo. Montar um fundo e apostar nos projetos do médio empreendedor imobiliário do Centro-Oeste.

Sofri com a demora, mas hoje reconheço que a vida me deu uma vantagem ao me segurar. Ganhei maturidade para usar essa licença e contatos na região para formar um grupo de potenciais investidores. Quando conseguimos a autorização, mantivemos a consultoria operando e, para não confundir os negócios, criei um novo nome para a gestora: TG Core. "T" de Trinus, "G" de gestão e "Core" de *core business*, pois eu queria que a gestora se tornasse nosso principal negócio.

A primeira oportunidade de investimento surgiu em Inhumas, GO. O dono do empreendimento precisava de 4 milhões de reais para terminar uma obra. Ele já havia conversado com todos os bancos, mas os prazos oferecidos não eram suficientes. O grande problema desse tipo de projeto é que o empreendedor imobiliário tem que pagar por toda a construção e a infraestrutura em cerca de 24 meses, ou seja, tem que injetar muito dinheiro inicialmente, e a receita com o pagamento dos compradores entra em um prazo muito mais longo, de 180 meses.

No caso desse projeto, o valor presente total do ativo (carteira de recebíveis) seria de 20 milhões de reais. Ofereci emprestar para ele os 4 milhões de reais com uma taxa de mercado, mas com prazos maiores que os bancos e, com garantia total, 100% da carteira (20 milhões de reais), cinco vezes maior que a dívida. Ou seja, os compradores passariam a pagar para nós, eu reteria o equivalente à parcela do empréstimo e repassaria a diferença para o dono do empreendimento. Era uma proposta agressiva, mas na hora de negociar não houve discussão. Ele aceitou todas as condições. Foi então que entendi realmente o tamanho do mercado. Eu estava em uma disputa sem concorrentes. Se ele não aceitasse minha proposta, não tinha a quem recorrer.

Para financiar o negócio, convencemos um dos nossos clientes, que havia trazido um fundo exclusivo de 22 milhões de reais para a gestão da TG Core, a usar parte do dinheiro nessa operação imobiliária. Entregamos uma rentabilidade excelente. O cliente ficou tão satisfeito que aos poucos aumentamos a participação dessa estratégia no fundo, que era multimercado.

Alguns meses depois de fecharmos o negócio, eu perguntei ao empreendedor por que ele não havia questionado tanta garantia. "Porque eu vou te pagar, então qual o problema de dar muita garantia? Você fica confortável, eu pago, e o resto do dinheiro volta para mim." Então, minha segunda conclusão foi que a falta de governança não significa falta de compromisso.

Validamos, assim, a tese de que de fato havia um público carente de financiamento, capaz de dar garantia e um bom retorno. Havia espaço para eu realizar essa missão de fazer a ponte entre o mercado financeiro tradicional e o empreendedor imobiliário regional, esses dois mundos que até então não conversavam.

Lembro-me de uma conversa que tive com meu irmão naquele ano. Ele estava em um escritório de advocacia e foi tomar um café comigo. Falei de todos os problemas e dificuldades que estávamos enfrentando na empresa, mas concluí o raciocínio dizendo que estávamos fadados ao sucesso. Ele ficou tão contagiado por aquilo, sentindo que eu estava fazendo o que gostava, que perguntou se poderia participar dessa jornada. Na semana seguinte, começou a trabalhar conosco.

## Esqueça o dinheiro

Até 2014, tudo o que fazíamos na Trinus era guiado pelo dinheiro. Eu pensava que, para crescer um negócio, precisava ganhar cada vez mais. Todas as nossas decisões se baseavam apenas no faturamento que teríamos para cada negócio. Mas, na prática, a empresa não estava dando certo. As iniciativas travavam, nada fluía.

De vez em quando eu pensava em desistir. Abandonar tudo, atualizar meu currículo e voltar para São Paulo. Ficava angustiado. Eu me lembro de olhar uma fatura de 2 mil reais do cartão de crédito e não saber como pagaria a conta. Era tão desgastante que um dia acordei disposto a fazer diferente. Quer saber? "Não vou mais me preocupar com isso", pensei. Na minha ansiedade para ganhar dinheiro, eu continuava com a conta vazia e estava cada vez mais infeliz. Concluí que era melhor priorizar a felicidade. Avisei a Giovanna: agora, vamos fazer o que a gente gosta. E o que a gente gostava era ajudar o médio empreendedor.

Foi com essa mentalidade que fechamos nosso segundo negócio da TG Core. Queríamos abrir um fundo imobiliário. O acordo que havíamos feito em 2013 era bom, mas usamos o capital de um fundo exclusivo, controlado por um único cliente. O que queríamos era criar um fundo em que vários investidores pudessem colocar seu dinheiro e destinar 100% do capital para o setor imobiliário.

Comecei a prospectar projetos que pudessem ser incluídos nesse fundo. Conheci um empreendedor que havia construído um prédio e que, em suas próprias palavras, tinha "apanhado demais". Ele queria fazer negócio conosco, mas pediu dezoito meses de carência na remuneração. Ou seja, trabalharíamos de graça nesse período e só depois começaríamos a ganhar dinheiro.

Se eu ainda pensasse apenas no dinheiro, teria dito não imediatamente. Mas ali estava a oportunidade de provar que eu falava sério sobre só fazer o que gostávamos, começar o primeiro fundo imobiliário do estado de Goiás e ajudar um empreendedor. Topamos. Apesar de improvável, foi a melhor decisão. Esse acordo nos abriu várias portas nos meses seguintes. Foi um momento marcante porque entendi que ter paixão pelo que se faz é muito mais importante do que ficar pensando no dinheiro. Se você faz algo por prazer, fará bem feito. E a partir do momento em que faz bem feito, o retorno virá.

Lembro-me de estar em um hotel muito simples em Padre Bernardo, cidade vizinha ao Distrito Federal, escrevendo o regulamento do nosso primeiro fundo imobiliário. A Giovanna até hoje guarda uma foto daquele dia. Eu estava debruçado sobre os papéis, o computador e dois celulares. Assim, sem nenhum glamour, o negócio com o qual eu sonhava finalmente começou a sair da minha cabeça e ir para o mundo.

## Parceiro do empreendedor

A partir de 2014, começamos a atrair novos empreendimentos. Tive um retorno inesperado dos anos que passei trabalhando somente com a licença de consultoria: as famílias que foram minhas primeiras clientes se tornaram também os primeiros investidores do fundo. Se havia alguma dúvida, agora não mais: nada fora tempo perdido.

Conforme a TG Core crescia, concluímos que, para desenvolver o mercado e dar mais oportunidades para o médio empreendedor imobiliário, precisaríamos ajudá-lo a cuidar de sua governança. Ele não dava conta de fazer tudo sozinho. Sua prioridade para manter o negócio operando era fechar novos clientes, cuidar dos funcionários, nutrir relacionamentos e olhar para o caixa. É claro que a contabilidade, a auditoria e tantas outras regras seguidas pelas grandes construtoras ou incorporadoras ficavam em último lugar na lista de prioridades.

A solução que criamos para isso foi oferecer um serviço que agregasse valor e ajudasse a profissionalizar os negócios imobiliários regionais. Uma ferramenta para melhorar a gestão e empoderar esses empreendedores. Nosso cliente teria uma empresa mais sólida, que em troca nos deixaria mais seguros para investir o dinheiro do fundo em seus projetos.

Criamos, por exemplo, uma área com engenheiros que fazem uma auditoria completa nos projetos dos imóveis nos quais investimos. O maior custo de um empreendimento imobiliário é a obra. Nossa equipe revisa o projeto, checando se não há excessos. Depois, notifica uma base de fornecedores para ter referência de orçamentos e por fim decide junto com o empreendedor quem contratar. Depois que a obra começa, há um monitoramento de sua evolução, com relatórios frequentes para que os pagamentos sejam liberados.

A proposta da TG Core passou a não apenas aportar capital e existir como uma alternativa de financiamento, mas também ser o braço estratégico, financeiro e de governança das médias empresas do setor. Nosso propósito ficou mais claro do que nunca: poderíamos servir esse empreendedor e mudar a realidade de negócios à qual ele estava acostumado.

Gosto de usar a metáfora da macieira. Nossa estratégia foi colher as maçãs do alto da árvore. Enquanto a maior parte dos fundos imobiliários se concentrava naquelas que ficavam ao alcance da mão, pegando a fruta sem muito esforço, nós precisaríamos da escada e de uma corda de segurança. Havia menos concorrência, mas dava muito mais trabalho. Por isso montamos uma estrutura completa para executar todo o controle e monitoramento. Em 2019, a estrutura de controle e gestão (direta e indireta) somava em torno de trezentos funcionários, enquanto gestoras tradicionais não passam de trinta pessoas na equipe.

## Crescer sem se perder

O primeiro sinal de que a empresa estava crescendo foi quando ouvi amigos falarem com familiaridade sobre ela. Eu raramente contava sobre a companhia nos meus encontros sociais, mas de repente as pessoas começaram a trazer o assunto espontaneamente. "Vocês estão fazendo negócio com um tio meu", dizia um. "Meu vizinho foi lá na sua empresa", dizia o outro. Em 2015, meu pai, que continuava frequentando o Country Clube, encontrou um amigo que havia visitado a TG Core e lhe deu os parabéns pela minha conquista. Ele me ligou todo orgulhoso. Pelo menos em Goiânia, estávamos ficando conhecidos.

Em 2018, o número de pessoas na empresa aumentou consideravelmente. Eu já não conhecia os detalhes da vida de cada funcionário. Não sabia a história das pessoas com quem cruzava no corredor, a data do aniversário, as conquistas e as dificuldades que haviam enfrentado até chegarem ali. Sentia falta disso, mas era humanamente impossível conciliar todas as minhas tarefas com essa intimidade. No entanto, essa percepção foi um alerta de que precisávamos cuidar para que o crescimento não abalasse nossa cultura.

Um dos grandes pilares desse negócio sempre foi a credibilidade. Durante esse percurso buscamos parcerias e sociedades que trouxessem mais confiança a nosso negócio. Um exemplo foi a sociedade com Marcelo Kayath, que foi durante muitos anos alto executivo do Credit Suisse Brasil. Ele identificou na nossa tese uma grande oportunidade no mercado imobiliário brasileiro.

Desde o início, nos inspiramos na cultura do banco Garantia, que era também a do Opportunity, de pouca vaidade e muito trabalho. Sempre prezamos pelo simples e funcional, sendo espartanos nos gastos e nos hábitos. Ao mesmo tempo, sabíamos que nosso negócio só cresceria se tivéssemos profissionais competentes e engajados. Por isso, nossa prioridade foi criar um lugar para atrair pessoas, permitir que elas pudessem ser transparentes e dar seu melhor sem que se esquecessem do nosso propósito e jeito de fazer.

Cuidamos, por exemplo, do local de trabalho. Nosso escritório sempre foi bonito. Inicialmente, porque queríamos passar credibilidade para os investidores e os empreendedores. Mas logo percebemos que a arquitetura e o design faziam toda a diferença para as pessoas que estavam ali diariamente. Nossos funcionários passam a maior parte do tempo no escritório, mais do que com suas famílias e nas suas casas. Sentir-se bem ali é fundamental para a produtividade. Tornou-se uma prioridade para nós criar um espaço no qual as pessoas têm prazer de ficar.

Foi também a preocupação com as pessoas que nos fez internalizar a área de RH, antes terceirizada, e torná-la um ativo estratégico da companhia. Se somos um negócio de pessoas, precisamos cuidar bem delas. Criamos rituais de cultura e, em 2019, o programa de sociedade. No fim do ano, passamos a ser dez sócios. Hoje acredito ter uma equipe formada majoritariamente por pessoas que não deixariam a empresa mesmo que recebessem uma proposta para ganhar mais, porque estão comprometidas com nossa missão.

## A próxima inovação

A popularidade dos fundos imobiliários aumentou desde 2016. No fim daquele ano, eram cerca de 90 mil pessoas nesse tipo de investimento. No fim de 2019, já eram mais de 500 mil. Esse resultado foi influenciado pela redução do valor mínimo exigido — atualmente, é possível entrar em um fundo com cem reais — e pela popularização das corretoras, que disponibilizam os fundos para os clientes. Em 2019, na TG Core, atingimos a marca de 20 mil investidores.

Eu acredito que, no médio prazo, esse produto será a nova poupança do brasileiro, pela familiaridade com o ativo, a sensação de segurança gerada pelo imóvel e um retorno que supera a taxa básica de juros. Para nós, esse crescimento é boa notícia. O investidor tem um papel importante no nosso negócio. Convencê-lo a colocar suas economias nos nossos fundos é fundamental para impulsionar os projetos do médio empreendedor imobiliário, nosso principal cliente.

O que percebemos mais recentemente é que há outro público que precisamos atingir para ajudar ainda mais esses empreendedores: os compradores dos imóveis. Sem eles, os empreendimentos nos quais apostamos jamais serão sustentáveis. Por isso, decidimos dar mais um passo na expansão: criar uma plataforma para atender os diferentes públicos com quem queremos interagir, esta será a plataforma tecnológica focada no segmento imobiliário Trinus Co.

Para o empreendedor, ela será um portal, com relatórios, recebimentos futuros, despesa de obra e informações contábeis. Para o investidor, disponibilizaremos investimentos com fundos imobiliários. Para o comprador do imóvel, serão oferecidos serviços como gestão do pagamento, renegociação de boletos e, futuramente, uma conta pagamento e possibilidade de crédito. Assim, criaremos um ecossistema integrando todos os envolvidos em um empreendimento imobiliário.

Os serviços que já oferecemos para profissionalizar o médio empreendedor imobiliário nos garantem uma vantagem em relação aos concorrentes que podem estar olhando para esse mercado, mas não pretendemos nos acomodar. A construção da plataforma será um desafio inédito, mas necessário para continuarmos relevantes nos próximos anos. E ainda existem muitos problemas que adoraríamos resolver no mercado imobiliário, mas que provavelmente levarão mais alguns anos de amadurecimento, como a inovação dos métodos de construção e a desburocratização das transações de compra e venda de imóveis.

Em um dos melhores momentos do nosso negócio, em 2019 conhecemos o Andre Street, um grande empresário do segmento de tecnologia e pessoas. Ele se interessou pela nossa história e vislumbrou uma oportunidade de nos ajudar a romper barreiras e transformar a plataforma tecnológica focada no mercado imobiliário, a Trinus Co., em algo muito maior, com potencial para revolucionar o mercado imobiliário brasileiro. Queremos ajudar ainda mais o médio empreendedor imobiliário regional. Fizemos inúmeras reuniões com o André e seu time até chegarmos a um acordo em que ele e seus sócios entraram na nossa empresa. Foi uma grande conquista ter sócios desse calibre no nosso negócio, acreditando que esse sonho é possível.

Em 2020, batizamos a classe de empresas da qual somos pioneiros de *landtech*, uma ponte entre o mercado financeiro e o imobiliário. No passado, enxergamos uma lacuna no mercado imobiliário: o desenvolvimento das incorporadoras médias. No presente, desenvolvemos métodos para viabilizar o crescimento e a melhoria desse mercado, apoiando a governança e o caixa das empresas. No futuro, acreditamos que teremos liderado a maior transformação da moradia brasileira.

## OS PRINCIPAIS CONSELHOS DE DIEGO

### *Sobre empreendedorismo*

1 **Preparo emocional é tão importante quanto preparo técnico**
Para ter desempenho, não adianta se esforçar, ser o mais inteligente da sala e saber todo o conteúdo sem ter um emocional forte. É preciso cuidar do aspecto psicológico e do bem-estar para manter a calma nos momentos decisivos.

2 **Não é preciso ser o mais inteligente, mas sim o mais esforçado**
As pessoas medianas são capazes de superar as mais inteligentes por meio da prática, do suor. Aprendi que a dedicação rompe

barreiras. Ainda que leve um tempo para se destacar, a pessoa com mais disponibilidade para aprender leva vantagem no longo prazo.

3 **Trabalhar só por dinheiro não dá dinheiro**
Pensar só em dinheiro pode fechar a porta para oportunidades incríveis na jornada empreendedora. Trabalhar com paixão, sem ficar obcecado pelo retorno, resulta em uma entrega excelente. O ganho será uma consequência.

4 **Tenha humildade para pedir ajuda e aprender sempre**
Controle o ego e evite se considerar a pessoa mais incrível do mundo. Pessoas diferentes de nós costumam ter muito a nos ensinar — como meu sogro, que foi uma inspiração. Também não se frustre se precisar de apoio. Eu não tenho vergonha de dizer que por um tempo precisei ficar no sofá do meu primo.

5 **Pergunte todos os porquês que achar necessários até chegar a seu propósito**
Se você acredita que existe uma oportunidade que ninguém explorou, vá atrás de todas as explicações. Entenda o mercado, os paradigmas e por que as empresas possuem determinado modo de operar. Questionar foi fundamental para eu entender que havia uma possibilidade de fazer diferente e ajudar mais pessoas.

6 **O tempo de maturação é indispensável**
Não sofra se você demorar mais do que o planejado para atingir seu objetivo. Muitas vezes, as travas que encontramos pelo caminho e os baldes de água fria são decisivos para o empreendedor ganhar maturidade e criar negócios mais sólidos.

## SUGESTÕES DE LEITURA

*Sonho grande: Como Jorge Paulo Lemann, Marcel Telles e Beto Sicupira revolucionaram o capitalismo brasileiro e conquistaram o mundo*
Cristiane Correa
"O livro nos mostra como o trio Jorge Paulo Lemann, Marcel Telles e Beto Sicupira conseguiu criar um modelo de gestão para

melhorar a eficiência interna, transformar uma empresa em uma companhia enxuta, evitar desperdícios e otimizar processos."

*Extreme Ownership*
Jocko Willink
"Ensina o que significa ter responsabilidade extrema (*extreme ownership*). Reforça que é preciso acreditar no que se faz e deixar de lado o ego. Endossa o trabalho em equipe, a disciplina e a simplicidade."

*De um gole só: A história da Ambev e a criação da maior cervejaria do mundo*
Ariane Abdallah
"É um lembrete de que é preciso arriscar para ter sucesso. Mostra que cultura é capacidade de execução, não um conceito abstrato para pendurar em um quadro. Também é uma oportunidade de conhecer em detalhes como foram os bastidores das inúmeras aquisições que transformaram a Ambev na maior cervejaria do planeta."

*Blitzscalling*
Reid Hoffman
"O livro explica que é preciso escolher entre velocidade e eficiência. Detalha a mentalidade de aprendizado, a importância de deixar o orgulho de lado, a criação de um time intraempreendedor e como ensinar as pessoas a se apaixonarem pelo problema."

*Made in America*
Sam Walton
"A principal lição desse livro é que o importante é começar, não importa a situação. Além disso, esclarece as fórmulas que guiaram o WalMart: expandir o tamanho de mercado para regiões que sua competição não acredita e praticar preços mais acessíveis que a competição local."

## CAPÍTULO 6

# Duda Falcão

## Fundadora do Gera Capital, uma gestora de investimento focada em setores de impacto

*Maria Eduarda Falcão, conhecida como Duda, é sócia-fundadora do Gera Capital, uma gestora de investimento focada em setores de impacto, e co-CEO do Grupo Eleva Educação, holding de escolas de ensino básico e fruto do Gera. É diretora-executiva da Escola Eleva, escola própria do grupo com duas unidades no Rio de Janeiro e com planos de expansão para o restante do país — a próxima será em Brasília. Antes de ter seu negócio, trabalhou como consultora na McKinsey e no Banco Pactual. Deixou a instituição financeira para mudar de área, liderando um programa de primeira infância na Secretaria de Educação da Prefeitura Municipal do Rio de Janeiro. É formada em administração de empresas pela Universidade da Virgínia, nos Estados Unidos. Tem 38 anos, é casada e tem três filhos.*

## Razão e emoção

Nasci em Pernambuco, mas quando tinha três anos minha família se mudou para o Rio de Janeiro, onde passei a infância e a adolescência. Voltei muito para Olinda ao longo da minha vida, principalmente para as férias e para o Carnaval, e os laços pernambucanos são uma parte da minha identidade que me orgulho de conservar.

Cresci com dois irmãos mais velhos, meu pai e minha mãe. Engraçado que essas duas duplas tinham identidades muito diferentes. Um dos meus irmãos sempre foi muito razão e o outro, sensibilidade. Com meus pais, acontecia uma divisão parecida. Ter vivido com perfis tão diferentes certamente contribuiu para eu me tornar quem sou.

Meu pai, jurista e intelectual, sempre valorizou a excelência, a inteligência e a melhoria contínua. Lembro-me de um dia em que meu irmão mais velho chegou em casa feliz porque tinha tirado nota nove em geografia — era motivo de comemoração porque ele não ia tão bem na escola. Meu pai olhou a prova e começou a corrigir. Achou que estava mais para um seis. No dia seguinte, foi até o colégio e mostrou à coordenação que o professor havia sido pouco exigente e pediu para ajustar a nota... para baixo. Ele sempre teve uma barra alta e nos estimulava a correr atrás do que quer que fosse. Quando eu estava na segunda série do ensino médio, fiz um trabalho sobre a importância do patrimônio histórico intangível e não sabia por onde começar a pesquisa. Meu pai deu a dica: ligar para um conselheiro do Instituto do Patrimônio Histórico e Artístico Nacional (IPHAN). Quem?, perguntei. Pesquise, ele respondeu. Quando enfim descobri um nome, ele me passou o contato de um amigo dele. Mas fez eu ligar por minha conta para pedir ajuda e tirar as dúvidas. Um grande aprendizado: hoje não tenho receio de tomar iniciativa contatando quem for necessário para tirar uma ideia do papel.

Já minha mãe me ajudou a lidar com minhas imperfeições e com a vida como ela é. Ela foi fundamental para eu enfrentar meus dilemas de adolescente e sempre dizia que, na vida, o problema não é ter problemas. Todo mundo tem desafios. A questão é como lidar com eles, enfrentá-los e seguir em frente. Psicóloga, sempre me incentivou mais a ser feliz do que a ter razão. Lembro que ela dizia que Mulher Maravilha não existe, e meu irmão complementava: "Para acabar uma corrida a gente tem que parar no pit stop e trocar o pneu". Apesar da minha intensidade e da cobrança que eu impunha a mim mesma, ela me ensinou a aceitar defeitos e a fazer pausas. Mostrou-me que além da inteligência lógica havia inteligência emocional — cuja importância eu redescobriria anos mais tarde ao construir meu próprio negócio.

Se meu pai era o antibiótico, minha mãe era a homeopatia. Eles se separaram quando eu tinha catorze anos, mas não foi um trauma para mim. Felizmente, não houve brigas, e os dois continuaram se respeitando. O engraçado foi que, assim que me contaram da separação, minha primeira reação foi olhar para ambos e questionar "por que não está dando certo? Vamos resolver o 'problema'!", achando que seria possível negociar uma conciliação. Não tive êxito, mas a família até hoje continua sendo o pilar mais importante da minha vida.

## Cultura, esporte e sala de aula

Sempre gostei de estudar, e tive diversas oportunidades que me permitiram uma formação completa, que ia além da escola. Uma das melhores lembranças que tenho da infância são as viagens de família que fazíamos pelo Brasil. Conheci várias cidades, boa parte delas histórica. Acompanhava meu pai, que misturava as viagens de trabalho às de família. Fui cedo conhecer a Amazônia e Foz do Iguaçu (PR). Visitei Tiradentes (MG) e Recife (PE) em momentos de revitalização. Esse aprendizado sobre as diferentes realidades brasileiras e sobre a cultura nacional foi fundamental para eu desenvolver uma visão mais ampla da vida e das pessoas e para posteriormente querer ajudar o Brasil.

Outro elemento importante na minha educação foi a prática de natação. Comecei a fazer aulas cedo porque tinha problemas respiratórios, mas a piscina se tornou mais do que uma recomendação médica. Peguei gosto pelo esporte e me tornei federada. Adorava competir e queria sempre mais. Seguia à risca a rotina de treino, que era intensa: nadava duas horas todos os dias, depois da escola, e duas vezes por semana eu treinava também pela manhã. Aos fins de semana, ficava imersa em campeonatos. Mas nunca consegui o primeiro lugar no pódio. Competia na categoria cem metros borboleta e sempre perdia para uma menina chamada Vanessa, do Fluminense — até hoje guardo seu nome e a memória de chegar milésimos de segundo atrás dela. Aos catorze anos, acabei desistindo de treinar porque a escola estava bem mais divertida e me dedicar à natação significaria comprometer as horas de estudo. Depois, também treinei futebol no clube Botafogo, mas só por diversão.

O que eu amava mesmo era ficar no colégio. Meu pai, meus tios e primos estudaram no Santo Inácio, mas tive a sorte de minha mãe querer que eu aprendesse bem o inglês. Assim, acabei estudando em escolas internacionais, que me deram uma noção de comunidade. Além do currículo obrigatório, havia aulas de arte, participava do grêmio, das simulações da ONU, e fazia viagens de esporte com a turma. Era tão engajada que passava as manhãs e as tardes na escola. Fui presidente de turma, presidi o comitê de esportes do ensino médio e fui capitã dos times de futebol, basquete, vôlei e *softball*.

Pouco antes do ensino médio, pedi a meus pais para sair da Escola Britânica, onde eu estudava desde o primeiro ano. Amava a escola, mas, como toda adolescente, desejava uma mudança e tinha vontade de estar em um colégio brasileiro para passar no vestibular. Obviamente, meus pais não me deixaram abandonar o inglês e acabei indo para a Escola Americana. Academicamente, a mudança não fez diferença, mas foi um momento importante de sair de uma bolha onde eu conhecia todas as pessoas. Lembro-me da primeira semana, de descer para o recreio cheia de vergonha e não ter com quem sentar e comer um sanduíche. Apesar do esforço de reconstruir meu círculo social, tinha uma satisfação de sentir que conquistava um pouco mais de independência. Novamente isso seria importante no futuro — a perda do medo de se expor, tentar sair da zona de conforto e conquistar mundos novos.

## Temporada nos Estados Unidos

Quando chegou o momento de decidir qual faculdade eu faria, não tive dúvida. Desde pequena queria fazer direito. Adorava filmes com cenas de tribunais e julgamentos, ficava encantada com as argumentações, decorava as falas. Por exemplo, o discurso final de *Tempo de matar*, de 1996, protagonizado por Samuel L. Jackson. Eu também me inspirava na minha família. Meu pai, meu irmão e alguns tios e primos já haviam seguido carreira na área e feito mestrado em Harvard. Assim, prestei vestibular para o curso de direito na PUC-Rio.

Mas antes de as aulas começarem eu já estava decepcionada com a profissão. Fui estagiar no mesmo escritório do meu irmão e vi que o trabalho não tinha nada a ver com os tribunais de Hollywood. Ao mesmo tempo, percebi que a faculdade não seria um refúgio. As pessoas que eu conhecia não eram apaixonadas pela PUC e me diziam que o aprendizado acontecia mesmo no trabalho. Eu queria viver a faculdade como tinha vivido o colégio: passar o dia imersa, aproveitar para absorver todo o conhecimento possível. Fiquei agoniada ao me deparar com aquela realidade e questionei minha decisão. Pensei durante alguns meses e decidi aplicar para uma faculdade no exterior, onde a relação dos alunos com a universidade é mais intensa, como na minha expectativa.

Escolhi a Universidade de Virgínia (UVA), na McIntire School of Commerce, que tem um dos melhores programas de negócios dos Estados Unidos. A mudança não foi planejada, mas meus pais me apoiaram. Nunca tive medo de tentar algo novo, mesmo sabendo que podia dar errado. Naquele momento simplesmente fui, animada com a perspectiva de não precisar ir direto para o mercado de trabalho. Saí do meu casulo carioca e tive que lidar com gente diferente de mim, com visões de mundo muito distintas.

No primeiro dia no campus, bateu um susto. Eu me dei conta de que havia escolhido morar quatro anos em Charlottesville, uma pequena cidade com pouco mais de 500 mil habitantes, no interior da Virgínia, sem amigos (ainda) e família. Ainda dei a "sorte" de pegar o pior dormitório da faculdade, distante de tudo. A praia do Rio de Janeiro naquele momento parecia muito longe. Mas logo as aulas começaram, e eu me joguei de corpo e alma na experiência americana. Morei cada ano em um lugar novo, com um grupo novo: franceses, filipinos, latinos, americanos. Fiz novas amizades e me ambientei em uma nova cultura. Aprendi muito com os americanos sobre pragmatismo, execução e respeito às regras.

Uma das atividades mais legais foi me tornar guia da faculdade, porque Charlottesville é uma cidade tombada e a universidade foi toda planejada e desenhada por Thomas Jefferson. Novamente, lá estava eu envolvida com cultura e patrimônio histórico, mesmo que dos Estados Unidos. Tive a oportunidade também de fazer oito meses de intercâmbio em Paris, na França. Certamente os franceses e os americanos têm culturas e ritmos bem diferentes, e foi mais um momento em que me deparei com contrastes. Com os franceses, aprendi a valorizar os detalhes da vida, a comida e a história.

Apesar de ter aproveitado a temporada no exterior, eu tinha a sensação de que voltaria para o Brasil. Meu pai sempre havia estimulado certo patriotismo. Às vésperas de uma das minhas férias de verão da faculdade, no entanto, escrevi um e-mail para ele dizendo que queria passar uma temporada na África, construindo casas em comunidades carentes, uma possibilidade sobre a qual eu havia ouvido falar em UVA. A resposta foi breve. "Volte para o Brasil, sua faculdade já é cara o suficiente, e aqui tem vários lugares para você construir casas. Seu país precisa de você." Ele tinha razão. Naquele período fiz um estágio em uma ONG atuante nas favelas do Rio de Janeiro.

Quando me formei, além de certo senso de dever de voltar ao meu país de origem, confesso que morria de saudades do Rio — da cidade, da família e dos amigos. Recebi ofertas de emprego dos bancos de investimento JPMorgan e Goldman Sachs para ficar em Nova York. Imagino que muitos pais achariam essa possibilidade uma maravilha, mas não os meus. Eu sabia, por todos os valores com os quais tinha crescido, que trabalhar fora só pelo valor financeiro e glamour de estar em NY não era a melhor decisão. Tinha chegado o momento de voltar para meu país.

## Dinheiro ou propósito

Recusei a oferta de Nova York, mas precisava trabalhar em algum lugar. Quando terminei a faculdade, meu pai falou que, daquele momento em diante, eu estava por minha conta. Concluí que primeiro faria algo para ganhar dinheiro. Tinha vontade de montar uma família, ter filhos e ser capaz de dar a eles uma boa educação como a que tive, o que não seria nada fácil. Para isso, precisava de um emprego que me desse independência e me abrisse portas na carreira. Fiz o processo seletivo na consultoria estratégica McKinsey para trabalhar no Rio de Janeiro. Passei.

Durante os dois anos em que fiquei lá, era quase sempre a única mulher na equipe. Entrei em uma turma com onze homens, todos engenheiros, e duas mulheres, uma advogada e eu. Mas nunca me senti desconfortável com isso, afinal, cresci com dois irmãos e uma dezena de primos homens. Minhas habilidades que mais se destacavam nesse início de carreira eram justamente a comunicação e as habilidades socioemocionais. Eu conseguia criar vínculos tanto com a liderança da empresa quanto com as outras pessoas da equipe e, por isso, tinha facilidade de acessar as informações das quais precisava para elaborar os projetos.

Uma curiosidade sobre essa época foi o momento em que me apaixonei por corrida. Detestava correr, mas como viajava muito por causa dos projetos, minha única alternativa para manter uma rotina de exercícios era usar a esteira dos hotéis. No início, era só obrigação, mas acabou virando um prazer. Um pouco depois, me aventurei a fazer triatlo. Um belo dia cheguei em casa e o João Paulo, meu então namorado e hoje meu marido, me disse que tinha se inscrito numa prova de Ironman: 1,9 quilômetro de natação, 180 quilômetros de bicicleta, 42 quilômetros de corrida. Na hora percebi que eu tinha duas opções: ou me juntava a ele naquela emboscada, ou iríamos nos distanciar porque a rotina de treino permitiria pouco espaço para qualquer vida social.

Novamente, o que começou como necessidade se tornou um hábito que cultivo até hoje. Quase todos os dias acordo por volta das cinco e meia para treinar e sempre faço provas de triatlo, incluindo o campeonato mundial do meio Ironman. É uma atividade que não apenas me deixa em forma, mas me ensina muito sobre perseverança, disciplina e encontrar forças internas quando parece que elas já se esgotaram. Também me ajuda a colocar para fora os problemas do dia a dia e a viajar pelo mundo descobrindo novos lugares.

O ciclo de carreira na McKinsey exigia que ao final dos primeiros dois anos eu fizesse um MBA no exterior, mas havia a possibilidade de trabalhar em outra empresa durante um ano antes de começar o curso. Como eu já havia passado quatro anos nos Estados Unidos e tinha acabado de me mudar para um apartamento com o João Paulo, não estava com pressa de aplicar para o MBA. Consegui uma vaga para trabalhar no banco de investimentos Pactual. O que me atraía, tanto lá quanto na McKinsey, era o ambiente de alta performance. Estar rodeada por gente inteligente, competindo de maneira saudável e com métricas objetivas de avaliação. Foi no Pactual que minha carreira mudou completamente de rumo.

Um dos meus trabalhos como analista financeira era cobrir a área de educação, porque havia vários negócios sendo feitos nesse mercado, como fusões e IPOs (ofertas iniciais de ação). Comecei a me interessar muito pelo assunto e a ler tudo que encontrava a respeito dele. Então, veio o estalo: havia uma oportunidade nessa área. E se eu construísse um negócio que me permitisse ganhar dinheiro e fazer algo bacana pelo Brasil ao mesmo tempo?

No início, era apenas um sonho, mas aos poucos ele foi amadurecendo. Queria me envolver mais com esse tema e tinha tudo a ver com os valores que eu havia cultivado desde pequena. Para tirar o sonho do papel, precisava sair do banco antes de começar a ganhar dinheiro — senão corria o risco de me apegar ao salário, que era alto, e seria cada vez mais difícil abrir mão.

Com 26 anos, depois de algumas conversas com pessoas de confiança e muita terapia, entrei na sala dos meus então chefes para avisar: estou saindo. "Não sei para quê, nem para onde. Não tenho uma oferta na mesa e não há nada que vocês possam fazer para me manter aqui. Eu só sei que quero fazer algo no setor de educação", eu disse.

Semanas depois, encontrei uma oportunidade na Secretaria de Educação do Rio de Janeiro para trabalhar em um programa focado em primeira infância. O salário correspondia a 10% do que eu ganhava no banco. Eu não sabia nada sobre o setor público. Mas estava feliz, e era isso o que importava. Queria servir o Rio e aprender sobre educação. Trabalhei com Claudia Costin, à época secretária de Educação da Prefeitura Municipal do Rio de Janeiro, e com Eduardo Paes, então prefeito da cidade, e conheci muitas pessoas competentes nessa época.

## O primeiro investimento

Foi uma dessas sortes da vida que definiu meus passos seguintes. Era 2010. Claudia Costin tinha um conselho do qual participavam várias pessoas para debater políticas de educação. Entre elas, Ana Vitória Lemann, a Toia, filha de Jorge Paulo Lemann. Quando nos conhecemos, ela percebeu meu interesse pelo tema e fez o convite: "Meu pai quer investir mais em educação e está procurando gente, você não quer ir bater um papo com ele?".

Eu já tinha ouvido falar no Jorge Paulo, mas não tinha a dimensão do que ele significava para o mundo dos negócios. Meu pai me contou um pouco mais sobre sua história, e marquei uma reunião. A Fundação Lemann já existia, mas ele queria ter mais iniciativas para contribuir para a educação. Lembro que, durante nossa conversa, falei sobre uma ideia, ainda vaga, de criar um fundo de investimento focado em educação. Uma amiga que sempre foi uma grande inspiração, a Ana Gabriela Pessoa, tinha me incentivado nessa direção. Jorge ouviu e pediu para eu pensar um pouco mais. Sugeriu que, quando eu conseguisse estruturar uma página explicando o fundo, compartilhasse com ele. Peguei seu cartão ao final da reunião, que guardo na carteira até hoje. Passei dois meses pesquisando e tentando colocar a ideia de pé. Criei confiança e escrevi um e-mail com os detalhes. Ele se interessou e fez seu primeiro compromisso: 5 milhões de reais.

Nosso projeto, porque nesse momento eu já pensava numa sócia, a Rafaela Villela, minha amiga de escola desde que tínhamos seis anos e também de família nordestina — no caso, da Bahia. Ela era tão intensa e disposta a se arriscar quanto eu. O fato de sermos amigas, antes de sermos sócias, foi importante para a relação que estabelecemos. A amizade continua sendo mais importante para nós do que qualquer negócio. Quando começamos a trabalhar juntas, eu estava tranquila. Sabia que competência profissional ela tinha de sobra. Havia trabalhado no mercado financeiro como diretora jurídica, tem uma mãe com a barra altíssima e sempre foi muito esperta. Mas, acima de tudo, nutria valores parecidos com os meus. Considero que fundamos juntas o Gera, pelo papel igualmente importante que ela teve na construção do negócio.

## O início

O primeiro ano do Gera foi de muito estudo e viagens pelo mundo para encontrarmos referências. Não tínhamos nada definido. Trabalhávamos das nossas casas a maior parte do tempo. Depois, passamos a dividir uma casinha no bairro de Humaitá com duas ONGs. Nosso único compromisso era uma ligação que fazíamos toda segunda-feira, às catorze horas, para o Jorge Paulo. Eu passava a semana inteira pensando no que teríamos para apresentar para ele na semana seguinte.

Lembro-me de que, em 2012, esse *call* caiu no dia 31 de dezembro. A Rafa estava na Bahia, e eu, acampando no monte Roraima, na fronteira entre o Brasil e a Venezuela. Nem consideramos que haveria reunião. Tomei um susto quando vi uma mensagem da secretária dele perguntando se estávamos prontas para falar. Claro que não estávamos — e foi a única vez que perdemos o compromisso. Ele teve um papel fundamental como referência para nós no início do Gera. Foi quem nos ensinou os princípios que até hoje são meu mantra: monte um time com gente melhor do que você, acerte mais do que erra, não cometa o mesmo erro duas vezes e não cometa um erro que tire você do jogo. São ensinamentos que até hoje norteiam nosso trabalho.

Um ano antes, em 2011, após muita pesquisa e conversa, definimos duas atuações para o Gera: fazer aportes em start-ups de tecnologia educacional e investir em operações de educação que pudessem se tornar muito grandes para acelerar seu crescimento. Investimos inicialmente em seis start-ups, sendo quatro delas brasileiras, como a Geekie e a Rota dos Concursos.

Enquanto olhávamos as start-ups, passamos quase dois anos estudando educação básica. Em 2013, nos deparamos com a primeira grande oportunidade do Gera: comprar a marca Elite, um colégio tradicional de ensino básico na periferia do Rio de Janeiro, com mensalidade de cerca de setecentos reais, fundado por um grupo de engenheiros do ITA. Os resultados nos mais concorridos concursos militares do país que os jovens do Elite atingiam eram fora da curva, o que chamou nossa atenção. Seria nosso primeiro grande negócio. Sabíamos que havia uma oportunidade de usar essa marca forte que já existia, melhorar a gestão e o ensino oferecido e criar uma rede nacional.

Nunca havíamos pedido cheque em branco de investidores. Queríamos captar dinheiro para o fundo quando as oportunidades aparecessem e é assim até hoje. Havia chegado o momento de crescer. Seria nossa primeira vez fazendo captação — até então o financiamento vinha exclusivamente do Jorge Paulo. A Rafa e eu estávamos muito nervosas, porque nunca havíamos feito isso. Nos preparamos exaustivamente. Mas, na primeira reunião, um dos investidores fez a única pergunta para a qual não tínhamos resposta: "O que vocês vão fazer se tiver mais gente querendo investir do que vocês precisam?". Olhamos uma para a cara da outra, porque esse cenário, que foi o que de fato aconteceu, honestamente, não havíamos considerado ainda.

Conseguimos captar investimento com sucesso, com investidores de peso, com perfil de longo prazo e alinhados com nosso propósito. Porém, isso não fez o nervosismo ir embora. Lembro que, na noite anterior ao fechamento do negócio com o Elite, passei uma hora no telefone com a Rafa. Estava uma pilha e falava para ela que talvez a gente não fechasse o contrato, que não ia dar certo. Todas as inseguranças aflorando naquele momento. Quando pareci perder o fôlego, depois de ouvir tudo o que eu tinha para dizer, ela me interrompeu. "Então, acabou?" Acabei. "Vamos em frente." Fomos.

Mais ou menos na mesma época, estávamos olhando outra rede, chamada Pensi. Conseguimos também fechar negócio com essa marca e fizemos a fusão do Pensi com o Elite. A partir daí, nasceu o grupo Eleva Educação. Foi uma conjunção de fatores positivos. Tínhamos dinheiro e principalmente um grupo muito talentoso de jovens educadores com a ambição de mudar o país. Tínhamos um propósito claro. Queríamos criar a melhor solução em educação, para todos com aspirações extraordinárias, e construir uma rede nacional de escolas, para ajudar a transformar vidas e o Brasil. Dado que o setor de educação oferece uma oportunidade grande de crescimento, com quase 9 milhões de alunos, usaríamos gestão para crescer rápido e com qualidade.

## Combinando educação e rentabilidade

Com a criação do Eleva Educação, a Rafa e eu decidimos nos dividir. Sabíamos que o sucesso do Eleva seria fundamental para o do Gera. Então, ela continuou com a gestão do fundo, e eu saí para cuidar das escolas. Eu compartilharia o cargo de CEO com o Bruno Elias, então presidente do Pensi. Tanto eu quanto ele sabíamos do nosso potencial como gestores, mas para o mercado ainda não éramos ninguém. Como co-CEOs, unimos forças, e é um prazer dividir a liderança do Eleva Educação com ele até hoje. No início, ninguém ao redor achou que ia dar certo, mas foi a melhor estratégia. Eu sempre fui a pessoa que conseguia vender o sonho e atrair os talentos. A Rafa é uma excelente negociadora. E o Bruno, além de muito inteligente, tem um jeito mais conciliador, paciente e que une as pessoas. Formamos um trio complementar.

No Eleva, começamos com uma liderança com pouco menos de dez pessoas e hoje somos um grupo com mais de 4 mil colaboradores. Novamente, na liderança eu era a única mulher entre os homens engenheiros. Juntos, criamos o projeto do zero, mas usando a experiência dos nossos investidores e as marcas que já tinham um nome e um público próprios. Desde o início, havia uma barreira clara: a gente só cresceria com qualidade. Acredito que há duas coisas inegociáveis em educação, a excelência acadêmica e a segurança dos alunos. Não construí o Eleva apenas para ter sucesso financeiro. Construí um sonho, uma paixão, um grupo de longo prazo. Para isso se concretizar eu sabia que precisava entregar um serviço excelente e ter uma proposta de educação sólida.

Por isso, nossa equipe sempre trabalhou focada em gestão e sustentabilidade financeira, sem esquecer que nossa prioridade era o ensino. Usamos um kit com ferramentas de gestão como o método do orçamento base zero e metas. Por outro lado, nosso CFO, antes de ocupar esse cargo, foi professor e é até hoje. Portanto, sabe o que podemos ou não cortar sem comprometer a sala de aula. Se alguém compra uma passagem aérea acima de setecentos reais no Eleva, há uma verificação da necessidade real dessa despesa. Em sala que não está sendo usada, a luz precisa ficar apagada. Cortamos tudo que não é absolutamente necessário para o aluno. Ao mesmo tempo, nunca tivemos uma discussão sobre diminuir salário de professor. Ao contrário. Também garantimos que parte das quarenta horas que eles dedicam à escola sejam usadas para planejamento e treinamento. Assim, aprendemos a controlar custos sem mexer no mais valioso. Outra característica que conseguimos cultivar desde cedo foi a cultura de dados. Medimos e comparamos tudo, desde os resultados de aprovação no vestibular até a avaliação dos professores, da qual os alunos participam.

Com esses princípios em mente, conseguimos definir a atuação das nossas duas primeiras marcas e entregar os resultados. O Elite é um colégio para a classe C. É voltado para a primeira geração de uma família que cursará uma boa universidade pública. Já o Pensi mira a classe B. Recebe alunos cujos pais querem que seus filhos entrem nas melhores faculdades. Esta se tornou a escola que mais aprova alunos no Instituto Militar de Engenharia (IME) quase todos os anos.

A expansão foi um processo complexo. Em 2017, depois de alguns anos abrindo algumas unidades por vez, nos empolgamos e decidimos inaugurar vinte simultaneamente. Dimensionamos bem a equipe para deixar tudo preparado para o início das aulas. Escolhemos os locais, coordenamos as obras, contratamos bons professores e diretores. O problema foi quando elas entraram em operação, todas ao mesmo tempo. Nós nos esquecemos de considerar que o acompanhamento dessas unidades demandaria uma energia enorme. Tinham que crescer com a mesma cultura. O resultado foi um ano inteiro cheio de problemas. O aprendizado nos levou a ampliar a equipe que acompanha as novas escolas.

Em 2014, a Rede Colegium, de Minas Gerais, muito forte em redação e ranking do ENEM, se juntou ao Eleva Educação. Nesse mesmo ano, desenvolvemos do zero nossa plataforma, um sistema de ensino com material didático, que usamos em todas as nossas escolas e também oferecemos para escolas parceiras. Em 2016, a rede de escolas Alfa, do Paraná, que se destacava em vestibulares de medicina, se juntou ao grupo, expandindo nossa atuação também para a região Sul do Brasil. Apesar de nos orgulharmos muito dos nossos resultados e do conteúdo de alta qualidade que estávamos entregando, aos poucos ampliamos nosso olhar e entendemos que a educação de qualidade não podia ser só sobre bons alunos capazes de passar no vestibular. O mundo estava mudando, e a educação básica teria que acompanhar. Era necessário oferecer mais.

Uma das principais inspirações veio de Caio Lo Bianco, um estagiário que havia entrado no Eleva em 2013 e que se tornou nosso primeiro trainee. Em meio a um time que tinha basicamente engenheiros e foco no conteúdo, Caio, economista e apaixonado pelo tema de educação socioemocional, começou a desenhar um projeto para estimular as crianças a falarem sobre sentimentos e habilidades.

Pela minha formação pessoal, gostei da ideia e fui dando espaço para ele testar. Até que, em 2016, estruturamos o Laboratório de Inteligência de Vida (LIV). Essa iniciativa promoveu uma transformação no grupo, e o socioemocional se tornou um dos pilares centrais do Eleva Educação. Hoje, Caio é diretor e está entre os quinze principais executivos da empresa. Daí em diante surgiram cada vez mais inovações: ampliamos nosso olhar para valorizar o inglês, a tecnologia e os espaços *makers* (um ambiente de aprendizagem mão na massa, que incentiva a criatividade, a perseverança e o raciocínio lógico). Criamos também uma série de eventos nas nossas escolas para aumentar o vínculo e criar uma noção maior de comunidade. Por exemplo, no Elite organizamos a Copa Elite, um evento esportivo que reúne alunos e pais das mais de trinta escolas da marca e que se tornou um dos maiores eventos esportivos do Brasil, com 20 mil pessoas e mais de vinte atividades. Para mim, essas novidades faziam todo sentido. Queria que os alunos do Eleva pudessem aproveitar a escola ao máximo, como eu mesma tinha feito anos antes.

## Um centro de referência

Enquanto pensávamos nessas transformações nas marcas do Eleva Educação, outra frente de atuação começava a despontar. Em 2016, boa parte da liderança da empresa tinha o primeiro filho — eu incluída. Começamos a nos perguntar qual seria a escola em que gostaríamos que nossas crianças estudassem. Não tínhamos no nosso portfólio uma instituição do segmento premium, que concorresse com as marcas mais fortes do Rio de Janeiro. Surgiu a vontade de criar um negócio novo, uma escola modelo que fosse nosso centro de pesquisa e desenvolvimento, que refletisse tudo aquilo em que acreditávamos em educação, com um investimento alto pra testar os melhores projetos.

Naquele ano, começamos a planejar a Escola Eleva. A proposta era ser uma marca brasileira, mas com um repertório global. Um lugar onde as crianças aprendessem com a cultura de seu país, mas tivessem acesso a um ensino de inglês excelente. Onde a inteligência lógica fosse tão estimulada quanto a inteligência emocional — uma oportunidade que eu havia tido em casa. Onde o conteúdo, a disciplina e o rigor da sala de aula fossem tão importantes quanto o esporte, a arte, a criatividade e a comunicação. Uma alternativa às escolas bilíngues do Rio de Janeiro e também aos colégios tradicionais brasileiros da cidade, que, geralmente, eram frequentados por crianças que complementavam a formação com aulas particulares de idiomas, esportes e artes.

Naquele momento, com três anos de experiência no Eleva Educação, estávamos seguros de que conseguiríamos atrair gente qualificada para o projeto e que seríamos capazes de montar um currículo, ainda que não fosse um plano fácil. Mas faltava um lugar. Achar um imóvel grande no meio da zona sul do Rio de Janeiro para abrigar nossa escola de referência era um desafio.

O problema foi resolvido de forma inusitada — mais uma das sortes inexplicáveis da vida. Meu pai tinha lido sobre o fechamento da Casa Daros em um artigo de jornal e me deu a dica. O imóvel, que sediava esse espaço de arte e educação, que inclusive já fora escola, estaria livre. O local era perfeito. Localizado em Botafogo, era um terreno com mais de 12 mil metros quadrados e valor histórico. Quase ao mesmo tempo, durante uma conversa em um enterro, a Rafa descobriu a mesma oportunidade. Ligou imediatamente para mim e para o Bruno avisando que o imóvel pertencia a uma fundação suíça. Se o pessoal era mesmo suíço, sabíamos qual seria o próximo passo. Ligamos para o Jorge Paulo (que tem residência no país) e, para nossa surpresa, ele não apenas conhecia a fundação, mas a presidente era sua vizinha.

A ligação aconteceu na terça-feira. Na quarta, voamos Rafa, Bruno e eu para Zurique, na Suíça. Fomos tomar um chá da tarde com a senhora da fundação. A gente queria alugar — era impensável comprar aquele lugar imenso e nem recursos tínhamos. Mas ela queria vender. Conversa vai, conversa vem, e nada de o impasse se resolver. Então, nosso mentor interveio. Compra a casa, Jorge disse. Bom, naquele momento eu pensei: "Se ele está sugerindo, só me resta seguir". Era tudo que queríamos. Negociamos o valor e, uma semana depois, o espaço era oficialmente nosso. O sonho começava a sair do papel, junto com o projeto de reforma e o recrutamento da equipe.

Em abril de 2016, começamos a levar grupos de cerca de cem pais que se interessavam pelo projeto da Escola Eleva para conhecer o espaço. Circulávamos pelos cômodos, ainda vazios e não reformados. Depois, Marcio Cohen, nosso diretor pedagógico, e eu fazíamos uma apresentação da escola que tínhamos na cabeça. Não havia carteiras, professores contratados ou currículo pronto. Havia só um ideal: nossa imaginação de uma escola de ponta.

Em maio, abrimos os formulários para inscrição. Colocamos no ar às oito da manhã. Então, aconteceu o improvável. Em oito minutos, as duzentas vagas de alunos estavam preenchidas e em poucos dias tínhamos recebido mais de mil formulários de admissão que ficaram na fila de espera. Agora, não havia como voltar atrás. Em fevereiro de 2017, precisávamos estar prontos para abrir as portas. Nos meses seguintes, focamos em estruturar essa nova operação.

A dor de crescimento atingiu a Escola Eleva no segundo ano. O presságio de um ano agitado veio na véspera do primeiro dia de aula. Choveu muito no Rio de Janeiro, e o colégio alagou. O primeiro andar da escola ficou cheio de água. Eu estava em Harvard fazendo um curso e recebi uma ligação às nove da noite. Era o Bruno, junto com a Rafa, querendo uma terceira opinião antes de tomarem a decisão. Abriríamos no dia seguinte ou não? Não abrir significaria uma frustração imensa para as centenas de pais que apostavam naquela escola ainda nova para a educação de seus filhos. Adiar o início das aulas seria uma perda de credibilidade para nós. Decidimos que toda a equipe passaria a noite na escola e daria um jeito de limpar o lugar. Os funcionários pegaram as vassouras, os rodos, e passaram a noite trabalhando. Quando a liderança avisou que as pessoas poderiam voltar para casa, ninguém queria ir embora. Foi uma mobilização incrível, e a escola abriu com uma energia especial — um início com união, entrega e superação de desafios. Isso era a Escola Eleva.

Nosso objetivo era expandir para mais de mil as vagas disponíveis naquele ano. Para os pais que estavam na fila de espera, foi uma alegria, mas considero que poderia ter feito diferente. Impus uma pressão enorme à equipe com esse rápido crescimento, o que gerou um desgaste para todos. A escola é uma comunidade e, assim como uma família, precisa de um clima bom e de pessoas com energia e entrosamento para ser acolhedora. Se eu tivesse dado um passo um pouco menor e dividido esse salto em dois anos, teria sido menos intenso para todos. Felizmente, conseguimos entregar o prometido, com um trabalho excelente, e fizemos os ajustes necessários sem deixar os pais e os alunos frustrados. E o aprendizado serviu para evoluirmos nos anos seguintes.

A Escola Eleva já se tornou um centro de referência para o segmento premium no Rio e no Brasil. Ainda tem muito a evoluir, mas estamos conseguindo realizar o que havíamos planejado: oferecer uma formação holística e pensar nas demandas que essas crianças terão no futuro como profissionais, com um conteúdo consistente e completo. Formamos nossa primeira turma na virada de 2019 para 2020. Havia uma pressão enorme e a expectativa de os alunos atingirem bons resultados, por exemplo no ENEM, e serem aprovados em faculdades nos Estados Unidos. E eles foram superbem. Ficamos em quinto lugar no ranking do ENEM no Rio, e nossos alunos passaram em ótimas universidades, como Massachusetts Institute of Technology (MIT), Dartmouth College, Universidade da Pensilvânia e Northwestern University. Sabemos que o resultado não se limita à universidade, mas é um marco importante, pois sinaliza que o caminho está certo. A Eleva provou sua visão, preparando com excelência, para o Brasil e para o exterior, de engenheiros a músicos. O mais importante é cada jovem descobrir sua paixão na vida.

A missão do colégio é criar uma geração de líderes capazes de fazerem diferença em suas vidas e contribuir para um mundo melhor. Os pilares curriculares são excelência acadêmica, socioemocional e cidadania global. Outro motivo de orgulho para nós é o Janelas Abertas, o programa de bolsas que criamos para alunos de baixa renda com alto desempenho. Na Escola Eleva, há cerca de dois alunos bolsistas em cada sala, totalizando oitenta bolsistas. Essa diversidade impacta a comunidade como um todo.

## É só o começo

Construir o grupo Eleva não foi fácil. Temos que nos superar diariamente, lidar com cronogramas apertados, resolver dezenas de problemas por dia e, no meio disso tudo, manter a calma e o entusiasmo. Mas, quando saímos da nossa sala e vemos as crianças andando pelos corredores, tudo faz sentido e energiza o dia novamente. A liderança, inclusive o Bruno e eu, é formada por professores, e fazemos questão de não nos distanciarmos da sala de aula e do aluno, independentemente das diversas outras obrigações. Criamos um mantra no Eleva, como o Bruno costuma dizer: se não deu certo, é porque ainda não acabou.

Eu amo o que faço e não sinto esse amor diminuir. A família continua sendo minha prioridade, especialmente agora que tenho três filhos, mas o trabalho vem logo em seguida, porque realmente acho o máximo o que criamos. Porém, as pessoas que convivem sentem tudo isso, para o bem e para o mal. Ao mesmo tempo que motivo e convenço muita gente boa a trabalhar no Eleva por essa paixão e intensidade, tenho certeza de que não é fácil trabalhar ao meu lado. Exijo muito das pessoas, o que às vezes pode passar a mensagem errada para a equipe.

Por exemplo, recentemente, quando minha filha mais nova nasceu, tivemos um desafio com a inauguração de uma escola em Brasília. Ela tinha apenas um mês, e eu fiz algumas viagens de bate e volta para a capital federal. Uma pessoa que trabalha comigo me chamou a atenção. Eu precisava deixar claro para o time que o grupo não esperava que as mães interrompessem seus quatro meses de licença-maternidade para fazer o que eu havia feito. Para mim, como fundadora, eu nem pensei que poderia ser um problema estar naquele momento em Brasília, mas compreendi depois que estava dando um exemplo questionável. Chamei a equipe e expliquei que estava trabalhando para resolver algo importante e que eu estava feliz de estar no escritório, mas não esperava isso de outras mães.

A reflexão que mais tenho feito é sobre achar o equilíbrio ideal. Como a rotina da empresa é muito intensa, algumas pessoas da equipe acabam por abrir mão de sua vida pessoal. Deixam de fazer um exercício ou chegar cedo em casa para ficar com a família, apesar de serem apaixonadas pelo que fazem. Pessoalmente, acredito que felicidade na vida nunca pode vir de uma fonte só, por isso não fico orgulhosa quando percebo que meu time não está conseguindo fazer o que gosta além do trabalho. Até porque isso não é sustentável no longo prazo. Tenho reforçado, nas conversas internas, a importância dos limites mesmo para o trabalho e de respeito consigo mesmo (saúde física e emocional e espaço para o relaxamento e lazer). É fundamental desenvolver a capacidade de dizer não e de mostrar quando passou do limite, que é diferente para cada um.

Tudo isso porque quero que o Eleva continue com a intensidade de sempre, mas quero que as pessoas fiquem muito tempo conosco, que a gente possa construir uma liderança sólida e que não se esgote. Criamos o grupo para deixar um legado e impactar a vida das pessoas. Não quero ver esse impacto apenas nos alunos, mas sim nas relações de trabalho que construímos diariamente. Que as pessoas se orgulhem do que estão fazendo e dos colegas com quem convivem.

Apesar de trabalhar muito, o que eu tenho dentro de casa é fundamental. Meu marido, João, sempre foi meu equilíbrio. Somos iguais em vários aspectos, como paixão por esporte e valores de vida, mas também muito diferentes. Eu sou ligada na tomada, intensa em tudo que faço. Ele é leve, mais pé no chão. De forma positiva, ele me desacelera e eu o impulsiono. João está comigo desde o início, construímos nosso projeto de vida juntos, pois começamos a namorar quando eu tinha 22 anos. Se hoje consigo tocar o Eleva e o Gera, ter três filhos, fazer esportes e equilibrar tantos outros pratinhos, é porque ele me permite isso. Dividimos tudo, inclusive o papel mais importante, que é educar e cuidar das crianças. Ele me atura toda vez que chego em casa depois de um dia difícil, que não são poucos. No trabalho eu tenho que ser forte e segurar o ânimo de muita gente, e ele faz exatamente isso comigo.

Meus três filhos são incríveis. Caca e Janjão, gêmeos, simbolizam essas coisas deliciosas que a gente nunca imagina. Eu fiz tratamento para engravidar porque estava com dificuldade, dado meu ritmo forte no esporte. Ter os dois ao mesmo tempo foi como tudo na minha vida, intenso mas apaixonante. Já Tetê chegou temporona, de maneira não planejada e natural. Ela é extremamente calma e, de certa forma, veio para me acalmar. Sempre me perguntam sobre ser mãe deles e trabalhar muito. Sim, é difícil conciliar. Não existe ser mãe e não sentir culpa, e não existem atalhos. Minha filosofia é que horas com pai e mãe são insubstituíveis. Por isso, coloquei uma rotina: começo meu dia às nove da manhã, aproveito o almoço com reuniões de trabalho e saio no máximo às sete da noite para poder jantar, dar banho e contar histórias para eles. Quem precisar de mim, me procura depois que eles estão na cama. Além disso, acredito que não há nada tão poderoso como um modelo. A escola ajuda, mas, no fim, os filhos vão seguir o exemplo e os valores dos pais. E, nesse contexto, acho importante eles terem uma mãe trabalhadora e batalhadora, que aproveita a vida e se dedica também a hobbies como o esporte.

O balanço que enxergo do que construímos como negócio é positivo. Completamos dez anos de Gera com um fundo com cerca de 1 bilhão de reais sob gestão e construímos um time jovem de primeira, unido. Aqui, vale destacar a Leila, nossa sócia no Gera e que já dá sinais de ser muito melhor do que a Rafa e eu. Além de ter se formado com o maior coeficiente de rendimento da história do curso de economia da PUC-RJ, ela une três habilidades importantíssimas: é boa com números, é boa com gente e tem disciplina e ambição.

Além do Eleva, o Gera investiu na Spot, antiga Cultura Inglesa, que ampliou para ser uma holding de ensino complementar, com perspectivas globais. Mais recentemente, fizemos o primeiro negócio do Gera fora da educação, no setor de saúde. Foi uma ideia da Rafa e da Leila, considerando que essa área também será uma demanda cada vez mais crítica da sociedade com o envelhecimento da população. No fim, criamos nossa própria receita de bolo: dominar o conhecimento de poucos setores, investindo em empresas bacanas para a sociedade com alto potencial de crescimento, tendo disciplina para construir para o longo prazo. Topamos risco e atuamos sempre muito próximas das nossas investidas, ajudando na estratégia, na alocação de pessoas excepcionais e na gestão.

Paralelamente, o Eleva só cresceu. Hoje temos aproximadamente 90 mil alunos em 135 unidades próprias espalhadas pelo Brasil e mais de 300 mil alunos em escolas parceiras que usam nosso sistema de ensino tradicional e/ou o LIV. Alcançamos o posto de maior grupo de escolas privadas do país, sempre melhorando nossa excelência acadêmica. Criamos uma liderança que me enche de orgulho e contamos com mais de 2500 professores. Pedagogicamente preparamos nossos alunos não só para passar nas melhores universidades, mas também para enfrentar um mundo que muda rápido e pede cada vez mais criatividade, inteligência emocional e tecnologia. Em suma, em poucos anos, provamos que o Eleva não só sonha, mas realiza. Mostramos uma grande capacidade de montar projetos inovadores e construir marcas fortes, o que em educação é um dos principais ativos.

## Uma pausa para acelerar

No início de 2020, criamos uma unidade de negócio de inovação no Eleva Educação, que batizamos internamente de Next. O pensamento é simples: tecnologia é uma realidade e vai mudar todos os negócios e forma de viver. Toda empresa precisa colocar isso na pauta com força, mudar e aproveitar as oportunidades. A visão do Next é garantir que o Eleva esteja na vanguarda da educação desenvolvendo novos produtos de base tecnológica.

Animados com a novidade, passamos por uma grande prova a partir de março do mesmo ano, quando o mundo foi surpreendido pelo vírus covid-19. De repente, escolas fecharam seus portões e foram para dentro de casa. Foi um ano muito difícil para o aluno, os pais e o professor, que tiveram que se adaptar a uma nova realidade, virtual. A tecnologia estava disponível havia muito tempo, mas nunca tinha sido realmente usada. A crise acelerou tendências já anunciadas em educação.

A primeira tendência que ganhou velocidade foi a da sala de aula virtual. Os alunos, principalmente do ensino fundamental 2 e ensino médio, se engajaram e aprenderam usando computadores, tablets e smartphones — recursos por vezes banidos nas salas de aula presenciais. Quando a pandemia passar, as escolas poderão implantar um modelo híbrido, por exemplo, oferecendo turno integral, parte virtual e parte presencial. Esse novo formato pode criar um modelo mais acessível financeiramente e com maior qualidade do ensino, com os melhores professores. O espaço físico será o lugar do relacionamento, da discussão. Mas para assistir a uma palestra, por exemplo, os estudantes não precisarão sair de casa.

O aumento da importância das habilidades socioemocionais foi a segunda tendência acelerada pela pandemia. Não foi preciso saber português nem matemática, mas sim ter autoconhecimento e capacidade de lidar com as emoções para ficar em casa, sem ver amigos nem familiares. Para sobrevivermos como planeta, foram exigidas de nós habilidades como colaboração, comunicação, resiliência e criatividade.

A terceira tendência é a de uma escola mais forte do que nunca. Ficou claro que o papel da instituição não é só ensinar. Vai muito além da sala de aula. A escola dá estabilidade à sociedade, cria comunidade e é um lugar de felicidade.

Rafa e eu brincamos que nosso comprometimento vai muito além do compromisso que assumimos com nossos investidores. Criamos a escola em que hoje nossos filhos estudam, em que os filhos das nossas amigas estudam. É uma aposta de vida. Então, se o Eleva não der certo, não ficamos apenas desempregadas. Perdemos o espaço que está formando nossos filhos e provavelmente diversos amigos!

Nossa tese continua sendo fazer poucos investimentos em negócios que podem ser muito grandes. Quero um dia mostrar aos meus investidores um livro com os alunos que formamos: onde eles estão, quais profissões seguiram e para onde foram na vida. Honestamente, acredito que estamos só começando. Precisamos ter paciência para continuar no caminho e segurar as dores de barriga. Roma não foi construída em um dia, e nosso negócio também não será.

## OS PRINCIPAIS CONSELHOS DE DUDA

1 **Alie a inteligência lógica à inteligência emocional**
Não foi à toa que eu apostei em um projeto como o LIV, que incentiva a educação socioemocional das crianças. Ter o raciocínio lógico e, ao mesmo tempo, a capacidade de construir relacionamentos e lidar com as emoções foi fundamental na minha carreira — e acredito que será cada vez mais na dos jovens que estamos formando.

2 **Identifique seus valores inegociáveis e, a partir deles, defina prioridades**
Desde que comecei a trabalhar eu queria alcançar sucesso financeiro. Mas esse desejo nunca entrou em conflito com meus valores inegociáveis. No caso do Eleva, a qualidade da educação e a segurança sempre serão prioridade. Na minha história particular, fazer algo pelo Brasil é um senso de dever que nunca abandonei.

3 **Arrisque-se pelo seu sonho**
No momento em que me apaixonei por educação, larguei uma carreira aparentemente promissora para seguir meu sonho. Para construir algo grande e que faça sentido para você, geralmente é preciso se arriscar e abandonar os lugares (aparentemente) mais seguros. Curta a caminhada, não só a chegada.

4 **Encontre os parceiros complementares, monte um time melhor do que você e divida**
Ter a meu lado pessoas que pensam diferente de mim foi essencial para construir o Gera e o Eleva. Dessa maneira, as decisões são tomadas com mais pontos de vista e consciência. Além de escolher bem os pares, acredito em formar pessoas que um dia serão melhores do que meus sócios e eu para dar continuidade ao negócio. Com gente boa, seja generoso financeiramente e divida participação na empresa e oportunidades.

5 **Cometa erros que não te tirem do jogo — e aprenda com eles**
Diminuir a qualidade do ensino seria um erro que tiraria a Escola Eleva do jogo. Esse erro não cometemos, mas outros tantos sim. Poderíamos ter crescido mais devagar, mas fomos agressivos e

tivemos que lidar com as consequências. Aprenda com os erros e siga em frente, para cometer erros novos.

6 **Construa para o longo prazo**
Ter ritmo, foco e intensidade não significa ter pressa. Nunca acreditei em fazer algo com retorno rápido e passar para a frente. Quando há um propósito claro, faz mais sentido construir com consistência, observando cada passo, para acompanhar e colher os resultados por muitos anos.

7 **Construa sua vida como um todo, não só o trabalho**
Felicidade não vem só de uma coisa, é preciso achar esse equilíbrio. O trabalho pode ser ótimo, mas é saudável ter outros prazeres na vida. Para mim, família é tudo e sempre foi minha base, meu norte, meu porto seguro. Esporte me ajuda a desestressar, me conhecer e perseverar.

8 **Concilie eficiência operacional com inovação**
Continue construindo seu negócio principal, buscando sempre eficiência operacional, e crie uma agenda relevante de inovação na sua companhia, atento a novas tecnologias que vão mudar o seu e todos os negócios. Olhe para fora, seja ágil e nunca perca o foco no consumidor.

## SUGESTÕES DE LEITURA

*Mindset*
Carol Dweck
"Mentalidade de crescimento, o conceito apresentado nesse livro, é a maneira como eu enxergo tudo na vida. Querer constantemente ser melhor, aprender, perseverar. Essa é minha filosofia de vida."

*Minha história*
Michelle Obama
"Ela tem uma sofisticação intelectual, mas ao mesmo tempo uma simplicidade. Gostei muito do jeito como conta sobre o pai, sobre

suas raízes e sua infância e ao mesmo tempo como ela fala sobre deixar a Casa Branca."

*Ideias que colam*

Chip Heath e Dan Heath

"É um livro que uso muito nos meus cursos de *public speaking*, matéria da qual dou aula na Eleva. Fala sobre os seis elementos que fazem uma mensagem ficar com o público."

*A loja de tudo*

Brad Stone

"De uma mera livraria Jeff Bezos conseguiu mudar totalmente nossa forma de comprar 'tudo'. Me impressiona como a Amazon consegue ser ao mesmo tempo uma empresa com grande eficiência operacional (por exemplo, sua compra nunca atrasa) e alta capacidade de inovação. Conciliar essas duas características é o atual desafio que todas as empresas do mundo enfrentam."

CAPÍTULO 7

# Geraldo Thomaz

## Fundador, com o sócio Mariano Gomide de Faria, da VTEX, plataforma de e-commerce brasileira com atuação global

*Geraldo Thomaz é co-CEO e fundador da VTEX, plataforma de e-commerce brasileira com presença em mais de trinta países. Nascido em Macaé, no Rio de Janeiro, fez o ensino médio na capital fluminense e engenharia mecânica na UFRJ. Durante a faculdade, decidiu criar com o amigo Mariano Gomide de Faria um negócio para a internet, um mercado aparentemente promissor. Mas, para isso, a dupla percorreria um caminho sinuoso. Geraldo trabalhou por três anos no banco de investimentos Icatu. Então, pediu demissão para empreender. Ele e Mariano fundaram um marketplace para a indústria têxtil em 2000. Enfrentaram muitas adversidades até 2010, quando consolidaram o modelo de negócio. Em 2012, receberam investimento da Naspers e, em 2019, anunciaram um aporte do Softbank junto com as gestoras brasileiras Gávea e Constellation. Geraldo tem 44 anos, é casado e tem três filhas.*

## Empreendedorismo e disciplina

A história da minha vida é única como a de todos nós, mas tem um fio condutor muito similar ao de outras pessoas que tiveram o privilégio de receber e tirar proveito de uma boa educação, além do afeto e carinho dos familiares mais próximos. Nasci em 1976 em Macaé, cidade ao norte do Rio de Janeiro. Sou filho de uma professora e de um advogado empreendedor, cujos pais eram lavradores de uma plantação de café em Santa Maria Madalena, também no interior do estado. Aos quinze anos, por insistência da minha avó, meu pai foi mandado para um orfanato em Macaé, o Lar de Maria, para receber uma educação a que ele não teria acesso em Madalena. Meu pai se formou como técnico em contabilidade, depois advogado, e passou grande parte da vida exercendo a profissão de corretor de imóveis.

Minha mãe passou toda a sua vida envolvida com educação, começando como professora na rede estadual de ensino. Quando eu estava entrando na idade de me alfabetizar, ela e meu pai decidiram abrir uma escola numa sala de aula construída em cima da garagem da nossa casa. A recém-inaugurada Escola Alfa foi o lugar em que cresci, onde recebi a formação básica do ensino fundamental e experiências que levaria para a vida: meu pai, meus irmãos e eu participamos da sua expansão, fazendo as instalações elétricas das novas salas de aula ou integrando os mutirões de limpeza que preparavam a escola para o novo ano letivo. Minha mãe tem uma perspectiva bastante moderna do que é educar protagonistas da própria vida e imagino que, por isso, não há provas na Escola Alfa; lá, aprender é um exercício contínuo, disciplinado e prazeroso.

Terminado o ensino básico, depois de tomar o gosto por aprender e com o apoio dos meus pais, escolhi estudar no Colégio de São Bento, um dos melhores do Rio de Janeiro até os dias de hoje. Passei no teste e me mudei para a capital fluminense. Morei o primeiro ano com meu tio Beto, o segundo com a tia Marisa, aos quais tenho muita gratidão pelo acolhimento. No terceiro ano, meu pai comprou um apartamento no Rio, que foi lar de todos os meus irmãos e muitos primos durante os anos escolares, quase uma república.

Segui o exemplo do meu pai e fui morar sozinho (ainda recebendo todo o carinho das minhas tias, tios e primos) aos quinze anos de idade. Lembro com clareza do dia em que meu pai me deixou na porta do São Bento e disse que iria direto para Macaé, assim como me recordo das preparações para as primeiras provas. A vida estava começando a me apresentar desafios de "gente grande".

Terminado o ensino médio, continuei o embalo: fiz vestibular de engenharia mecatrônica para a USP e engenharia mecânica para a UFRJ. A escolha da faculdade é sempre desafiadora para adolescentes de dezoito anos. Apesar de na época eu não me ver como uma pessoa que faria robôs ou que projetaria carros, já tinha a autoconfiança decorrente da minha formação básica e, por isso, depois de cogitar todo tipo de curso, optei por dois cursos considerados difíceis, pois acreditava que abririam meus horizontes.

Passei bem nas duas faculdades, entre os primeiros lugares, e resolvi começar na USP, já que era e é uma ótima faculdade. Mas como tinha sido um dos primeiros colocados no vestibular da UFRJ, fui chamado para passar um dia com os professores, que se dedicaram durante todo o período a "vender" a faculdade para os aprovados. Lembro bem do professor Hirata me explicando sobre lógica Fuzzy para melhorar a performance de ares-condicionados. Pronto, decidi: ficaria no Rio, perto da minha família, e descobriria mais sobre como fazer ares-condicionados funcionarem melhor.

Depois de três meses na USP, passei quatro meses fazendo um intercâmbio nos Estados Unidos com um grande amigo e, na volta, comecei a UFRJ em agosto. Olhando para trás, esses test drives foram chave para seguir o curso com energia.

## Vamos fazer um negócio de internet?

Dediquei-me profundamente à faculdade. Fiz o curso de engenharia em quatro anos e meio, além de participar de várias atividades, como monitorias, iniciação científica e matérias eletivas. No terceiro ano, entrei como estagiário no banco Icatu, então uma referência entre os bancos de investimento no Brasil.

Quem me indicou para a vaga foi o Mariano, que pouco tempo depois se tornaria meu sócio. Nós nos conhecemos no início da faculdade e nos tornamos amigos por causa dos hobbies em comum: mergulho e caça submarina. Mariano tinha uma escola de mergulho autônomo, empreendedor desde os dezesseis anos de idade. Tivemos uma afinidade desde o primeiro contato e iniciamos quase juntos nosso estágio no Icatu.

Minha função no banco era trabalhar numa área que fazia análise quantitativa para embasar as decisões de compra e venda dos títulos da dívida externa brasileira, os Bradies. Seis meses depois da minha chegada veio a crise financeira da Rússia de 1998, que atingiu mercados financeiros do mundo inteiro, literalmente acabando com o mercado de Bradies. No fim deu tudo certo, eu mudei de área e continuei a trabalhar no Icatu, mas aquela foi a primeira crise profissional que vivenciei.

Nesse período, o Mariano e eu conversávamos muito sobre nosso futuro. O mercado financeiro já estava amadurecido no Brasil. Os protagonistas já estavam estabelecidos: Jorge Paulo Lemann, do banco Garantia, e Daniel Dantas, do Opportunity, haviam desbravado e liderado a mudança no setor. Por outro lado, surgia a internet, uma novidade de menos de quatro anos no Brasil, cheia de promessas de transformações no mundo.

Com nosso desejo de empreender crescendo, foi ficando claro que não queríamos passar a vida como funcionários de banco e começamos, então, a pesquisar possibilidades para montar nosso próprio negócio na ainda nascente internet. Lembro-me de ficar uma manhã no corredor da faculdade de engenharia abordando os conhecidos que passavam por mim. "Vamos fazer um negócio de internet?", eu perguntava. No meio de nossos inúmeros *brainstorms*, Mariano propôs criarmos um marketplace da indústria têxtil. Ele conhecia uma pessoa que trabalhava na Dijon, marca de calça jeans famosa nos anos 1990. Parecia fazer sentido. Eu via nele uma ambição com a qual me identificava — e a decisão de tê-lo como sócio era a mais importante naquele momento.

Formei-me na faculdade em 1999 e, no início de 2000, o Icatu anunciou a fusão com o BBA, um banco de investimento de São Paulo que mais tarde seria comprado pelo Itaú. Mudei-me para São Paulo para trabalhar, mas fiquei apenas alguns meses. Logo, Mariano e eu concluímos que era hora de tirar o plano do campo das ideias. Tomamos a decisão difícil de pedir demissão do banco. Tínhamos uma carreira promissora no mercado financeiro, da qual não era fácil abrir mão. Além disso, alguns colegas de trabalho viam nosso movimento com bastante ceticismo, o que tornava o passo ainda mais complicado.

Mas outros viam com empolgação. Um dos meus chefes havia feito um curso na Universidade de Stanford, na Califórnia, e voltou com a certeza de que a internet era o futuro. Ele queria participar dessa onda de qualquer maneira e decidiu investir no nosso negócio. Encontramos mais alguns interessados e juntamos cerca de 150 mil dólares para começar a empresa. Foi assim que nasceu a VTEX, abreviação de Vitrine Têxtil. O nome foi a única característica que conservamos do projeto inicial.

O negócio se revelou bem mais difícil na prática do que na teoria. Alugamos um escritório no bairro carioca da Barra da Tijuca, povoado de condomínios e shopping centers de classe média e alta. Queríamos ter um espaço apresentável para começar a vida de empresários. Nem eu nem o Mariano sabíamos programar — trabalho fundamental para colocar nosso negócio de pé. Contratamos um desenvolvedor terceirizado para criar o software e montamos um estande em uma feira têxtil em São Paulo em busca de interessados, que não apareceram. Acabamos com o investimento que havíamos recebido sem um cliente sequer.

Logo em seguida, a bolha da internet estourou nos Estados Unidos, piorando ainda mais nossas chances de fazer o negócio vingar. Mas ali também encontramos uma oportunidade. Era hora de encarar que não tínhamos ainda uma empresa, mas, sim, uma semente de empresa. A partir de então, em vez de tentar ser gestores, entendemos que precisávamos colocar a mão na massa. Mariano passou a vender, e eu a programar.

O negócio original falhou, a bolha da internet estourou, nossa falta de experiência e habilidade era notável e ganhar dinheiro, sonho de todo jovem recém-formado, estava muito distante das nossas realidades. Um dia, numa das centenas crises de ceticismo, recorri ao meu pai, que disse: "Você não está ganhando dinheiro, mas está ganhando capital intelectual, que vale mais do que dinheiro, porque isso ninguém lhe tira", dizia, lembrando que dinheiro "qualquer Collor poderia tirar", em referência ao presidente que confiscou a poupança dos brasileiros no início dos anos 1990.

Depois de algumas noites de sono, concordei com meu pai. Consegui ver o quanto estávamos aprendendo e como isso era valioso para as nossas vidas e carreiras.

## Uma década incerta

Ajustamos o rumo para sobreviver à base de projetos de internet. A partir de então, passamos a ter demanda, mas precisávamos do faturamento de um mês para sobreviver no seguinte — e nunca sabíamos se novos clientes entrariam. Ao menos, tínhamos um propósito claro: fazer da VTEX um produto de software para internet. Algo escalável o suficiente para construir uma empresa notável. Enquanto não tínhamos o produto ideal, desenvolvíamos sites cobrando por hora. Montamos e-commerce por encomenda para os clientes mais variados. Sites de fã-clube, de imobiliária, de seriado de TV, alguns e-commerces... Estávamos seguros de que em algum momento apareceria um projeto para deslanchar nosso sonho na direção certa. Era hora de ter paciência.

Nossos primeiros anos de empresa foram bastante ineficientes nas dimensões crescimento, lucro e faturamento. Mas extremamente produtivos na montagem das bases para uma boa sociedade e na definição dos nossos valores. No início da VTEX, lembro que Mariano investia em um restaurante e dedicava parte do seu tempo a esse negócio, enquanto eu, de vez em quando, ajudava meus pais na Escola Alfa. Esses negócios paralelos causavam desconfortos mútuos, até que um dia começamos a discutir sobre a necessidade de ambos nos mantermos focados na nossa empresa. Mariano não reagiu na hora, mas duas semanas depois veio, decidido, me dizer que tudo que fizéssemos dali em diante faríamos juntos. Tudo o que um ganhasse, o outro também ganharia. Montamos, assim, a base para discussões abertas, produtivas, alinhadas no interesse da companhia, sem medo de agendas paralelas ou de conflitos de interesse. Como esse, diversos outros microacordos foram sendo feitos durante nossa convivência. Tenho certeza de que todos aqueles anos de ajustes foram e são chaves para manter a sintonia entre nós e, consequentemente, o sucesso da VTEX.

Juntos também desenvolvemos resiliência. Viver o auge da nossa juventude sem dinheiro, enquanto a maioria dos nossos amigos ganhava bons salários em grandes empresas, criou um laço entre nós. Em 2004, eu tinha mil reais por mês. Ainda morava no apartamento do meu pai, mal conseguia pagar um cinema no fim de semana. Até meus trinta anos, só ia a festas em que não precisasse pagar entrada. Aprendemos a honrar nosso contrato e a segurar a barra um do outro nos momentos em que alguém estava mais desgastado. Hoje penso que não ter dinheiro foi bom para nós. O sucesso no curto prazo poderia ter nos desviado do caminho. O que vivemos, no entanto, nos ajudou a amadurecer.

Nos muitos momentos em que a melhor alternativa parecia ser desistir, aparecia alguma luz indicando um caminho. Tentamos criar um software de gestão de vendas para a indústria têxtil que não deslanchou. Tentamos representar um software de documentação de engenharia que tampouco deu certo. A cada projeto que não vingava, uma nova ideia surgia. Aprofundei minha compreensão de software, comecei a programar e estudamos sobre canais de distribuição de software. Esses conhecimentos foram fundamentais para construir o que viria a seguir.

Durante essa década cheia de incertezas, recebi três propostas para voltar à Icatu. Geralmente era eu quem começava a conversa. Dizia para o antigo chefe, que investiu no início da VTEX: "Não dá mais, vou desistir, tem uma vaga aí ainda?". Na última conversa, ele me deu um ultimato do qual nunca me esqueci. Olhou nos meus olhos e disse que todas as pessoas tinham liberdade de ter qualquer objetivo na vida, qualquer agenda. Mas não era certo esconder isso dos outros. "Será que você não está querendo esse trabalho só para conseguir financiar seu sonho de verdade?", questionou. Na hora, neguei. Mas fui dormir com um incômodo. Ele tinha razão. A verdade é que, assim que pudesse, usaria o salário para manter viva nossa empresa. No dia seguinte, avisei que não precisava mais do emprego e agradeci a lição.

Outra conversa decisiva aconteceu em 2006, quando o pai de um grande amigo meu me disse: "Geraldo, você é muito bom profissional, mas todos os seus movimentos são em busca de não errar. E isso te atrapalha muito". Aquela frase ficou gravada na minha mente. Eu passei a vida sendo um dos melhores alunos do São Bento, depois um dos melhores alunos de engenharia da UFRJ e, de repente, estava tentando fazer minha empresa dar certo. Quem se acostumou a tirar dez tem medo de se expor ao risco. Eu precisava me livrar dessa mentalidade o quanto antes e estar mais disposto a errar. Não dá para aprender piano com medo de errar, não dá para aprender a andar de bicicleta sem correr o risco de cair, não dá para aprender a criar uma empresa sem correr o risco de seguir por caminhos errados de vez em quando. Experimentar faz parte do processo de aprender.

## A maior do mundo contrata a menor do mundo

Em 2007, depois de muitos altos e baixos, surgiu uma grande oportunidade de negócio. A liderança da operação do Walmart no Brasil queria criar seu próprio site e, por meio de conhecidos comuns, pudemos concorrer. Na época, em faturamento, o Walmart era a maior empresa do mundo, enquanto nós éramos provavelmente a menor desenvolvedora de e-commerce do planeta. Mas tínhamos chance. Todos os anos de experimentações e aprendizados passados nos habilitaram como o grupo de pessoas no Brasil que mais entendia do recém-criado mercado de e-commerce. Entre outros, construímos o site da Sacks em 2001, que mais tarde foi vendida à multinacional Sephora, e tínhamos sido sócios de um site de vinhos, a Estação do Vinho.

O Mariano e eu nos juntamos ao Gustavo Rios e ao Marcelo Couto, donos da Migweb, uma pequena desenvolvedora. Também entrou no projeto German Quiroga e seus sócios, que haviam fundado a operação virtual das Lojas Americanas. Assim, quase como um consórcio, nos apresentamos ao Walmart. Nosso argumento era que eles estariam em vantagem nos contratando como fornecedores: justamente por sermos pequenos, o projeto seria feito exatamente como eles desejavam e com a rapidez de que precisavam.

A IBM foi contratada como uma gestora do processo competitivo para escolher o fornecedor que desenvolveria o site. Aqueles foram os dois anos mais tensos da minha vida. Passamos doze meses sob o olhar da IBM, que nos testava em diversos aspectos do trabalho. Só depois desse período é que assinamos o contrato para os oito meses seguintes. O desafio de construir o site do Walmart estava só começando.

Mergulhamos no trabalho, completamente dedicados a desenvolver o software, mas sabíamos que havia chances de engavetarem sem colocarem o site no ar. Aprendi muito nesse período. A liderança da varejista não tinha histórico no mundo digital, e a comunicação com o time era um desafio. Aos 32 anos, eu estava pela primeira vez dentro de uma grande corporação internacional — e precisava aprender a navegar por aquela dinâmica. Também concluí que, se desse errado, seríamos apontados como culpados. Ninguém na empresa ou na IBM assumiria a responsabilidade pelo fracasso do projeto.

Dentro do nosso pequeno consórcio também tínhamos acaloradas discussões, enquanto eu aprendia a gerenciar as doze pessoas que havíamos contratado para dar conta do trabalho conosco. Sentia-me como gato prensado na parede, sem alternativa, a não ser me agarrar àquele trabalho, aprender e sair de lá melhor do que havia entrado.

Os dois meses antes de o site ir ao ar foram os mais intensos da temporada. Fizemos uma bateria de testes de performance, e praticamente moramos no data center do Walmart naquele período.

Dormi muitas noites no chão do escritório. As latas de Red Bull se acumulavam sobre as mesas, e as pessoas desmaiavam de cansaço embaixo delas. De vez em quando, eu ia até um apart-hotel para tomar banho. Ioga e análise foram essenciais para manter a saúde mental, física, e aguentar as semanas sem perder a energia.

Em julho de 2008, Quiroga e seus sócios aceitaram uma associação com o Ponto Frio, concorrente do Walmart. Assim que a liderança do Walmart ficou sabendo, concluiu que todo o nosso time deveria ser banido do projeto. Tentei entrar no escritório no dia seguinte, e o crachá já não funcionava. A equipe da IBM se preparava para assumir o trabalho. Demoramos alguns dias para convencer os executivos do Walmart que seguiríamos caminhos separados do Quiroga a partir dali, que o Walmart não corria o risco de estar em situações com conflito de interesse.

Três meses depois, em outubro, tivemos a reunião que definiria o futuro do projeto. Entramos em uma sala com doze pessoas para decidir se o site, já submetido a diversos testes, seria ou não lançado. Havia muito medo entre os executivos. Eles temiam, por exemplo, que o site saísse do ar por excesso de tráfego, criando um problema de imagem para o Walmart. Sentamo-nos em roda, e Carlos Fernandes, diretor da varejista que liderava o projeto, pediu que cada um falasse sua opinião. O primeiro se pronunciou contra o lançamento. O segundo também. Assim seguiu-se o encontro, com vários "nãos" refletindo os receios dos envolvidos no trabalho. Até que chegou minha vez de falar. "Tem que ir para o ar", afirmei. Ao meu lado, outra pessoa da equipe do Walmart, o Flávio Dias, concordou. O último a falar foi Carlos, que iniciara a dinâmica. "Vai para o ar", confirmou. Respirei aliviado, e lançamos o segundo site da marca Walmart no mundo, um sucesso que marcou nossa carreira.

## Hora de crescer

Nos dois anos seguintes, até 2010, continuamos trabalhando para o Walmart. Era um cliente que nos orgulhávamos de ter, mas que passou muitos meses representando 90% da receita da VTEX, o que significava que nos parecíamos mais com funcionários da varejista do que com a empresa independente que gostaríamos de ser.

Em 2009, surgiu a oportunidade de aumentar nosso portfólio com mais um cliente expressivo: o Carrefour. Durante as negociações, antes de assinar o contrato, eu me antecipei: contratei várias pessoas para dar conta daquele novo grande projeto, afinal era nossa oportunidade de virar uma empresa de verdade. Depois de muito vaivém comercial e contratual, finalmente o jurídico da rede francesa aceitou a redação do contrato. Tudo parecia certo. Assinamos no dia em que o Carrefour contratava um diretor novo para o projeto. Então, no dia seguinte, data exata em que entreguei o documento para o aceite final do cliente, o Carrefour recebeu uma notificação extrajudicial de um concorrente nosso, alegando que não estávamos aptos a assumir o projeto, o que causou grande insegurança no novo diretor, e o projeto foi cancelado.

Pela primeira vez em toda aquela jornada, passei um dia inteiro na cama, deprimido. Meu sentimento era que todo o momentum que estava sendo criado se perdeu. Fiquei dentro do quarto do hotel em que estava hospedado, sem atender ligações, completamente desanimado. Minha expectativa de fechar mais um cliente importante havia sido frustrada. Resultado: eu tinha uma empresa com muito mais gente do que precisaríamos nos meses seguintes — um custo enorme que havíamos assumido, agora sem dinheiro para cobrir. Nada fazia sentido.

No dia seguinte, acordei disposto a seguir em frente, como havíamos feito tantas vezes nos anos anteriores. Uma das medidas que adotamos na época foi cortar meu salário e do Mariano por um ano. Olhei para o lado bom da situação: enquanto as pessoas reclamavam de falta de mão de obra, a VTEX tinha pessoas boas de sobra. Em breve, precisaríamos de todas elas, eu acreditava. Passamos esse período focados em garantir o pagamento da equipe e trazer novos clientes. Usamos essa energia para crescer.

Por meio do investimento que havíamos feito em pessoas e após muito trabalho, em 2010, nos posicionamos como uma empresa focada em plataforma de e-commerce como serviço. Colocamos cerca de trinta clientes no ar. Foi naquele momento que conhecemos Alexandre Soncini e Rafael Forte, empreendedores e donos da WX7. Eles também vendiam sites de e-commerce, com uma lógica um pouco diferente da nossa, customizando cada projeto. Nós apostávamos no modelo de software como serviço, em nuvem. Tínhamos faturamentos parecidos, mas nossa margem era maior. O Mariano ficou entusiasmado com a ideia de nos juntarmos, porque teríamos mais clientes e mais profissionais. Essa combinação criaria a oportunidade de escalar mais rapidamente. Inicialmente, só ele via com clareza os benefícios, eu era mais resistente. Mas todos topamos conversar.

No primeiro encontro, em um shopping, passamos horas em reunião. Depois de três meses, todos se convenceram de que fazia sentido unir as operações. Soncini e eu assinamos um papel de pão, numa padaria, com as condições sensíveis do negócio e, antes mesmo de formalizar toda a papelada, alugamos um escritório maior e juntamos as duas equipes. Combinadas as empresas, teríamos o dobro de funcionários. No dia seguinte à assinatura do contrato, mudamos para um andar inteiro na avenida Doutor Cardoso de Melo, na Vila Olímpia, badalado bairro comercial em São Paulo. Lembro-me de que, quando entrei no espaço pela primeira vez, além do frio na barriga, senti que aquele dia marcava nossas vidas para sempre. A VTEX agora teria que crescer ou crescer. Não havia opção: sabíamos que sem crescimento seríamos facilmente ameaçados por uma empresa de software multinacional. Uma gigante poderia nos tirar do mapa se não tivéssemos musculatura. Precisávamos nos defender dos "gringos". Nossa estratégia de defesa foi o ataque.

Em 2011, já tínhamos mais de cem clientes, incluindo contas relevantes, como Walmart, Nokia e Polishop. No ano seguinte, recebemos um investimento da Naspers. Usamos o novo capital aportado na VTEX para reescrever o código de nosso sistema, utilizando uma arquitetura de microsserviços. Iniciamos 2012 com a equipe responsável por produto formada por vinte profissionais. Terminamos o ano com mais de 130.

Aproveitamos o caixa também para arriscar fora do Brasil, com o Mariano capitaneando a expansão a partir da Argentina. Com o apoio da Naspers, tínhamos segurança financeira para fazer todas as apostas que entendíamos necessárias.

## Mais um susto

Em 2014, a empolgação do mundo com a economia do Brasil começou a diminuir. Com sinais de recessão e uma disputa presidencial acirrada no horizonte, perdemos a Naspers. No meio do ano, eles convocaram uma reunião e avisaram que venderiam a participação na empresa, pois não tinham mais interesse em continuar conosco naquele contexto. De uma hora para outra, ficamos sem o parceiro que nos estimulava, filosófica e financeiramente, a crescer mais e mais.

Sabíamos que, mesmo que encontrássemos outro sócio investidor, não teríamos acesso a capital com um custo razoável, afinal, estávamos vivendo uma crise sem precedentes no Brasil. Em pouco tempo, demitimos, num único dia, 10% dos funcionários da VTEX. Era um passo necessário para manter nossa saúde financeira. No começo de 2015, auxiliamos a Naspers na venda de sua participação e nos aproximamos da Riverwood Capital, compradora da maior parte das ações da Naspers, seguida por mim e Mariano, que usamos todas as nossas economias para, mais uma vez, investir na empresa.

Decidimos fazer de tudo para manter o ritmo de crescimento da companhia, com a dificuldade adicional da falta de capital. Crescer exige investimentos em equipe e capital de giro. Tínhamos, na época, uma folha de pagamento próxima a 4 milhões de reais por mês. Durante diversos meses, nosso caixa chegava a valores extremamente baixos: iniciávamos o mês com poucas centenas de milhares de reais, até o dia 20 recebíamos as mensalidades de nossos clientes e, no dia 25, pagávamos a folha de pagamento — zerando o caixa novamente. Um sufoco todo mês. Durante esse período, recebemos um empréstimo de 2,5 milhões de reais do BNDES, no programa PROSOFT. Graças a ele, não precisamos diluir nossa participação acionária na empresa a valores baixos demais durante a crise de 2015.

O período descrito foi de grande estresse emocional. Mas a tensão terminou no fim de 2016. Empresas de software como serviço têm naturalmente margens brutas altas e precisam de grandes investimentos para atingir uma massa crítica. Por isso, podem ir do céu ao inferno em pouco tempo. Com a gente não foi diferente. Em julho de 2016, ainda passamos pelo sufoco do fluxo de caixa apertado, com momentos em que não havia nem 100 mil reais no caixa no começo do ano. Mas, apesar de tudo isso, a VTEX fechou aquele ano com mais de 20 milhões de reais no caixa. De repente, saímos da crise de caixa que tanto nos assombrava, sem atrasar um único dia do salário de nenhum funcionário, fato do qual tenho muito orgulho.

A história da VTEX conta uma lição que já vivenciamos em vários momentos de nossa jornada: o trabalho é contínuo e incremental. O resultado vem em saltos.

O período de 2012 a 2016 marcou por montar as bases culturais para a criação de um ambiente propício ao aprendizado e à consequente criação de alta qualidade. A cada ano que crescíamos mais 50%, muitos questionavam nosso modelo de gestão, que era e ainda é longe do modelo tradicional. Na VTEX valorizamos a experimentação constante, a oportunidade de as pessoas falarem e serem ouvidas. Valorizamos um clima de trabalho seguro, sem retaliação, procura de culpados ou bravatas. Nossa estrutura de remuneração e a arquitetura do nosso ambiente de trabalho privilegiam a colaboração em detrimento da competição.

## Maior do mundo

Com a relativa estabilidade que ganhamos em 2017, Mariano e eu começamos a nos perguntar o que queríamos do futuro da VTEX. Seríamos uma empresa que, a partir de então, pagaria dividendos para os sócios ou embarcaríamos em uma aventura para conquistar um espaço entre as maiores do mundo? Optamos pela segunda alternativa. Decidimos que seríamos líderes na digitalização global.

Nossa ambição é alcançar o faturamento de 500 milhões de dólares ao final de 2024, com presença global, saúde financeira robusta, funcionários e clientes leais e satisfeitos. Para se ter ideia do desafio que nos impusemos, nossa meta exige que a empresa cresça mais de dez vezes o faturamento que tivemos em 2019.

Quando chegarmos em 2024, queremos ter certeza de que a jornada nos deixou satisfeitos. Isso será realidade se conseguirmos desenhar softwares simples que induzam crescimento de longo prazo em todos os nossos clientes. Precisamos inspirar as próximas gerações de empreendedores vindos de mercados emergentes. Temos que honrar nosso compromisso de impacto social: treinar um grupo diverso e íntegro de talentos especializados em comércio digital e contribuir para que os menos favorecidos tenham alternativas de educação.

Escrevo este texto em 2020, e já conseguimos listar marcos importantes. Estamos em rápido processo de aproximação com universidades no Brasil e na América Latina. Treinamos e contratamos alunos com mais curiosidade sobre o futuro que os espera do que orgulho de seu passado brilhante. Em 2020, contratamos o dobro de mulheres na empresa, em comparação ao ano anterior. Começamos a apoiar, financeiramente e com mentorias dos funcionários da VTEX, a iniciativa Vai na Web (www.vainaweb.com.br), que forma técnicos de softwares web nas comunidades do Morro dos Prazeres e no Complexo do Alemão, no Rio de Janeiro. Modestamente, começamos a honrar nossos compromissos sociais.

Mesmo durante a crise do Brasil (que começou em 2016 e não terminou em 2020), sem investimentos, a VTEX cresceu, em média, 40% ao ano. Esse índice é bastante consistente para empresas que vendem para outras empresas (mercado B2B). No fim de 2019, escolhemos novos sócios para abraçar o desafio da companhia conosco: Softbank, Gávea Investimentos e Constellation aportaram mais de 500 milhões de reais na empresa. Com isso, ganhamos recursos para seguir em frente mais confiantes, além de adicionar uma percepção de agressividade e solidez à reputação da nossa marca.

A nova configuração da sociedade foi definida no mesmo ano em que vivemos um dos dias mais incríveis de nossas vidas na VTEX. Recebemos o ex-presidente norte-americano Barack Obama no VTEX DAY, evento que organizamos desde 2013 e que se tornou o maior encontro de transformação digital na América Latina.

Há muitos outros marcos a serem alcançados até 2024. Para chegarmos lá do jeito que queremos, precisamos nos provar ainda mais confiáveis a nossos investidores, clientes, funcionários e parceiros. Precisamos ser uma marca de comércio digital reconhecida globalmente. Seremos líderes e referência em conhecimento do setor em que atuamos. Inauguraremos uma nova era do comércio digital: o comércio colaborativo, onde uma venda é suportada por diversos atores dentro de nossa indústria. Nossa ambição é que a VTEX seja o maestro dessa orquestra.

Nosso próximo passo nessa direção será a conquista do tão desejado e concorrido mercado norte-americano. Mais um desafio que nos trará oportunidades de grandes descobertas e aprendizados.

Espero que, ao final de minha jornada, eu tenha não só honrado o esforço da minha avó — que insistiu para meu pai ter uma educação formal, mudando a realidade de todos os seus descendentes —, mas também que eu tenha ampliado esse esforço, ao criar uma empresa que potencializa a demanda por pessoas com boa formação no Brasil e contribui para que mais famílias tenham o privilégio do acesso à educação de qualidade.

## OS PRINCIPAIS CONSELHOS DE GERALDO

### *Sobre empreendedorismo*

1 **Procure o parceiro certo**

Mariano e eu nos aproximamos na faculdade porque tínhamos hobbies em comum e uma afinidade natural. Depois, como sócios, tivemos que aprender a lidar com nossas diferenças, mas continuamos com uma visão parecida sobre o negócio e sabíamos que colocaríamos toda nossa energia na VTEX. Era, e ainda é, o que importa.

2 **Comece com o que está ao seu alcance**

No início da VTEX, nossa única certeza era que queríamos ter um negócio de internet. Começamos com um projeto para a indústria têxtil por meio de um contato que Mariano tinha no setor. Não deu certo, mas foi o início da jornada. Ao começar uma empresa, aproveite as oportunidades que estão disponíveis e trazem aprendizados relevantes para a próxima etapa.

3 **Se você vê uma possibilidade de futuro incrível, suas ações no presente são incríveis**

Pergunte a empreendedores de sucesso como conseguiram executar projetos tão desafiadores. Você vai ver que todos tinham uma visão de futuro incrível para suas empresas. Os mais bem-sucedidos conseguiram compartilhar essa visão com seus times e *stakeholders* mais próximos. Que futuro você enxerga e constrói com suas ações no presente? Quanto tempo você investe comunicando essa visão às pessoas?

4 **Aceite as oportunidades, mesmo que não sejam ideais**

Na primeira década da VTEX, aceitamos diversos tipos de trabalho. Mesmo que fossem distantes do nosso sonho, sabíamos que cada projeto renderia um aprendizado. De fato, melhoramos nossas habilidades como programadores e ganhamos maturidade.

5 **Saiba qual é sua motivação**

Quando passamos quase um ano trabalhando de graça para o Walmart, não desistimos porque sabíamos que aquela seria uma grande chance e poderia definir o futuro da VTEX. Com a mesma lógica optamos por continuar nos arriscando nos anos seguintes, em vez de apenas cultivar o que já tínhamos conquistado. Saber os porquês ajuda a tomar decisões conscientes e não se abater quando o resultado é diferente do esperado.

6 **Pessoas competentes não são custo, são forças motrizes para o crescimento**

Quando o projeto do Carrefour deu errado e ficamos com um excesso de capacidade na VTEX, aproveitamos que as pessoas não estavam dedicadas a um cliente para criar nossa própria platama e conquistar novas oportunidades no mercado. A aposta de mantê-las deu resultado em menos de um ano.

## SUGESTÕES DE LEITURA

*O dilema da inovação*
Clayton Christensen
"Mudou minha perspectiva em relação à capacidade de promover a disrupção e ser disruptado. É o livro que me fez pensar que o sucesso inicial da VTEX não era sorte, mas sim o resultado de uma disrupção."

*Como o Google funciona*
Eric Schmidt e Jonathan Rosenberg
"A leitura me fez ver que a empresa que eu mais admiro também passou por problemas mundanos, comuns a todos nós. Melhor ainda saber que existem formas simples e geniais de resolver esses problemas."

*Reinventando as organizações*
Frederic Laloux
"É um dos livros com mais insights sobre como lidar conosco, os criativos."

*As 3 leis do desempenho*
Steve Zaffron e Dave Logan
"O livro explica como a perspectiva do futuro define as ações do presente."

*High Output Management*
Andrew Grove
"Sempre valorizei muito mais o contribuidor individual do que o gerente. O autor desse livro nos mostra, de forma radicalmente simples, que um não performa sem o outro."

*Por que nós dormimos*

Matthew Walker

"Esse livro me mostrou o valor do sono para todos os aspectos da nossa vida, da maneira que um engenheiro entende."

*Chatô, o rei do Brasil*

Fernando Morais

"Li no começo da minha vida adulta. Sem juízo de valor sobre a pessoa do Assis Chateaubriand, entendi o que é viver uma vida intensa."

*Ensaio sobre a cegueira*

José Saramago

"Um livro muito contemporâneo, considerando a crise da covid-19. Incrível a sensibilidade de Saramago sobre a natureza humana."

CAPÍTULO 8

# Fabricio Bloisi

## Fundador e presidente do conselho do Grupo Movile, dono de empresas como iFood e PlayKids

*O espírito empreendedor de Fabricio Bloisi se revelou ainda na infância, quando criou um jornal que saía vendendo na Bahia, onde nasceu e foi criado. Começou a programar com oito anos e aos catorze já produzia softwares para o setor privado. Com o sonho de ter um negócio tão grande quanto a Microsoft, fundou uma empresa logo depois de se formar na Unicamp. Por quase dez anos, o negócio patinou, até ele fazer um mestrado na FGV em São Paulo. Durante a pesquisa, entendeu as estratégias usadas por start-ups do Vale do Silício que poderiam transformar seu negócio. Começou, então, a moldar a companhia que se tornaria a Movile. Em 2020, os aplicativos do grupo estavam presentes em mais de cem países. Tem 43 anos, é divorciado, pai de duas filhas, e hoje vive com Cecília.*

## Programar aos oito anos

A lembrança mais remota que eu tenho da minha vontade de empreender é um jornal que criei aos oito anos. Chamava *Fama*, uma junção de Fabricio com Mário, meu primo que entrou nessa comigo. Claro que era mais uma brincadeira do que um negócio, mas me recordo do prazer que eu sentia em todo o processo. Adorava pensar nas notícias, criar os textos, cuidar da impressão e ir até as pessoas oferecer o produto. A distribuição acontecia em Mutuípe, uma cidade de 15 mil habitantes a 250 quilômetros de Salvador, onde eu passava as férias com meus pais e minha irmã.

Fazíamos o jornal no mimeógrafo, grampeávamos e saíamos vendendo por um preço simbólico, algo equivalente a um real hoje. Conseguíamos conquistar uns cinquenta leitores a cada edição. Lembro que não gostava quando as pessoas falavam: "Nossa, que bonitinho, vou comprar um". Eu pensava: não é bonitinho, é sério.

Um dos momentos mais marcantes dessa fase foi quando escrevi sobre a explosão do Challenger, o terceiro ônibus espacial construído pela Nasa. O acidente aconteceu em janeiro de 1986. Eu era apaixonado por naves — continuo sendo — e, além de fazer um desenho do Challenger, eu contava detalhes sobre o que poderia ter causado a falha na missão, misturando informações com imaginação. Passei boa parte da minha infância dedicado a brincadeiras como essa. Inventando atividades e fascinado pelo universo da corrida espacial e da ficção científica. Amava filmes e séries como *Star Trek*, *Galáctica*, *Trovão Azul*, *Águia de Fogo* e *Star Wars*. Eram minhas referências.

Depois da minha aventura como editor, meu sonho era programar computadores como o Bill Gates. Por isso, saí correndo para contar para minha mãe quando descobri em Salvador o curso Basic dos 8 aos 80, que ensinava essa linguagem de programação. Ela topou me matricular, e voltamos juntos para a loja que estava oferecendo as aulas. Porém, para minha frustração, a vendedora nos explicou que a idade mínima era doze anos. Minha mãe não se conformou. "Se o nome do curso é Basic dos 8 aos 80, ou você muda o nome do curso ou matricula meu filho." Depois da briga, me deixaram entrar, com a ressalva de que eles não garantiam meu aprendizado. Em 1985, não era comum ter crianças programando, mas eu mandei superbem no curso. Foi um momento tão especial que até hoje me lembro dos livros e dos computadores que usamos.

Logo depois do curso de Basic ganhei meu primeiro computador, que se tornou minha companhia no tempo livre. Eu não precisava estudar muito em casa para ir bem nas provas da escola, então passava umas três horas toda tarde brincando no computador. Além de Basic, aprendi a programar em Clipper Summer 87. Era um prazer fazer jogos, programas simples, ou descobrir como resolver um algoritmo.

Eu lia revistas sobre o assunto, que diziam que a computação ia mudar o mundo, e em algum momento reparei que várias reportagens falavam sobre a demanda por programas de controle de estoque. Eu tinha treze anos e aquilo chamou minha atenção — embora de cara não soubesse o que significava. Pesquisei, entendi e com um amigo que também adorava computação criamos nosso programa. Fizemos e vendemos para um cliente, o pai de um colega nosso. Já não lembro se eram cruzeiros ou cruzados naquela época, mas ganhamos um valor equivalente a meio salário mínimo hoje — o que era uma quantidade surreal de dinheiro para nós.

Depois, criamos outro software, de design, que permitia aos lojistas personalizar materiais com nome e preço dos produtos. Aos catorze anos, passei um dia dentro de um shopping tentando vender essa ideia. Visitei quase uma centena de lojas, mas, apesar de os donos terem ficado impressionados com os jovens empreendedores, ninguém comprou. A única coisa que ganhamos naquele dia foi uma lição sobre como lidar com a frustração.

## Um jeito novo de sonhar

Em 1992, o médico Lair Ribeiro lançou o livro *O sucesso não ocorre por acaso*. Eu tinha dezesseis anos quando o li pela primeira vez. Tudo era possível se houvesse vontade e ousadia, defendia o autor. Sorte, segundo ele, era quando a preparação encontrava a oportunidade. Gostei dessas ideias e comecei a anotar em um papel as frases de que mais gostava. "Se você pensa que pode ou pensa que não pode, de qualquer maneira você está certo" é uma das que continuo repetindo até hoje — e que ajudou a formar a cultura das minhas empresas.

O que mais me marcou foi a recomendação de registrar por escrito os objetivos de vida. "Escreva tudo que for importante", orientava. "Metas para seis meses, cinco anos, dez anos e vinte anos." As metas deveriam ser pessoais e ousadas, o que na prática significava que se você contasse o que desejava para uma pessoa próxima, ela provavelmente daria risada. Deveriam ser também detalhadas e positivas. Assim, em 1993, rascunhei minhas primeiras ambições. Entre elas, passar no Instituto Tecnológico de Aeronáutica (ITA), na USP e na Unicamp. Ganhar seiscentos dólares em quatro meses. Comprar um Ômega 1993, o carro mais desejado da época, com ar-condicionado. Ter um helicóptero e saber pilotá-lo em vinte anos. E, em cinquenta anos, ser uma pessoa honesta com valores bons. Assim sonhava o Fabricio de dezesseis anos.

Essa maneira de estruturar os pensamentos e os sonhos foi decisiva para eu me tornar o empreendedor que sou hoje. Foi o que definiu os vinte anos seguintes da minha carreira. Desde 1993, no início de cada ano, sempre reviso minhas metas anteriores e escrevo as novas. Minha cabeça é como uma lista de *to dos* de curto e longo prazos. Atualmente, minha empresa também funciona assim. Temos metas ousadas para nossos resultados e estimulo a equipe a registrar seus desejos pessoais. No escritório da Movile, temos uma Parede dos Sonhos, e lá cada um pode registrar o que quer para o futuro — e sinalizar quando conquistar. Já vi gente colocar "ser CEO da empresa" ou "fazer um curso de inglês em Nova York". Eu mesmo já afirmei ali que até 2022 quero viajar ao espaço. Não importa o tamanho da loucura. O que acredito é que, quando nos comprometemos em público com uma meta, temos mais chance de atingi-la.

Jamais me frustrei por alguma meta não cumprida. Isso não quer dizer que desisto delas, apenas entendo que demorarão mais do que o planejado. Procuro entender o que falta para alcançar e como posso corrigir o caminho que estou percorrendo. Dar errado é só o normal. E se o sonho deixa de ser importante? Eu ressignifico.

## Inspirado por Bill Gates

Continuei cultivando minha paixão por naves e aviação na adolescência. Queria ser astronauta e entrar na Nasa, mas como eu usava óculos concluí que não seria aceito. Por isso, apesar de não ter nenhuma afinidade com a carreira militar, fiquei muito feliz quando entrei no ITA, onde passava os dias rodeado de aviões. Meus pais adoravam ter um filho estudando lá. Para eles, era a melhor universidade do Brasil. Além do ensino consagrado, eu ganhava uma bolsa, ou seja, era pago para estudar.

Porém, eu também conservava o amor por computadores e seguia com o plano de infância: defini como uma das minhas metas de vida criar uma empresa que valesse bilhões de dólares e que pudesse competir com a Microsoft. Bill Gates era meu ídolo, e percebi que, se quisesse me tornar como ele, precisaria de uma formação multidisciplinar. Na minha opinião, do ITA saíam os melhores engenheiros do país, mas era especializado demais. Então, decidi mudar para o curso de ciência da computação na Unicamp. Via a universidade como um lugar em que eu poderia me conectar com outras áreas. Medicina, história, geografia. Meus pais eram contra a mudança, mas eles não conseguiram me convencer.

Além da visão multidisciplinar que eu queria e dos aprendizados no curso, a universidade me trouxe grandes amigos com os quais mantive contato muitos anos depois de formado. Outra experiência importante que tive na Unicamp foi trabalhar na empresa júnior Conpec. Fazíamos consultoria de TI para empresas e aos poucos me aproximei do mundo dos negócios. Eu me envolvi tanto com a entidade que virei diretor. Fiz também iniciação científica sobre sistemas de energia elétrica, que foi minha primeira conexão com a área de inovação.

Eu continuava com o sonho de ter meu próprio negócio e transformá-lo em algo grande. Então, em 1999, assim que concluí a graduação, abri uma empresa que oferecia softwares e soluções em tecnologia da informação junto com meu amigo Fábio Póvoa. Na época, chamava Intraweb. Ainda mudaria de nome seis vezes, mas foi a semente do que hoje é a Movile. Ficamos incubados na Companhia de Desenvolvimento do Polo de Alta Tecnologia de Campinas (Ciatec), e logo recebemos um investimento anjo da Rio Bravo Investimentos.

Entramos no mercado que produzia conteúdo enviado por mensagens SMS para celulares. Adorávamos inovar, fazíamos o que acreditávamos que ia dar certo, mas muitas vezes dava tudo errado. Quando isso acontecia, eu voltava na manhã seguinte dizendo "agora vai dar certo, vamos lá". Não perdíamos a empolgação. Ao longo de quase seis anos, formamos uma equipe de 35 pessoas e chegamos a faturar cerca de 4 milhões de reais por ano. No entanto, apesar de termos um bom plano, o crescimento era lento em relação ao que eu desejava — eu ainda sonhava em construir uma empresa como a de Bill Gates. Via as inovações que os celulares estavam motivando na Europa e no Japão, mas o mercado crescia vagarosamente no Brasil. Outro problema era que estávamos mais focados em fazer projetos sob encomenda do que de fato produtos escaláveis. Pior: nem sempre a conta fechava.

Por três anos seguidos, a empresa quase quebrou. Para sobreviver nessa época, pegávamos dinheiro emprestado com o banco, com juros de 5% ao mês, para pagar os salários. Chegamos a dever 1 milhão de reais. Em 2005, eu era recém-casado e lembro que, quando falei esse valor para minha esposa, ela passou alguns dias em desespero. O saldo, apesar da diversão do trabalho, era muito estresse para um resultado frustrante. Foi nesse mesmo ano que tomei uma decisão que mudaria o rumo da empresa.

## Aprendendo com o Vale do Silício

Desde a faculdade, eu valorizava o conhecimento acadêmico e teórico. Apesar de não ter a menor pretensão de seguir carreira como pesquisador, queria voltar a estudar. Decidi fazer um mestrado na

Fundação Getúlio Vargas, em São Paulo. Foi nesse período que encontrei referências fundamentais para melhorar o negócio.

O título da minha tese, publicada em 2008, era *Proposta de modelo para geração de valor substancial e estratégia de crescimento acelerado em start-ups*. Passei dois anos pesquisando esse tema e li cerca de 150 livros com o objetivo de descobrir como empresas brasileiras de base tecnológica poderiam crescer mais rápido, inspiradas pelo exemplo do Vale do Silício. Segundo o Global Entrepreneurship Monitor (GEM), éramos um dos sete países com maior taxa de empreendedorismo na época, mas apenas 1,8% dos novos negócios possuíam uma alta taxa de crescimento — bem abaixo da média global de 6%.

Vale lembrar que, naquele momento, aplicativos, empreendedorismo, start-ups e unicórnios ainda faziam parte de uma realidade muito distante. O primeiro iPhone havia sido apresentado ao mundo por Steve Jobs seis meses antes, em junho de 2007.

Ao escrever minha tese, descobri alguns erros graves que os empreendedores cometiam no Brasil. Pensar pequeno, captar pouco dinheiro e não ter o hábito de fazer fusões ou aquisições estavam entre eles. Isso fazia com que mesmo os bons times com boas ideias não conseguissem escalar, perdendo o mercado para novos entrantes, alguns deles estrangeiros. Eram movimentos que as start-ups do Vale do Silício já haviam aprendido a fazer.

Enquanto isso, na nossa empresa, assistíamos ao mercado de celulares no Brasil finalmente acelerar. Mas não éramos os únicos a notar isso. Havia mais gente de olho nas oportunidades. Decidimos ganhar escala rapidamente para não perder espaço diante dos novos e internacionais competidores. Começamos a aplicar tudo o que eu havia aprendido no mestrado. Precisávamos de um projeto mais agressivo, e eu sabia o que precisava fazer: uma tese de fusão, uma tese de captação, e levantar dinheiro com investidores.

Com essa nova mentalidade, o primeiro passo que demos foi a fusão. Em dezembro de 2007, anunciamos o negócio com a nTime, uma empresa de serviços de telefonia celular no Rio de Janeiro. Queríamos criar a maior provedora de serviços de mobilidade nacional, com atuação global. O processo de juntar as duas companhias gerou redução de custo e um portfólio mais completo, mas foi dolorido, especialmente nos primeiros seis meses, porque não soubemos integrar os times, e as culturas das organizações eram muito diferentes.

No entanto, mesmo o aprendizado sofrido e a crise do mercado financeiro que se iniciava nos Estados Unidos* não nos impediram de seguir o plano agressivo para nos tornar líderes no mercado de serviços para celulares. Em 2008, entramos em um acordo com a Naspers, que investiu no nosso negócio, injetando 10 milhões de reais no caixa. Nesse mesmo ano compramos a empresa de *marketing mobile* Movile, nome com o qual rebatizaríamos o grupo dois anos depois. Fizemos ainda outras duas grandes fusões, com a Yavox e a Cyclelogic — esta última nos permitiu ampliar a atuação na América Latina, com escritórios no México, na Colômbia e na Venezuela. Em 2012, éramos a maior empresa de serviços de conteúdo para celular no Brasil.

## O Jeito Moviliano de Ser

As dificuldades que tivemos para integrar todas as empresas com as quais nos juntamos e a dor de mandar embora dezenas ou centenas de pessoas nesse processo me fizeram entender a importância de criar uma cultura forte na Movile. Precisávamos comunicar nosso jeito de ser, nossas prioridades e valores inegociáveis para que todos remassem na mesma direção. Com a ajuda de mentores e consultores (como a Endeavor e a Heartman House), criamos o Jeito Moviliano de Ser. Foi um passo fundamental para os anos de crescimento acelerado que estavam por vir.

Entendemos que éramos uma mistura de dois ingredientes. Por um lado, tínhamos a cultura do Vale do Silício, de empresas como

* Conhecida como a crise do *subprime*, foi causada pela concessão de empréstimos hipotecários de alto risco. A crise começou a ser sentida em meados de 2007 e causou a falência de empresas tradicionais do mercado financeiro como o banco Lehman Brothers, impactando bolsas de valores no mundo inteiro.

Google e Facebook, pensando sempre em propósito e inovação. Queríamos mudar o mundo e impactar milhões de pessoas por meio da aplicação da tecnologia. Por outro, havia entre nós um aspecto Ambev, uma obsessão por resultados, pela eficiência, e a crença na meritocracia. De maneira espontânea, combinávamos fortalezas dessas duas culturas icônicas e decidimos reforçar essas características diante de toda a companhia.

Criamos nossa lista de valores, conhecida como Gente Firme. "Gente" porque procuramos atrair e reter as melhores pessoas, valorizamos o trabalho em equipe e as relações transparentes. "Firme" é a combinação de "Foco no cliente", "Inovação", "Resultado", "Meritocracia" e "Ética".

Dizemos que a Movile é uma empresa ambidestra porque nossa cultura estimula os dois lados do cérebro. Falamos de execução, temos metas e precisamos ser estruturados para entregar. Mas ao mesmo tempo cultivamos a destruição criativa, o espírito de start-up, de repensar tudo e fugir das regras, fazendo mudanças o tempo inteiro. Alteramos o organograma, os objetivos e os produtos a cada seis meses — e continuamos fazendo isso mesmo com 4 mil pessoas na equipe. Avaliamos o que deu certo e o que tem futuro, pensamos no que estamos fazendo para inovar e como podemos ir contra nós mesmos, para que no próximo ciclo continuemos sendo os melhores do mercado sem perder para alguém de fora.

Não é todo mundo que se adapta a essa cultura. Apesar de toda a diversão e intensidade que ela traz, é um processo muito dolorido lutar consigo mesmo e se superar diariamente. Buscar a inovação a todo momento significa, primeiro, admitir os erros. Isso dói. Eu, como presidente, me coloco diante da equipe com frequência para dizer que errei — e muito. Também pergunto para as pessoas onde elas acreditam que estamos errando, e onde cada uma delas está errando. E todos devem ser capazes de fazer isso.

Temos alguns rituais em que essa revisão acontece. O ano começa com o planejamento estratégico, quando passamos cinco dias em um hotel celebrando, mas também encarando tudo que fizemos de errado, com nome e sobrenome. Todo mês, temos uma reunião em que avaliamos em quais aspectos as pessoas estão indo bem e em quais estão mandando mal. A ata vai para a empresa inteira. O objetivo dessas rotinas é criar uma cultura de que errar é normal, de que expor os erros é necessário e se responsabilizar por eles também.

Quero que as pessoas na Movile sejam capazes de olhar com frieza o que deu errado, refletir e corrigir a rota, que elas tenham disciplina para enxergar o que não está dando certo e mudar. A inovação é um caminho de tropeços, e são esses aprendizados que vão nos levando cada dia um pouco mais longe. Um acerto só acontece depois de muitos erros. Assim como ficar em forma exige sofrer na academia três vezes por semana, construir algo inédito e incrível não é uma jornada suave.

## A cultura que criou o PlayKids e o iFood

Foi com essa mentalidade de apontar erros e, acima de tudo, corrigir rápido que construímos os casos de sucesso da Movile, como o PlayKids, uma das maiores empresas de conteúdo educativo infantil, e o iFood, líder em delivery de comida no Brasil.

O PlayKids nasceu em janeiro de 2013 e se tornou um dos aplicativos para crianças de maior sucesso no mundo, alcançando mais de cem países. Na época em que o serviço foi criado, havia outras quarenta ideias sendo testadas simultaneamente na Movile, que tinham como alvo diferentes públicos. Atacávamos várias frentes para ver o que funcionava. A maior parte dessas ideias foi abandonada pela falta de aderência. Quando a quantidade de downloads do PlayKids começou a chamar a atenção, decidimos investir mais no time e no produto.

Até hoje é assim. Colocamos um pouco de dinheiro em muitas ideias porque sabemos que várias delas vão dar errado e precisarão de ajustes. Se depois de uma dezena de correções e alguns meses de trabalho os projetos continuarem sem resultado, matamos o negócio. Pode ser dolorido para o time, mas isso não significa que as pessoas vão fazer as malas e ir para casa. Elas migrarão para outra iniciativa. Esperamos maturidade da nossa equipe para entender que essa mortalidade faz parte do nosso processo e que é preciso buscar constantemente algo maior e melhor.

O iFood, que hoje é gigante, começou como uma pequena start-up com uma dúzia de pessoas. A empresa foi fundada em 2011 e consistia em um site de delivery que fazia a ponte entre restaurantes e clientes, sem a responsabilidade de cuidar das entregas. Já era a evolução de outro negócio, o Disk Cook, que desde 1997 oferecia estrutura de delivery aos restaurantes. A mudança de foco permitia que eles acompanhassem o mundo digital.

Em 2012, o iFood lançou o aplicativo para celular. Os pedidos feitos por mobile ainda eram apenas 5% naquele ano, mas o cenário mudaria rapidamente. A Movile fez um investimento de 5,5 milhões de reais na empresa em 2013, acreditando que ela poderia se tornar líder nas transações feitas pelo celular. Nosso aporte de dinheiro, mas principalmente de modelo de gestão, de tecnologia e de cultura, ajudou o negócio a crescer em mais cidades brasileiras. Hoje parece óbvio o investimento no mercado de delivery e no aplicativo, mas na época não foi fácil convencer os acionistas da Movile de que era uma boa decisão. Era uma decisão de risco, assim como tantas outras que fizemos. A diferença é que, no caso do iFood, o retorno veio. Saímos de 20 mil para 800 mil pedidos por mês em dois anos.

A lógica das fusões e aquisições, que apliquei na Movile após meu mestrado e que nos ajudou a crescer, continuou presente na nossa estratégia. O próprio iFood foi construído assim. Em 2014, fizemos uma fusão com um dos concorrentes, o RestauranteWeb, que pertencia ao grupo britânico Just Eat. Com isso, passamos a ser o principal player de delivery on-line. Naquele mesmo ano, a Movile se tornou a acionista majoritária do iFood. Em seguida, fizemos novas aquisições como Central do Delivery e SpoonRocket. No início de 2016, levamos o serviço para outros países além do Brasil e hoje temos operação no México e na Colômbia.

Em 2017, recebemos aportes do grupo global de internet Naspers e do fundo de investimento brasileiro InnovaCapital que somaram 135 milhões de dólares. Boa parte desse valor foi investido na operação do iFood. Apesar de termos nos tornado um unicórnio nessa época, optamos por não falar sobre isso. Em geral, na Movile preferimos falar menos sobre nossos números. Até porque não é com isso que estamos preocupados. Acreditamos que o iFood será a cozinha do futuro. As pessoas vão dedicar cada vez menos tempo para ir ao mercado e preparar sua comida — essa será uma tarefa opcional, não uma obrigação da rotina. E nós vamos ajudar a construir essa realidade, oferecendo um serviço cada vez mais ágil e para cada vez mais pessoas.

Mesmo com mais de 26 milhões de pedidos por mês, marca que o iFood atingiu no fim de 2019, seguimos com a cultura de errar, testar e melhorar. Dentro da empresa, que metaforicamente já virou um navio, mais sólido e com processos menos rápidos, operamos paralelamente com pequenos projetos chamados de jet ski. Essas iniciativas têm times enxutos e muito acelerados, que são ágeis e capazes de fazer qualquer manobra. No iFood, além da operação de rotina, há sempre uma dúzia de jet skis pensando em inovações, pilotados por gente que gosta de incerteza e velocidade. Alguns levarão novidades para dentro do negócio, outros se tornarão novas empresas e muitos não terão futuro.

Um dos meus desafios para o futuro é não perdermos essa agilidade e capacidade de inovar, que está na origem da Movile. Quanto mais a empresa cresce, maior o desafio. Como manter a cultura de uma empresa, com senso de dono, com tomada de decisão rápida, com ética, quando há mais de mil novos funcionários a cada ano? Por enquanto sinto que é algo que temos conseguido, acredito que os líderes estão fazendo um bom trabalho com seus times.

## Responsabilidade para o futuro

Com o crescimento da empresa, também tem aumentado nossa responsabilidade. Os negócios da Movile impactam diretamente a vida de milhões de brasileiros que têm nos aplicativos uma fonte de renda, como os entregadores do iFood. Minha visão é que estamos dando oportunidade para muitas pessoas e gerando renda e crescimento no Brasil. Mas há opiniões diferentes e estamos aprendendo a dialogar com elas, ouvindo os anseios da sociedade e tentando melhorar. A Movile é uma empresa de tecnologia, com a missão de resolver problemas, e entendo que temos a responsabilidade de ajudar a definir como será o futuro do emprego no Brasil. Ainda não sei a resposta para isso, mas queremos participar da conversa e ser parte da solução.

Pensando em como fomentar a inovação e criar empregos, acredito que investir em educação é fundamental. Por isso, ajudei a fundar a Fundação 1 Bi, com iniciativas que utilizam tecnologia para entregar conteúdo de qualidade, ensinam tecnologia para jovens em situação de vulnerabilidade social e fomentam o uso de tecnologia em organizações de impacto social. Estamos treinando centenas de milhares de pessoas, mas quero treinar milhões.

Ganhar dinheiro nunca foi meu principal objetivo, não é isso que me move. O que eu espero do futuro é poder melhorar a vida de 1 bilhão de pessoas com nossos aplicativos, empoderar aqueles que estão na Movile a viver esse sonho com a gente e inspirar outros empreendedores para que nosso país seja protagonista no ecossistema do futuro. Não fico pensando no que já fiz, mas sim no que ainda tenho para fazer — com a certeza de que ainda tem muita coisa boa pela frente.

Ao mesmo tempo, quero também ser o Fabricio de sempre. Poder curtir o fim de semana com minhas filhas, colocar minha família dentro de um ônibus para viajar nas férias, encontrar meus amigos que me conhecem desde muito antes da Movile, andar no mato e voar por aí. Voltei recentemente a Mutuípe, a cidade onde costumava passar as férias escolares, com minhas filhas. Foi emocionante. Momentos como esse, para mim, são tão importantes quanto minhas conquistas como empreendedor.

## OS PRINCIPAIS CONSELHOS DE FABRICIO

### *Sobre empreendedorismo, diversidade e tecnologia*

1 **Pense grande**

Sonhei desde cedo em ter meu próprio negócio e transformá-lo em algo grande. Durante o mestrado tentei descobrir o que as start-ups do Vale do Silício faziam para crescer tanto e tão rapidamente quanto elas. Estou sempre pensando no próximo passo, para continuar fomentando a inovação, criar empregos e ajudar pessoas.

2 **Pessoas, pessoas, pessoas**

Acredito que pessoas são a base de qualquer empresa de sucesso. São elas que vão fazer o negócio crescer, construir os produtos e pensar nas inovações. É importante atrair e reter as melhores pessoas, valorizar o trabalho em equipe e as relações transparentes.

3 **Tenha metas claras para o curto, médio e longo prazo e conte sobre elas para todo mundo**

Aprendi, com um livro do médico Lair Ribeiro, a registrar por escrito tudo o que fosse importante. Então, comecei a anotar minhas metas pessoais — e sempre ousadas — para seis meses, cinco anos e vinte anos. Hoje, essa é uma prática que fomentamos na Movile.

4 **Estude sempre e muito**

Sempre me inspirei em Bill Gates porque queria construir algo grande como a Microsoft. Percebi que, para isso, precisava ter uma formação multidisciplinar e passei a ver a universidade como um lugar em que poderia ter acesso a áreas tão diversas quanto medicina, história e geografia. Depois da Unicamp, estudei na FGV, em Stanford, em Harvard, e estou sempre pensando no próximo passo.

5 **Invista em várias ideias para uma dar certo e aceite o erro**

Desde o início da Movile até hoje, investimos um pouco de dinheiro em muitas ideias diferentes por alguns meses. Buscar a inovação o tempo todo passa por admitir os erros. Por mais desconfortável que seja, é preciso ter a coragem de sempre se perguntar — e assumir publicamente — onde estamos falhando.

## SUGESTÕES DE LEITURA

*Sapiens: Uma breve história da humanidade*
Yuval Noah Harari
"Este livro é incrível e indispensável. Fala sobre o desenvolvimento dos humanos, a importância da comunicação, da cooperação, das histórias (mitos compartilhados) e do futuro que podemos construir. Nos coloca em perspectiva como espécime."

*O dilema da inovação*
Clayton Christensen
"Livro clássico sobre a necessidade de abrir a cabeça para o novo e não repetir as velhas fórmulas. Sobre disrupção em indústrias, novas tecnologias, e como as empresas líderes perdem a chance de investir no novo e no futuro."

*Sonho grande: Como Jorge Paulo Lemann, Marcel Telles e Beto Sicupira revolucionaram o capitalismo brasileiro e conquistaram o mundo*
Cristiane Correa
"Clássico e de leitura obrigatória. É um *benchmark* dos negócios e do 'pensar grande' brasileiro. Conta uma história de sucesso no Brasil que temos que conhecer, admirar e repetir. Fala da cultura dos fundadores do 3G Capital, com lições para colocar em prática."

*Steve Jobs*
Walter Isaacson
"Muito inspirador, sobretudo se você trabalha com tecnologia. Conta a história da Apple, que passou de uma pequena start-up para uma incrível empresa global que mudou o mundo completamente."

*O lado difícil das situações difíceis*
Ben Horowitz
"Escrito pelo cofundador do Netscape, um experiente CEO e investidor de risco. Um depoimento intimista sobre os problemas de empreender e reconfortante para qualquer empreendedor — mesmo os grandes estão enterrados em problemas gigantes, assim como você e eu. É cheio de dicas sobre como enfrentar os problemas do crescimento."

*Feitas para vencer*
Jim Collins
"Uma parte importante da cultura da Movile vem da recomendação do Jim Collins sobre o Stockdale Paradox. Mantenha o otimismo sempre, mas 'Face the Brutal Facts' (algo como 'Olhe os problemas graves de frente'). Essa lição nos ajuda a sempre pensar grande, mas encarando os problemas de maneira direta, sem ser condescendente com eles."

*Garra*
Angela Duckworth
"Reforça que mais importante do que QI é resiliência, determinação e paixão. Acredito totalmente nisso."

*Como chegar ao SIM*
William Ury
"Livro básico sobre negociação. Facilita a resolução de problemas e a criação de valor sempre que houver uma disputa/negociação/discordância com outras pessoas — ou seja, todos os dias."

*Faça acontecer!*
Sheryl Sandberg
"Para aprender sobre os vícios de gênero que temos, sobre como nós interpretamos de forma diferente comportamentos entre homens e mulheres e como isso nos leva a conclusões erradas

sobre competência. Aprendi muito sobre como criar um ambiente de trabalho mais diverso e eficiente."

*O príncipe*

Nicolau Maquiavel

"É um livro que estrutura o pensamento de líderes e políticos há quinhentos anos. Temos que aprender com os grandes do passado nem que seja para discordar. Entender e pensar sobre esses temas é fundamental."

CAPÍTULO 9

# Henrique Dubugras

## Fundador, ao lado do sócio, Pedro Franceschi, da Brex, empresa que oferece cartões corporativos para start-ups, e o mais jovem do mundo a criar um unicórnio

*Quem chega ao aeroporto de San Francisco, na Califórnia, pode não saber quem é o brasileiro Henrique Dubugras, mas dificilmente passará despercebido pelo unicórnio que ele fundou com o sócio, Pedro Franceschi. Outdoors — e outras mídias — com propagandas da Brex estão espalhados por toda a área de desembarque e continuam pelas ruas da cidade. A start-up nasceu em janeiro de 2017 e oferece cartões de crédito corporativos para empreendedores que enfrentam obstáculos nos grandes bancos por não terem histórico financeiro. Na Brex, o processo para se tornar cliente é todo on-line e em dez minutos a pessoa já pode usar seu cartão. Henrique e Pedro desenvolveram outros produtos, como um programa de fidelidade customizado para start-ups, com parte dos benefícios em software, restaurantes, viagens e corridas de Uber. Precoce, aos doze anos Henrique aprendeu a programar jogos — e atraiu milhares de usuários. É um dos fundadores do site Estudar nos EUA, com Anderson Ferminiano, fundador da Voxus, empresa de marketing digital focada em e-commerce, que também está neste livro. Em 2016, foi eleito Under 30 pela Forbes Brasil. Henrique tem 24 anos.*

## "Quero ser empreendedor"

Nasci em São Paulo, mas, ao longo da vida, morei em doze cidades e, consequentemente, estudei em doze escolas. Passei por Campos do Jordão, Taubaté, São José dos Campos, Berlim, Whistler (Canadá) e Ann Arbor (Estados Unidos). Meus pais gostavam de mudança. Essa experiência foi boa porque fez com que eu não tivesse medo de mudança, já que sempre foi algo natural. Acostumei-me a me adaptar a realidades diferentes o tempo todo, e isso me deixava tranquilo.

Na primeira vez em que consegui rodar um jogo que eu mesmo havia criado, eu tinha treze anos, programava desde os doze e morava em Taubaté, no interior de São Paulo. Queria muito jogar um jogo on-line que era pago, mas minha mãe não concordava em gastar dinheiro com isso. Então, decidi codificar para jogar de graça. Comecei a pesquisar como criar algo similar. Durante um ano e alguns meses, passei muitas horas por dia estudando como programar do zero. De repente, tinha produzido um servidor pirata para hospedar meu próprio game. Foi marcante o momento em que rodei o negócio, e ele funcionou. Falei: "Caraca! Que legal". Tinha muitos problemas, mas aprendi a fazer aquilo. Descobri que era uma forma não só de burlar o pagamento do jogo, mas de ainda ganhar com isso. Porque muitos jogadores começaram a me pagar para entrar e usar meus recursos. Aos catorze anos, recebi da empresa que detinha os direitos do Ragnarok uma notificação de infração de patente e tive que tirar o jogo do ar.

Nesse mesmo ano, comecei a assistir a uma série de TV chamada *Chuck*,* que se tornou a minha favorita. O protagonista era um hacker muito bom que havia estudado na Universidade de Stanford. Fiquei obcecado pela história. Passei a querer estudar lá também para ser como o personagem. Coloquei isso como minha missão de vida. No entanto, os processos seletivos para entrar nas universidades norte-americanas eram muito complicados.

* *Chuck* é uma série de ação e comédia norte-americana, exibida no Brasil entre 2007 e 2013.

Procurando brasileiros que tinham se formado em Stanford, encontrei Gabriel Benarrós. Na época, aos 26 anos, ele tinha acabado de se formar e já havia fundado a Ingresse.com, site que vende ingressos on-line para festas, eventos universitários, shows e peças de teatro. Estava começando o negócio.

Lembro-me de uma conversa que tivemos por Skype, ele de Palo Alto, na Califórnia, e eu de São Paulo. Ele contou que tinha acabado de voltar de uma reunião com um investidor de lá e me mostrou sua apresentação. Era uma tela azul-escura e outras cores, e alguns números que iam crescendo. Aquilo me impactou. Era muito legal e bonito. Enquanto ele falava sobre a visão da empresa, eu estava maravilhado com aquela imagem. Pensei: "Quero fazer isso que ele faz e ter uma dessa aí para mim". Foi muito marcante. Mudei meu pensamento de "Quero ser programador" para "Quero ser empreendedor".

Mas antes Gabriel Benarrós seria meu primeiro chefe. Nas nossas conversas, vi uma oportunidade de apresentar uma proposta: eu programaria o que ele precisasse, sem cobrar nada, e ele me ajudaria a estudar em Stanford. Ele aceitou.

O trato funcionou durante um ano. Enquanto isso, Gabriel acabou arrecadando uma boa quantia de dinheiro e contratou outros engenheiros. Assistir a esse movimento dele me deu noção do que eu mesmo poderia construir. Eu pensava: "Se o Gabriel conseguiu, eu consigo também". Percebi que, com o que eu sabia fazer, já podia fundar meu negócio. Saí da Ingresse decidido a abrir uma start-up.

Nessa época, conheci meus amigos Anderson Ferminiano e Gustavo Haddad. Juntos, criamos a Estudar nos EUA, onde disseminávamos o conteúdo sobre como estudar no exterior para quem tinha interesse, mas não sabia por onde começar. Em nove meses, conseguimos 800 mil usuários. O aplicativo ficou em primeiro lugar na área de educação da Apple Store. O projeto recebeu uma doação de 30 mil reais da Fundação Lemann. No entanto, os usuários eram jovens em sua maioria sem dinheiro ou cartões de crédito para pagar pelos serviços. Meus pais ainda duvidavam do negócio, e eu fui perdendo o entusiasmo pela empresa quando encontrei outras oportunidades.

Uma delas, ainda na área de educação no exterior, foi a criação do site Eduque.me, que desenvolvi com o Anderson Ferminiano e com Gustavo Braga — de quem ouvi falar por notícias de campeonatos de programação e conectei pela internet. O público eram os já aprovados nos processos seletivos das universidades norte-americanas. Eles podiam criar um perfil e se candidatar para bolsas de estudos pagas por empresários.

Por causa do site, em 2012, fomos convidados para participar da Conferência de Venture Capital das Américas (AVCC), realizada em Miami, nos Estados Unidos. O encontro reuniu empresas em fase inicial para serem apresentadas aos maiores investidores americanos.

Durante a viagem, participei do Hackathon, uma competição em que programadores têm um dia para criar programas, sites e aplicativos. Meus amigos e eu criamos o AskMeOut, o primeiro aplicativo de relacionamento, o Tinder da época, só que nerd. A diferença era que o usuário dava *match* com amigos do seu Facebook, em vez de disponibilizar perfis por geolocalização. A ideia era dar *like* em uma pessoa com quem você convive diariamente, mas em quem não tem coragem de chegar. Se ela desse *like* de volta, o app mandava o *match*. Ganhamos a competição com esse aplicativo, e o prêmio foi de 50 mil dólares. Com o dinheiro, voltei para o Brasil.

Quando publicamos o aplicativo, percebi que havia um problema grave: o engajamento feminino era muito menor que o masculino, ou seja, havia muito mais meninos dando *like* do que meninas. A partir daí, tivemos a ideia de começar a cobrar dos homens. Se eles quisessem descobrir quem era a menina que tinha dado *match* de volta, teriam que desembolsar 5 dólares. O processo de implementação do sistema de pagamentos demorou duas semanas, pois foi difícil encontrar um programa ideal para nosso modelo. Nessa época, conheci o Pedro Franceschi.

## O sócio e o primeiro grande negócio

Conheci o Pedro pelo Twitter. Percebi que ele fazia muitas postagens sobre o editor de textos que usava para programar. Não aguentei e comecei a discutir, pois achava que meu editor era melhor que o dele. No mundo da programação, que é similar aos times de futebol, brinco que o Vim é o Corinthians, porque é bom, e o Emacs é o São Paulo, porque é ruim.

Decidimos, então, deslocar a conversa para o Skype. Acabamos virando melhores amigos. Tínhamos muito em comum. Além da paixão por tecnologia, havíamos feito conquistas precocemente. Pedro foi a primeira pessoa do mundo a conseguir desbloquear o iPhone 3G e a fazer a Siri, o comando de voz da Apple, falar em português, aos doze e aos quinze anos, respectivamente.

Depois das tentativas fracassadas de adaptar pagamentos para o AskMeOut, mudamos o foco. Comecei um *brainstorming* com o Pedro sobre o que seria um sistema ideal de pagamentos. Ele tinha experiência com pagamentos on-line, pois havia trabalhado na M4U, empresa comprada pela Cielo em 2010. Foi a partir disso que tivemos a ideia de criar a Pagar.Me.

No começo, nos inspiramos no que dava certo no mercado e o que era possível fazer no Brasil. Observávamos muitas empresas e identificávamos o que elas faziam bem. As duas principais inspirações foram a Stripe e a Braintree.*

Em julho de 2013, os investidores Daniel Ibri, da Grid Investments, e a ArpexCapital foram os primeiros a investir na nossa ideia. Juntos, aportaram 1 milhão de reais. Fizeram isso mais por nós do que pelo negócio. Afinal, nós só tínhamos a ideia. Ainda não a havíamos colocado em prática. Não existia operação. Lembro-me de receber a TED de 1 milhão de reais e pensar: "Cara, *I made it*!". Era

* A Stripe é uma empresa de pagamentos pela internet fundada em San Francisco em 2009, e a Braintree, especializada em pagamentos por celular e sistemas para e-commerce, foi criada em Chicago em 2007 e comprada pelo Paypal em 2013.

um dinheiro infinito em uma época em que eu pagava vinte reais por almoço, então era um negócio gigante.

Seis meses e muitos aprendizados depois, quando eu tinha dezesseis anos, colocamos de pé a Pagar.me, uma start-up de pagamentos eletrônicos voltados para empreendedores.

Em 2015, ganhamos os eventos Innovation Project, da Payments, em Harvard, e o Spark Awards, da Microsoft, em São Paulo. Levantamos cerca de 300 mil dólares e contratamos 150 funcionários. O diferencial da Pagar.Me é que atendíamos empresas pequenas e não tão pequenas. O tempo para a empresa receber o dinheiro na nossa plataforma era de três a seis dias, enquanto nas concorrentes era de seis a oito meses.

Lembro-me de um momento de calafrio quando um dos nossos desenvolvedores cometeu um erro com grande impacto na operação. O sinal foi a repetição de um mesmo incidente chegando inúmeras vezes do suporte: as transações estavam passando sempre à vista — mesmo as que deveriam ser parceladas. Imagine você comprar uma viagem dividida em doze vezes e cair à vista naquele mês. O banco vai reembolsar, mas só na fatura do mês seguinte, depois que você já teve que pagar tudo. Inicialmente, acharam que a culpa fosse do cliente, que havia digitado errado. Mas eram muitos clientes diferentes com um problema igual, então vimos que não era possível que todo mundo tivesse cometido o mesmo erro. Foi muito ruim, um desastre. Um dos piores momentos de que tenho lembrança na Pagar.me.

Tínhamos um escritório pequeno no último andar na avenida Faria Lima, 2941, no cruzamento com a rua Amauri, região nobre e centro financeiro de São Paulo. Tivemos que transformar a empresa inteira em algo como um call center, ligando para uma central reprocessar, uma a uma, as transações em múltiplas parcelas.

Quando comecei a Pagar.me, estava no último ano do ensino médio. Tinha muita lição de casa, e precisava de ajuda, pois perdia muita aula para trabalhar. Concluí que precisava encontrar uma pessoa para me ajudar. Acabei pedindo ajuda ao João Gabriel Miranda, que era muito bom. Então, pensei: "Se ele é bom de fazer a lição de casa, deve aprender a programar". Nós o contratamos como programador da Pagar.me.

João Gabriel havia acabado de passar em ciências da computação na USP, mas o fizemos largar a faculdade para trabalhar. Com o tempo, tornou-se um dos nossos melhores programadores, depois foi para o time de vendas e virou o melhor vendedor da equipe. Agora ele abriu uma empresa chamada Hash Lab.*

Em 2014, a Pagar.Me bateu sua principal meta: dar lucro. Dois anos depois, resolvemos vender a empresa para a Stone, que começava a transformar o setor de meios de pagamentos no Brasil. Além dela, o Nubank era a principal start-up que incomodava os gigantes do setor. Mas nenhuma das duas era grande e não estava claro para nós que o mercado de start-ups no Brasil cresceria e ganharia força nos anos seguintes. Pensávamos que, para construir algo grande, teríamos que passar os vinte ou trinta próximos anos trabalhando em alguma grande empresa, de preferência nos Estados Unidos, onde os negócios eram maiores. No contexto atual, talvez tivéssemos feito uma escolha diferente.

Porém, naquele momento, aos vinte anos, precisando de dinheiro e com uma oferta pela nossa empresa que mudaria nossa vida, o Pedro e eu aplicamos para Stanford — e fomos aceitos logo depois da venda do negócio. O processo é difícil e complicado. Passamos um ano buscando os documentos, fazendo provas e redações. Já conhecíamos o Jorge Paulo Lemann e, neste momento, fomos conversar com ele, que decidiu financiar nosso curso. O Jorge Paulo sempre nos dava muitos conselhos e ali fizemos um combinado: um dia, devolveríamos seu investimento pessoal para a Fundação Estudar.

## Jovem para os negócios, maduro para a universidade

Mudar para Palo Alto para estudar em Stanford não me assustava, devido a minha experiência com mudanças na infância. Era a realização de um sonho que eu tinha desde os catorze anos. Queria muito

* Empresa de soluções de pagamentos para varejo, criada em fevereiro de 2017.

ver como era estar na faculdade, ter aquela experiência. O primeiro trimestre foi divertido, principalmente do ponto de vista social. Aprendemos e fizemos muita farra.

Alguns meses depois, porém, comecei a ver a experiência de outro jeito. Fiz 21 anos assim que me mudei para os Estados Unidos e, pela primeira vez, me senti velho. Tinha vivido muitas coisas, montado uma empresa, depois vendido. Tinha empregado 150 pessoas, morava sozinho. Mas essa não era a realidade dos meus colegas, mais novos e ainda iniciando a vida profissional. Embora estivesse em Stanford, minha sensação era: "O mundo está andando, e eu estou aqui parado". Começamos a pensar em largar a faculdade para voltar a empreender. A ideia inicial era montar um negócio de realidade virtual (VR), uma área que estava em alta. Depois que desenvolvêssemos a tecnologia, uma das ideias de aplicação eram escritórios à distância, com toda a equipe no "mesmo lugar".

Nesse momento, apresentamos nossa ideia ainda embrionária para o Jorge Paulo, que disse para desenvolvermos um pouco mais e, então, voltar a falar com ele. Poucos meses depois, começamos a nos fazer algumas perguntas. "Será que estamos resolvendo um problema que realmente existe? E, mesmo que sim, será que nós e nosso time somos as pessoas certas, entre 7 bilhões que existem no mundo, para fazer a próxima empresa dessa indústria?" Considerando que havia o Google, a Apple, a Microsoft, grandes empresas investindo e trabalhando nisso, chegamos à conclusão de que nós, que não tínhamos experiência na área, não éramos as pessoas certas para isso. Haveria problemas mais adequados para a gente resolver.

Desistimos de investir em realidade virtual, mas decidimos empreender. Foi quando nos demos conta de que havia outro problema para as start-ups — e para este sim, com nossa experiência da Pagar.me, éramos as pessoas certas para resolver. A maioria das pequenas empresas enfrenta problemas para conseguir um cartão de crédito corporativo em grandes bancos por não terem histórico financeiro. É uma contradição o fato de tantos empresários bem-sucedidos, que estão arrecadando milhões de dólares, não conseguirem ter um cartão de crédito corporativo. Então, criaríamos uma companhia de cartão de crédito que, em vez de ser para uma pessoa, seria para uma empresa.

Começamos no quarto de hóspedes de casa. Às oito da manhã, chegavam o Pedro, o Michel Tannenbaum, hoje CFO, e a Larissa Maranhão, que foi a funcionária número 1 da empresa. Eu não tinha nem mesa, trabalhava no sofá. Por volta de nove da noite, o colega que morava comigo "expulsava" os visitantes de casa, e só aí parávamos.

Depois que levantamos investimento, voltamos a falar com o Jorge Paulo. Conversamos em novembro de 2016, em sua passagem por San Francisco, cinco meses antes de darmos a largada na Brex. Apresentamos o plano e, quando contamos que havíamos deixado a faculdade, ele respondeu que gostaria que tivéssemos ficado um pouco mais, mas tudo bem. Sua proposta para nossa empresa foi pegarmos o dinheiro que ele havia investido em nossas bolsas e devolvermos para a Fundação Lemann em ações da empresa. Foi o que fizemos.

Passamos meses desenvolvendo o produto antes de lançar. Criamos um processo que, em dez minutos, liberaria o uso do cartão para o cliente. No dia do lançamento, ficamos acompanhando vários clientes se registrando na hora. Vimos os números crescerem no mesmo dia. Saíram várias matérias na imprensa. Foi muito marcante.

Mais para a frente, lançamos outras funcionalidades, como os programas de fidelidade com benefícios que fazem mais sentido para as start-ups, como softwares, restaurantes, viagens, Uber. Eu me lembro de um jantar com o Pedro, meu sócio, em que questionávamos se o negócio ia dar certo. De repente, recebemos um e-mail de um investidor dizendo que investiria dinheiro e tudo o mais de importante que queríamos para continuar crescendo. Tivemos que negociar alguns pontos, mas foi um momento em que fiquei muito feliz.

Como crescemos muito rápido, criamos um manual de instrução que orientava qualquer pessoa nova a fazer as atividades básicas de suporte ao cliente, caso fosse preciso as pessoas assumirem a função sem tempo de serem treinadas. É um documento de cerca de quarenta páginas que explica todo o processo. Tem detalhes como o tempo que prometemos responder um e-mail para o cliente (menos de uma hora), um chat (menos de um minuto) e outros processos.

Há um alinhamento leal e de longo prazo e uma divisão de responsabilidades clara entre mim e o Pedro. Eu faço muito recrutamento. Falo com os executivos sobre a estratégia do próximo ano, o que faremos no futuro. Faço reuniões externas para as parcerias de que precisamos, com os grandes clientes etc. Passo muito tempo pensando no produto e o que podemos melhorar. O Pedro é mais ativo no dia a dia.

A maior sorte que tive na vida foi crescer com o Pedro. Tê-lo conhecido foi algo muito especial. Separados, nós não teríamos feito nem perto do que estamos fazendo juntos. Para mim, nossa sociedade é mais importante do que a empresa. Se essa empresa der errado, se acontecer alguma coisa, eu sei que juntos vamos fazer outra coisa. Nem sempre é fácil manter a relação de confiança porque todo mundo tem ego. Por isso, é importante ser transparente e sincero com o sócio sempre. Ter disposição para sentar para discutir. Isso vai fazendo com que o ego e as inseguranças apareçam e se resolvam abertamente.

Alguns meses depois de lançar a empresa, ligamos para o Jorge Paulo com uma ótima notícia: as ações da fundação valiam cem bolsas. Em 2019 passaram a valer duzentas. Ele manteve a participação da Fundação Lemann e investiu capital próprio algumas vezes.

Em menos de dois anos, chegamos num *valuation* de 1 bilhão de dólares. Tornamo-nos os mais jovens fundadores de unicórnios do mundo. Depois de outros aportes, a empresa passou a valer cerca de 2,6 bilhões de dólares em 2019. Os financiamentos vieram de fundos como Ribbit Capital, DST Global, Global Founders Capital, SV Angel e de empresários como Peter Thiel e Max Levchin.

Recentemente montamos um lounge, que é um *coworking* para nossos clientes, no meio da cidade. As empresas que viajam para San Francisco e não têm onde trabalhar podem usar esse espaço à vontade. Também é onde fazemos eventos para os quais antes precisávamos alugar salas em hotéis, por exemplo.

## Motivações e valores

Eu gosto das pessoas com quem trabalho, venho por elas. São muitos clientes, muito dinheiro passando, muita coisa acontecendo. Gosto de estar no meio de decisões que têm um impacto grande na sociedade. Gosto do que faço, de aprender a ser um CEO. Sei no que sou bom e no que não sou bom. Já contratamos muitas pessoas boas, então posso focar só no que gosto e no que faço muito bem. Isso faz com que meus dias sejam muito gostosos, mesmo sendo longos.

Nós queremos pessoas ambiciosas que queiram fazer um negócio grande junto conosco — esse é o primeiro dos cinco valores da Brex. Só no dia de hoje, temos umas quinze pessoas entrando na Brex.* A cada duas semanas, juntamos toda a turma de novas pessoas para começarem juntas, e o Pedro apresenta os valores da empresa. Colocamos bandeiras de todos os países de origem dos funcionários. Temos 34 bandeiras.**

Contratamos vários ex-empreendedores, que tentaram começar uma empresa e deu errado. Você aprende muita coisa tentando empreender, ainda que falhe. Aprende a ser mais proativo e não depender dos outros, conseguir fazer as coisas.

O segundo valor é o que chamamos de *seek truth*, que significa procurar a verdade. É importante tentar entender os detalhes, o porquê de as coisas acontecerem. Por exemplo, por que não estamos crescendo nessa vertical? Alguém pode falar: "Porque no nosso produto falta tal coisa", mas será que é isso mesmo? Ou será que se olharmos os dados encontraremos outra resposta? Essa procura da verdade, de estabelecer o mais certo, é fundamental.

Copiamos o *owner's mentality* do Jorge Paulo, que é o espírito de dono, fazer as coisas pela empresa. O quarto valor é chamado *be a fixer*. Aprendi trabalhando com gente muito boa que, quanto mais esperto você é, melhor consegue inventar desculpas bem fun-

* A entrevista que deu origem a este depoimento foi realizada no dia 23 de setembro de 2019, na sede da Brex, em San Francisco, Califórnia.

** Em setembro de 2019.

damentadas para o que não está dando certo. Mas na realidade as pessoas muito, muito boas num time não procuram desculpas, elas procuram dar um jeito na coisa. Não importa se o fornecedor deu problema ou se a tecnologia não entregou. O quinto valor é o que chamamos de *costumer focus*, que é o foco no cliente. É sempre pensar nele antes de tomar uma decisão. Esse é o nosso pilar principal de decisão na empresa.

O mercado de tecnologia no Vale do Silício é tão competitivo que é preciso aderir a um modelo já existente. Funciona da seguinte forma: todos que entram tem sociedade na empresa, alguns têm mais que outros, mas todo mundo ganha. São ciclos de quatro anos. O profissional não se compromete, mas, se ele sair no meio, perde um valor proporcional. Se sair no primeiro ano, perde tudo.

Nossa motivação maior com a Brex é acreditar no bem social através de empresas. Porque, afinal, o que é uma empresa? Você está resolvendo o problema de alguém, que está pagando por isso. Ajudamos as empresas facilitando o acesso ao crédito, a uma conta. Isso faz com que elas possam servir melhor seus clientes, facilitando e barateando seus serviços e produtos. É algo bom para a sociedade.

No Vale do Silício, algumas pessoas gostam de conselhos genéricos — e nem sempre isso ajuda. Lembro-me de quando li um livro de negócios que contava a história do Elon Musk. Para algum projeto científico em uma de suas empresas, a SpaceX, Musk lia um livro de física em uma noite e, na noite seguinte, fazia o que precisava e mostrava para todos como deveria ser. Mas conhecer histórias como essa me deixou com a autoestima baixa quando cheguei em San Francisco. Eu não era como ele, não conseguia ler um livro de física, entender tudo em um dia e depois resolver um negócio que uma pessoa estudou a vida inteira para resolver. Não me considero tão esperto.

Mas o tempo foi passando e eu fui entendendo que, para ser CEO, a coisa mais importante é estar à frente de você mesmo. Seu trabalho é fazer muito bem o que você faz de melhor, e saber contratar as pessoas que fazem muito bem o que você não faz de melhor. Não adianta tentar ser algo que você não é. O trabalho de cada pessoa em qualquer posição é muito diferente em cada empresa. Trata-se mais de aprender sobre você mesmo do que ser bom e tentar se colocar em moldes de algum outro CEO de quem ouviu falar por aí.

## O melhor de ser brasileiro

Vivendo nos Estados Unidos, vejo que o brasileiro tem uma característica legal que é a de criar relacionamento. De modo geral, o americano é transacional. Você chega em uma reunião com o investidor, dá oi, e ele cruza a perna, olha para você e fala: "How can I help you?". É difícil criar relações de longo prazo, gerar confiança, se toda reunião é transacional. O brasileiro cria um relacionamento de confiança, mais profundo com as pessoas. Isso é algo muito importante.

Eventualmente, pretendemos ir para o Brasil. Se fôssemos para outro país, o Brasil seria um dos primeiros, porque conhecemos, é grande, mas a oportunidade aqui por enquanto ainda é maior.

Um fator que contribuiu muito para o crescimento da empresa é que sempre fui muito bom em pedir ajuda. Não sou muito bom em muitas coisas, mas pedir ajuda é algo que faço bem. Sempre fui descarado em perguntar, pedir conselho e auxílio para as pessoas. "O que você acha que eu deveria fazer nesse sentido?" Assim, constrói-se mais relações de longo prazo. Quando temos uma dúvida, primeiro falamos um com o outro e depois temos uma lista de mentores, investidores, que sempre que precisamos nós ligamos e perguntamos. Foi muito importante ter montado essas relações ao longo do tempo. O investidor, em especial, ajuda muito, porque ele tem algum incentivo em auxiliar. Se ajudar, posteriormente ganha algo. Mas muitas pessoas nos ajudaram no começo sem investir, apenas porque gostavam de nos ajudar.

Por isso é muito importante conviver com pessoas boas. Elas puxam muito para cima. É importante conviver um pouco com seus amigos de muito tempo, que te conhecem profundamente, mas conviver com pessoas que fizeram mais que você e que te puxam para cima muda completamente sua visão. É preciso fazer um esforço fora da curva para estar com pessoas melhores que você, nem que seja estar no mesmo lugar que elas, ouvir as mesmas conversas, sair junto. Eu fazia um esforço descomunal no Brasil para conviver com outros empreendedores que achava que eram melhores que eu para ver o que eles estavam fazendo, e isso me puxava para cima. Isso é algo especial do Vale do Silício, porque aqui todo mundo se fala.

## Erros e aprendizados

Tivemos muitos erros no início, o que foram aulas de humildade. Um ponto que mudamos, e que hoje considero um erro, tem a ver com a remuneração. Na Pagar.Me, achávamos bonito pagar salário baixo às pessoas. Achávamos legal conseguir convencer alguém que ganhava 10 mil reais a ganhar 5 mil reais. Hoje, fazemos completamente o contrário, pagamos muito bem. Penso, inclusive, que se eu tivesse topado pagar 10 mil reais teria levado pessoas que não consegui por 5 mil. No fim do dia, conseguir as melhores pessoas é o que mais importa. Tínhamos essa percepção de que gente boa viria com salário baixo. Isso pode ser verdade para o jovem que acabou de sair da faculdade, que tem custo de vida baixo. Mas, tirando esse momento transitório, pessoas boas querem ser bem pagas.

Do ponto de vista do negócio, empreender tem um lado difícil que, em geral, quem está de fora não vê. Toda vez que levantamos dinheiro, estamos prometendo um futuro para outras pessoas. Então, estamos sempre fazendo força para crescer muito rápido. Estamos comprando uma briga de, pelo menos, fazer o negócio ficar cinco vezes maior. Não temos mais a opção de dizer: um negócio de 3 bilhões de dólares está bom. Temos que ser, pelo menos, uma empresa de 10 bilhões de dólares agora. Isso significa trabalhar com uma força insana por pelo menos mais cinco anos. Estamos contratando quatrocentas pessoas e falando para elas trabalharem duro. Então, você também precisa estar trabalhando duro o tempo todo.

Às vezes, para isso, é preciso fazer coisas que você não quer. Há imperfeições. Construir uma cultura forte é mais fácil em vinte anos do que em dois. Contratar pessoas jovens e ajudá-las a crescer é mais fácil quando a empresa está crescendo 15% ou 20% ao ano do que quando ela está crescendo 300% ao ano. Se eu tivesse tempo infinito, há coisas que não seriam do jeito que tenho que fazer.

Por exemplo, às vezes preciso contratar um chefe mais experiente para uma pessoa supertalentosa, em vez de promover quem já está dentro. É ruim fazer isso, eu não gosto. Gostaria que a pessoa se desenvolvesse rápido o suficiente para assumir o cargo de chefia, mas a Brex está crescendo muito rápido. Havia setenta pessoas em dezembro e teremos quatrocentas no fim de 2019. É muito crescimento em pouco tempo.

Ir rápido, definitivamente, é bom, pois vamos mais longe. Não tenho muito medo de ter 23 anos e já ter feito tudo o que já fiz. Terei muita coisa para fazer ainda. Não gosto da ideia de juntar todo o dinheiro para quando tiver sessenta anos de idade fazer algo. Gosto de curtir o caminho, por isso o importante é gostar do que se faz. Mas a opção da qual abrimos mão é a de fazer um negócio que cresce menos. Quem tem essa escolha pode ter uma vida mais tranquila, a empresa cresce mais devagar e com uma cultura mais forte.

Um dia, chegaremos a esse ponto naturalmente. Empresas não dobram de tamanho todo ano por muito tempo. Portanto, terá determinado momento em que estaremos com a companhia muito grande e cresceremos 25% ao ano. Então, poderemos ter uma vida mais tranquila também.

Vamos chegar a esse ponto porque não vamos vender essa empresa nunca, nem se tivermos uma oferta de 10 bilhões de dólares. Temos 23 anos, se vendermos vamos fazer o quê? Investir? Eu não gosto de investir. Ir para a praia? Passo um ano lá. Abrir outra empresa? Eu gosto dessa, para que vou abrir outra?

## OS PRINCIPAIS CONSELHOS DE HENRIQUE

*Sobre empreendedorismo, diversidade e tecnologia*

1 **A sociedade é mais importante que a empresa**
Ter uma relação de confiança e transparência com o sócio vem primeiro do que o negócio em si. Uma empresa pode acabar, mas eu não gostaria que minha sociedade com o Pedro acabasse. Para isso, é preciso ter disposição para lidar com o ego e as inseguranças abertamente, conversando sempre.

2 **Quando descobrir o que gosta de fazer na vida, faça**
Faça o que gosta. Experimente. Esse é meu conselho para qualquer pessoa, independentemente da idade. Você aprenderá no caminho, que foi o que aconteceu comigo. Com isso, virá também a autoconfiança. Não espere o momento ideal ou as certezas virem. Construa seu caminho.

3 **Conviva com pessoas melhores que você**
Cerque-se de pessoas que o inspirem, mesmo que seja frequentando os mesmos lugares que elas, acompanhando suas conversas. Sempre que possível, escute o que quem chegou primeiro tem a dizer. Estar perto de pessoas melhores que você subirá sua exigência consigo mesmo.

4 **Peça ajuda**
Temos diversos mentores para quem ligamos quando precisamos de ajuda para lidar com uma situação ou evitar um problema. Eu sempre soube pedir ajuda e isso fez com que eu aprendesse com a experiência dos outros somada à minha.

5 **Pessoas boas querem ganhar bons salários**
Hoje tenho orgulho porque pagamos bem as pessoas que trabalham conosco. Pessoas talentosas, competentes e dedicadas querem ganhar bem. Acredito que, se eu tivesse aprendido essa lição antes, teria conseguido trazer pessoas que não consegui no passado para trabalhar conosco.

6 **Escolha um negócio no qual possa fazer a diferença**
Quase fizemos um negócio de realidade virtual, mas mudamos a

rota ao entender que não éramos as pessoas certas para aquilo. Encontramos, então, o setor onde nossa experiência nos faz as pessoas certas. Busque o ambiente em que você poderá agregar mais valor do que a concorrência.

## SUGESTÕES DE LEITURA

*7 Powers: The Foundations of Business Strategy*
Hamilton Helmer
"Esse é o guia definitivo para estratégia de negócio global tanto para empreendedores quanto para líderes executivos e tem uma longa vida útil para as empresas. Reli esse livro diversas vezes enquanto escalava a Brex."

*O dilema da inovação*
Clayton Christensen
"Uma explicação clara e completa de como a inovação atinge todos os mercados, com um foco particular em tecnologia. Os aprendizados resistem ao teste da história."

*O lado difícil das situações difíceis: Como construir um negócio quando não existem respostas prontas*
Ben Horowitz
"Um livro importante sobre como se tornar executivo e líder de empresa, com orientações baseadas em estruturas claras das quais você pode se lembrar depois. Os exemplos empolgantes da experiência de Horowitz ajudam a trazer vida ao livro."

*Sonho grande: Como Jorge Paulo Lemann, Marcel Telles e Beto Sicupira revolucionaram o capitalismo brasileiro e conquistaram o mundo*
Cristiane Correa
"Sou um grande fã de Jorge Paulo Lemann e da cultura que ele construiu na 3G Capital. Portanto, esse foi um livro fundamental para mim."

*Powerful: Building a Culture of Freedom and Responsability*

Patty McCord

"Nós pensamos muito em cultura como estratégia. Esse livro me desafiou a pensar ainda mais profundamente sobre como definimos nossa cultura corporativa e as estruturas que a reforçam ao longo do tempo. Patty também é ótima."

CAPÍTULO 10

# Paulo Veras

## Fundador da 99 e membro do conselho de administração da CargoX, Localiza Hertz, B2W Digital e Estapar Estacionamentos

*Paulo Veras foi cofundador do primeiro unicórnio do Brasil. A 99 (originalmente 99 Táxis) atingiu o valor de mercado de 1 bilhão de dólares em 2 de janeiro de 2018, quando a Didi Chuxing, considerada a "Uber da China", assumiu o controle da brasileira, pouco mais de cinco anos depois de sua criação, em 2012. Mas essa não foi a estreia do engenheiro como empreendedor. Desde 1995, época do início da internet comercial no Brasil, Paulo colocou de pé seis empresas. Algumas bem-sucedidas, como a 99, a Pixit, uma produtora de vídeos curtos na internet, e o GuiaSP, um guia para as cidades de São Paulo e Rio de Janeiro, que era parte de outra empresa fundada por ele: a criadora de sites Tesla (oito anos antes de Elon Musk fundar a sua Tesla Motors, que se tornaria mundialmente conhecida pela fabricação de carros elétricos). Outras fracassaram, como o Imperdível, site de compras coletivas lançado em 2010, que competiu em um mercado onde praticamente todos naufragaram. Paulo vendeu suas seis primeiras empresas e agora investe em diversas start-ups de tecnologia. Como executivo, passou por companhias como Asea Brown Boveri, de energia, e Gradus Consultoria de Gestão, que atendia clientes como Ambev, GP Investimentos e Endeavor. É membro do conselho da CargoX, Localiza Hertz, B2W Digital e Estapar Estacionamentos. Paulo tem 48 anos, é casado e tem duas filhas.*

## Sangue empreendedor

Sou filho de uma professora, que se formou em psicologia quando eu era criança, e de um empreendedor que imigrou para o Brasil ainda criança, deixando o pós-guerra da Europa. Meu pai fundou uma empresa de autopeças, que vendia para a indústria automobilística, e outra que produzia máquinas para frigoríficos e panificadoras. Conciliava os negócios com o de conselheiro de condomínio no Shopping Iguatemi, posição que ocupa até hoje.* Ele sempre disse que nenhum de seus filhos — eu e duas irmãs — trabalhariam em suas empresas. Emprego e família era uma mistura controversa no mercado, costumava criar mais problemas do que soluções. Ele e minha mãe acreditavam, por uma questão de cultura de geração, que o caminho ideal era trabalhar em uma multinacional, onde havia segurança, estabilidade e benefícios. Mas a ideia não me atraía.

Fui criado com muita liberdade. Desde cedo, meus pais me incentivaram a ter independência e autonomia. Me deixavam viajar sozinho com amigos na adolescência. Aos catorze anos, comecei a ficar indisciplinado e cansado de estudar. Falei para meu pai que queria sair da escola. Ele respondeu de maneira prática e objetiva.

"Tudo bem, filho, você que escolhe. Só que aqui em casa as pessoas estudam ou trabalham. Se não vai estudar, você vai trabalhar. Como ainda nem terminou o ginásio, sua qualificação permite que faça entrega de supermercado, por exemplo."

Ele disse que conhecia o dono do supermercado Morita, que ficava perto de casa, e poderia ver se estava precisando de gente para trabalhar. Antes de terminar a frase, eu já tinha desistido de largar a escola.

Quando chegou a hora de entrar na faculdade, escolhi a mesma formação que meu pai e minha irmã mais velha: engenharia. Já tinha esse desejo desde os nove anos. Entrei na Escola Politécnica da Universidade de São Paulo (Poli-USP). Muitas vezes, durante o curso,

* É o equivalente a um conselheiro de administração para o setor de shopping, uma área na qual meu pai se especializou quando ainda havia poucos profissionais com esse perfil no Brasil.

me questionei se usaria aqueles conteúdos para algo no futuro. Até que, mais uma vez, comecei a pensar em desistir — e fui falar com meu pai. Ele retomou o discurso da infância: tudo bem, desde que eu trabalhasse. Segundo ele, agora poderia ser caixa do mercado. Achei melhor terminar a faculdade.

## Autodidata, para o bem e para o mal

Comecei a programar por volta dos treze anos, quando minha irmã entrou na faculdade de engenharia e ganhou do meu pai uma calculadora com recursos de programação. Também explorava um TK85 de um amigo, uma pequena caixinha preta com teclado. Eu comprava revistas de informática na banca de jornal e passava horas programando joguinhos, que depois gravava em fitas cassete. Era fascinante pegar uma revista, plugar aquela maquininha na TV, programar e depois jogar o jogo.

Nessa época, meados dos anos 1980, convenci meu pai a comprar um computador para casa, uma novidade no mercado. Como já sabia programar, experimentava tudo no computador e desenvolvi várias habilidades. Eu precisava copiar programas e arquivos, mas não tinha dinheiro para comprar disquete, que era muito caro. Nesse contexto, surgiu meu primeiro trabalho: em troca de duas caixas de disquetes, digitalizei o logotipo da empresa da qual compramos o computador.

No primeiro ano da faculdade, consegui um estágio em uma das poucas empresas de informática da época. Era de um professor do curso de engenharia elétrica. Entrei em contato com programa de banco de dados e uma interface gráfica, mega-avançada, que usavam para escrever programas, avançada para aquela época, em que o sistema operacional ainda era o DOS.* Aprendi muito, foi uma grande experiência.

* DOS significa Disk Operating System, uma abreviação dos sistemas usados em computadores IBM PC entre 1981 e 1995.

Com as ferramentas e o conhecimento que o estágio me oferecia, fiz diversos trabalhos. O mais marcante dessa fase foi para um médico, amigo do meu pai. Ele reclamava da dificuldade de lidar com o prontuário dos pacientes e ter que transportá-los de um lado para o outro. Sugeri criar um software para facilitar a gestão da clínica. Ele me contratou, e o produto deu muito certo. Mas ainda me faltava maturidade, visão empresarial e empreendedora para enxergar o contexto. No caso do software, havia um mercado promissor que perdi a oportunidade de explorar. Aquela era uma clínica entre milhares com problemas similares. Poderia ser um ótimo negócio para expandir, mas não percebi.

Quando olho para trás, sinto uma pontinha de frustração. Um pensamento de "podia ter feito antes". Eu acreditava que precisava seguir um trilho, então deixei passar oportunidades como essa. Com a cabeça de hoje, poderia ter feito coisas maiores e mais cedo.

Eu gosto da vida que tive, mas vejo que a geração de hoje é mais esperta. Tem uma visão mais pragmática que me faltou no início. Os jovens assumem que não sabem algo, pedem ajuda e explicação. É essencial buscar conhecimento e observar o que já foi realizado. Esse processo de aprendizado pode ser acelerado a partir de diversas referências, conversas com mentores, estudo de pontos fortes e fracos do que já foi feito. Os empreendedores da nova geração se apropriam disso tudo e fazem melhor no seu projeto. Cometi erros bárbaros porque não buscava conselhos, não questionava, achava que tinha que aprender errando, que pedir ajuda era sinal de fraqueza.

Para mim, o único modelo de referência que se apresentou na época foi Steve Jobs, que não possuía gestão como ponto forte. Depois que ele saiu da Apple, se aprimorou e voltou muito melhor, mas também foi um processo. Ele próprio, desde o começo, quando foi estagiar na HP ainda adolescente, pedia diversos conselhos.

## A Tesla que não era do Musk

Criei minha primeira empresa aos 22 anos, em 1995, logo após a faculdade. Junto com três amigos, começamos a Tesla,* uma das pioneiras no desenvolvimento de websites. Antes de escolhermos esse setor, exploramos outras ideias. A principal delas era simples: criar um programa de treino e simulado para o vestibular. Nossa primeira reunião para apresentar o projeto foi com a diretoria do Anglo Vestibulares, uma rede de cursinho. Na época, não tínhamos notebook, então levamos o computador de mesa. Cada sócio carregou uma parte para montarmos lá. A reunião até foi boa, mas a ideia parecia estar à frente do tempo, já que pouca gente tinha acesso ao computador e ainda não havia internet comercial no Brasil. Eles não souberam o que fazer com o projeto e não concluímos o negócio.

No último ano da faculdade, estagiei na suíça Asea Brown Boveri (ABB), que atuava com tecnologias de energia e automação. Foi divertidíssimo. Era um negócio muito grande. Sentia como se brincasse com um Lego gigante. Eu gostava do trabalho em si. Por exemplo, fazer automação de usinas hidrelétricas. Apertar um botão no computador e ligar a usina inteira. Mas, como grande corporação, o avanço dos projetos era superlento. Logo percebi que aquilo não era para mim. Me formei, fui efetivado, mas em paralelo a Tesla avançava.

Nosso negócio era bom porque não precisava de investimento. O custo era basicamente o serviço que fazíamos. Ao nos depararmos com a internet, pensamos: isso aqui vai revolucionar o mundo. Criar uma rede que conecta todo mundo e que, a qualquer momento, você pode acessar informações e comprar coisas é revolucionário. Quando começou a onda dos provedores de acesso, ninguém sabia como fazer e o que viraria depois, mas eu queria surfar aquela onda — e foi o que passamos a fazer na Tesla.

---

* Sete anos depois, em 2003, Elon Musk lançaria a Tesla Motors, uma empresa mundialmente conhecida por fabricar carros elétricos e ser pioneira em uma nova tecnologia no lançamento de foguetes.

Nos primeiros trabalhos, cobramos trezentos reais para montar um site. Foi um aprendizado mais lento, e o negócio demorou a engrenar — só acelerou quando a bolha da internet começou a se formar. Dos quatro fundadores, dois estavam infelizes com o trabalho anterior, então já haviam saído para se dedicar totalmente à empresa. Outro sócio e eu ajudávamos nas horas vagas, como fins de semana. Eu era o único do grupo com background de programação. Até que percebi que me divertia mais trabalhando aos sábados e domingos do que de segunda a sexta. Tomei a decisão de sair da ABB.

Na época eu já tinha a certeza de que, para a Tesla decolar, teria que me envolver totalmente — e que perderia uma grande oportunidade se não embarcasse no projeto. Aquele parecia o momento certo para dar esse passo porque eu ainda não tinha contas a pagar e morava com meus pais. Mas o mais difícil seria comunicar a decisão a eles.

Juntei os dois no sofá de casa e falei: "Gostaria de avisar vocês que eu estou pedindo demissão da ABB e que, a partir do mês que vem, ficarei *full time* na Tesla". Meu pai ficou em silêncio, enquanto minha mãe dizia sem pausas que eu estava louco, que minha atitude era irresponsável. Falava que eu estragaria minha vida e que precisava de mais experiência antes de apostar tudo em um negócio. De repente, ela olhou para meu pai, indignada: "Você não vai falar nada?". E meu pai respondeu: "É claro que ele está brincando".

Sempre fui muito brincalhão, mas daquela vez era sério. Quando finalmente o convenci de que era verdade, ele repetiu o discurso da minha mãe. A decisão, porém, já estava tomada. Queimei a ponte ali e assumi, para mim mesmo, que eu seria empreendedor.

A Tesla evoluiu aos poucos. O dinheiro começou a entrar com a produção de diversos sites, portais, intranets e comércios eletrônicos para negócios na época pioneiros em suas áreas. Por exemplo, Mandic (um dos primeiros provedores de acesso à rede), Livraria Siciliano e Sé Supermercados.

Mas a gestão da empresa não ia bem — e cometemos mais uma vez o erro de não pedir ajuda. A empresa não tinha reserva de caixa e, por isso, vendíamos projetos solicitando adiantamento. Precisávamos de verba para comprar computadores, contratar pessoas e pagar outras despesas para entregar os projetos maiores. Muitas vezes estouramos as horas de trabalho para entregar o combinado no prazo — o que gerava prejuízo. Não conseguimos fazer essa gestão de negócio nem tínhamos um olhar para o financeiro.

Nosso idealismo ia contra a administração da empresa. Também não tínhamos noção de gestão de pessoas, fator essencial dentro de empresas escaláveis. A intenção era que a Tesla fosse um lugar incrível que todos sonham em trabalhar e construir uma carreira até a aposentadoria. Mas não tínhamos um plano estruturado para isso. Contratávamos mais por experiências anteriores do que por vontade de aprender e fazer dar certo. Havia diversas pessoas que se dedicavam e produziam mais que outras, mas não sabíamos lidar com isso. Depois aprendi que vale mais a garra que a pessoa tem, a vontade de aprender e a velocidade com que ela anda. Quem conhece pouco, mas corre atrás, dali a um mês, vai conhecer muito. Ainda mais em novas áreas de conhecimento. Quando a primeira pessoa pediu demissão, quase chorei na sala. Por muitas vezes me questionei o que havia feito de errado.

Mas um erro em outra área nos custou ainda mais caro. Durante quatro anos, seguimos o conselho do nosso contador sem questionar. Ele nos dizia que pagar imposto por lucro presumido era o melhor e mais fácil jeito de administrar uma empresa no Brasil. Até que precisamos levantar recursos de investidores para a Tesla. Conseguimos reuniões com os bancos Chase, JPMorgan e Credit Suisse. Seus representantes pediram nosso demonstrativo de resultados. Mostramos. Então, eles nos perguntaram se dávamos lucro ou prejuízo porque não conseguiam entender. Compreendemos ali que o que chamávamos de lucro era apenas uma fórmula para apurar imposto a recolher, não uma representação do resultado da nossa operação. Não tínhamos a contabilidade de entradas e saídas reais. Refizemos a contabilidade e chegamos à terrível conclusão de que a Tesla havia dado prejuízo todos os anos até então.

Ainda assim, em 1999, a Tesla foi considerada uma das empresas mais promissoras para o novo milênio, pela revista *Exame*. Construímos uma ótima reputação entregando projetos inovadores com qualidade num mercado muito novo.

## Uma aposta que deu certo

Logo no início da Tesla, em 1996, quando a empresa já tinha um desenvolvimento estável, e a internet começava a ficar conhecida no Brasil, criamos o GuiaSP, o primeiro site que apresentava atividades culturais, bares, restaurantes e programação de cinema no estado de São Paulo. Era nossa tentativa de entregar serviços de internet.

A empresa caminhou bem, mesmo em meio aos altos e baixos da nossa gestão, e, diante do sucesso, vendemos para a StarMedia Group, gigante latina da internet, em 2000. Eu tinha 26 anos, e conseguimos um bom dinheiro para nós. Uma parte foi paga em dinheiro e outra em ações da StarMedia, que se vaporizou antes que pudéssemos vender. Ainda assim foi um ótimo negócio para a época.

Em 2000, o mesmo JPMorgan nos fez rever a contabilidade da empresa e, ao avaliar o negócio, comprou parte da Tesla por quase 5 milhões de dólares — quantia que foi integralmente para o caixa da Tesla, e não para o bolso dos sócios.

Depois dessas duas transações concluídas e ainda jovem, parti para um MBA no Instituto Europeu de Administração de Empresas (Insead), na França, durante um ano. Foi um período de grande crescimento como pessoa e empreendedor. Conheci muitas pessoas e troquei experiências com profissionais de diversas partes do mundo. Eles me apresentaram outras referências de negócios que eu planejava implantar na Tesla. Essas ideias me fizeram criar um novo planejamento estratégico para a empresa.

Ao voltar para o Brasil, a bolha da internet já havia estourado. O setor estava um caos. Propus um novo rumo para a Tesla, mas os sócios não apoiaram as mudanças. Optaram por manter o modelo de negócios original, em que eu não acreditava mais. Optei por sair do negócio. Estava na hora de buscar novos caminhos.

## A ressaca generalizada

Desliguei-me da Tesla no fim de 2001 e tirei umas férias. Viajei o mundo. Assisti à Copa na Coreia e no Japão. A seleção brasileira ganhou, o que tornou o programa ainda mais divertido. No fim do ano voltei para o Brasil, mas estava decidido a não retomar o trabalho ainda em 2002. Além de cumprir o período sabático que havia prometido a mim mesmo, aquele não era um bom momento para o mercado, que estava ruim depois que a bolha da internet estourou. As start-ups estavam quase todas quebradas e até empresas grandes que investiam em projetos de internet e e-commerce pisaram no freio. O mercado estava difícil no mundo todo, mas o Brasil em particular viveu uma realidade de trevas nos anos seguintes. Foi como uma ressaca generalizada.

Mas também não ia ficar parado — um empreendedor nunca consegue. Escrevi o livro *Por dentro da bolha*, em que contava bastidores da formação da bolha da internet que acompanhei por dentro, com personagens, motivações, acertos e erros cometidos.

Voltei ao mercado em 2003 para uma experiência de um ano em consultoria. O setor de tecnologia ainda estava ruim e incerto, por isso não era um bom momento de empreender. Fui procurado pela Gradus Consultoria de Gestão, que atendia grandes empresas, como Ambev e GP Investimentos. Vi na oportunidade uma forma de suprir a falta que sentia de ferramentas de gestão e análise. Aceitei o convite. De fato, foi uma grande escola de administração. Somava-se a meu conhecimento de empreendedorismo, tecnologia e inovação, aprendizados ligados a estratégia, gestão e formação de pessoas.

Desde o início sabia que seria uma experiência de curto prazo, pois não tinha perfil de consultor. Mas ajudaria a voltar a empreender com mais conhecimento. Em um ano, aprendi o que queria e saí com o ideal de equilibrar criação e inovação com métodos de gestão e organização — uma mistura que poucas start-ups têm, mas que, sem isso, um novo negócio não dá certo.

Com a sensação de mais um ciclo concluído, embora em pouco tempo, deixei a Gradus para empreender de novo. Mas ainda não sabia o que faria. Nesse momento, a Endeavor no Brasil buscava um sucessor para Marilia Rocca,* fundadora da organização no país. Em busca de possíveis nomes, entraram em contato com um colega do Insead, que me indicou. Enxerguei naquela proposta uma chance de ganhar uma experiência nova, ampliar minha rede de relacionamentos e fazer um trabalho capaz de ajudar a desenvolver o ecossistema brasileiro de empreendedorismo. Deixei os planos de empreender para o futuro e mergulhei nessa missão.

Durante quatro anos, trabalhei com grandes projetos, pessoas incríveis e mercados bastante distintos. Saí completamente da bolha da tecnologia. Consegui ter mais impacto social e ganhei mais experiência ligada ao empreendedorismo. Foi uma das minhas experiências mais ricas.

Na Endeavor, aprendi na prática as melhores formas de gestão. Considero que só comecei a entender e a executar realmente uma boa gestão de pessoas quando tive contato com Jorge Paulo Lemann e Carlos Alberto Sicupira nos nossos encontros na Endeavor. Eles me mostram, por exemplo, que é essencial sermos honestos e firmes, falar com clareza e objetividade o que está errado. Comunicar não só o que é bom, mas também o ruim. Focar no que precisa ser melhorado no desempenho de cada um para despertar a ambição e a capacidade das pessoas. Foi uma grande referência naquele momento, que eu levo para a vida.

Em 2008, entendi que mais um capítulo havia se encerrado na minha trajetória. Deixei a liderança da Endeavor para — desta vez, sim — voltar a empreender.

## Novos negócios

Logo que deixei a direção da Endeavor, fundei a Pixit, uma produtora de vídeos digitais curtos, com Ricardo Merzvinskas, que eu conhecia

* Marilia Rocca é membro do conselho do banco Santander e CEO do Grupo Hinode. Também foi sócia da Mãe Terra até 2017 e vice-presidente de serviços e *cloud computing* na Totvs até 2016.

da ABB, e Flávio Machado, amigo dele que já tinha uma produtora de vídeos digitais, mas que não ia bem. Logo tínhamos clientes como TAM Viagens, Alpargatas, Natura e Whirlpool. O negócio teve sucesso, ainda que numa escala pequena. Mas nunca me apeguei às empresas que criei. Sempre acreditei em ciclos que se fecham para outros serem abertos. Então, depois de dois anos, topamos vender o negócio para o grupo de comunicação MZ.

Em 2010, ainda em paralelo com a Pixit, fundei o Guidu com Marcus Andrade,* que conheci na Endeavor e era quem tocava no negócio no dia a dia. Nossa proposta era uma espécie de guia para as cidades do Rio de Janeiro e São Paulo, que também atuava como uma rede social, onde os usuários poderiam avaliar e recomendar lugares e serviços. Nosso objetivo era fazer uma nova tentativa de guia de cidades (depois do GuiaSP). O propósito era ajudar as pessoas a encontrarem um lugar para sair que tivesse a ver com seu perfil. A Guidu foi pioneira nesse serviço no Brasil, mas o timing foi cedo demais e não conseguimos dar tração ao projeto. Além disso, não levantamos dinheiro suficiente para investir em comunicação e marketing. Como todo empreendedor, o que sempre moveu minha vida foi a coragem de arriscar, de tentar construir algo novo. E essa foi uma tentativa malsucedida. Faz parte.

Dois anos depois, conheci o Pedro Guimarães. Um carioca que tocou a produtora Conspiração Filmes e tinha um background mais financeiro. Acabamos criando um novo negócio, o Imperdível.

O Imperdível, um dos primeiros sites de compras coletivas do Brasil, foi criado em maio de 2010. A empresa decolou exponencialmente nos primeiros seis meses. Contratamos mais de cem pessoas, faturávamos milhões por mês e atuávamos em quinze cidades do país. Acreditávamos ter encontrado o melhor negócio do mundo. Mas foi só um momento de euforia. A barreira de entrada no setor era muito baixa. Qualquer pessoa podia criar uma página e começar

* Marcus Andrade depois foi diretor na 99 e na QuintoAndar, start-up de aluguel de imóveis fundada em 2012.

a vender. Ficou competitivo demais. Em um ano, havia 2 mil empresas como a nossa.

Quando a empresa tinha nove meses, veio a desilusão. O modelo de compra coletiva não parava mais em pé. Não havia recorrência no consumo. O mercado já não era o mesmo, a moda havia passado, e o negócio, portanto, não tinha futuro. Conversei com meus sócios e apresentei minha proposta para lidar com o cenário: fechar a empresa. Colocaríamos todo o dinheiro para pagar os funcionários e seria o fim dos trabalhos. Meus sócios não toparam. Ainda acreditavam no projeto. Então, compraram minha parte na empresa. Mas o tempo provou que, dessa vez, eu estava certo. A Imperdível quebrou quase dois anos depois. Mas não foi a única. Esse tipo de negócio deu errado no mundo inteiro. Foi uma história de fracasso generalizado.*

Hoje acredito que alguns negócios não vêm para ficar. Atingem o auge, têm um fluxo de vida intenso mas curto. São passageiros. Considero a experiência na Imperdível uma das mais importantes da minha trajetória. Foi rica para meu crescimento, mas também muito traumática. Quando saí, fui convidado para ser conselheiro da B2W Digital, a maior empresa de e-commerce da América Latina, que atua com as marcas Americanas.com, Submarino e Shoptime.

## O caminho do primeiro unicórnio do Brasil

Depois do intensivão das três empresas (Pixit, Guidu e Imperdível), eu estava desmotivado para empreender de novo. Foi quando, em 2012, Renato Freitas e Ariel Lambrecht (ambos haviam sido colegas na Poli-USP, dez anos depois da minha passagem por lá) me apresentaram o projeto da 99 e me convidaram para a sociedade. Eles me viam como um complemento importante. Conheciam tecnologia e produtos digitais, mas não tinham experiência em gestão, ventu-

* Até mesmo a maior empresa desse segmento no mundo, a Groupon, chegou ao auge de 15 bilhões de dólares de valor de mercado e depois caiu. Hoje não vale mais de 2 bilhões de dólares.

re capital e uma série de outros elementos necessários para fazer a start-up dar certo. No início preferi não entrar com dedicação total. Cachorro mordido por cobra tem medo de linguiça. Mas fui ajudando nos primeiros passos.

Eu vislumbrava para o setor de apps de táxi um cenário parecido com o que havia visto no mercado de compra coletiva: muita gente com a mesma ideia e com mais recursos do que teríamos. Isso me desanimou. Mas isso não me impedia de ver potencial no negócio. Minha posição era: "Tenho essas preocupações, como vamos fazer isso funcionar?".

Segui acompanhando o projeto de perto, ajudando, com a possibilidade de entrar mais para a frente. Até que decidi mergulhar de cabeça com eles. Criamos uma estratégia superlegal e diferenciada, focando mais no motorista no começo. A ideia era transformar o próprio motorista em promotor da 99 e converter mais passageiros, enquanto os concorrentes investiam muito em divulgar a marca. Isso acabou fazendo a diferença para a 99 efetivamente ganhar o jogo no Brasil.

Nós três éramos pessoas complementares. O Renato foi quem escreveu o código e coordenava a parte de tecnologia. O Ariel era o responsável pelo produto, pois trabalhou no Google e tinha uma cabeça boa de usuário, de como simplificar o uso do app para motoristas e passageiros. Eu fiquei com a parte de gente e gestão e financeiro. Construímos um time de fundadores com competências complementares e valores comuns. Isso é necessário para colocar um negócio de pé. O primeiro ano da 99 foi com 100 mil reais, aportado pelos três fundadores, sem depender de terceiros.

Era um início ridiculamente pequeno. Contratamos apenas uma pessoa. Antes de o aplicativo ser lançado, íamos até os pontos de táxi de rua conversar com os motoristas. Era uma rotina legal. Os taxistas não tinham smartphones, não estavam acostumados com esse tipo de tecnologia, e não havia certeza de que apareceriam passageiros. Então, vendíamos o sonho. Parece meio insano começar uma empresa assim, mas deu certo.

Nos primeiros seis meses, conseguimos apenas duzentos taxistas cadastrados no aplicativo — e quase ninguém usava o 99Táxis.

Mas a rede foi se ampliando, os próprios taxistas foram trazendo outros. Quando usavam, as pessoas se encantavam. Tanto o motorista quanto o passageiro tinham benefícios. Com o tempo isso começou a ser percebido. Alguns meses depois, a situação se inverteu. Não era mais a gente que convencia os taxistas. Eles queriam entrar no negócio.

Foi Ariel quem nos colocou uma meta inicial: alcançar mil táxis para ultrapassar qualquer cooperativa. Analisando o mercado, descobrimos que existia cerca de 150 mil táxis no país. Desde então nosso objetivo passou a ser romper esse modelo e criar um novo paradigma. Não adiantava colocar uma meta naquele momento porque seria um teto baixo. Mais importante era manter o crescimento de 5% ou 10% por semana.

Meses depois de lançar a 99, alcançamos mil corridas mensais. Foi totalmente fora da curva, mas longe do que viria a seguir. Batemos 10 mil corridas. Depois 100 mil e 1 milhão por mês.

Junto com os números, a empresa foi crescendo e se transformando. Conseguimos dar oportunidades para quem trabalhava lá crescer junto, e ainda foi preciso trazer gente de fora para completar o time. Apostamos 100% na geração *millennial*. Quando começamos a empresa, eu tinha quarenta anos e os meus sócios, trinta. Consideramos a idade deles o limite para trabalhar na 99. Essa geração tem um espírito mais livre e desapegado, que só permanece em uma companhia se alinhada a seus ideais. Queríamos gente assim conosco. Até que contratei uma pessoa com mais de trinta anos porque me pareceu a escolha mais adequada naquele caso, e, a partir de então, flexibilizamos um pouco mais a faixa etária.

As pessoas se sentiam motivadas, desafiadas, enturmadas e realizadas no dia a dia. Avançamos numa velocidade impressionante. Fomos de vinte pessoas para cinquenta em dois meses.

Todo dia impactávamos a vida de mais de 100 mil pessoas, entre taxistas e passageiros. Muitas vezes, quando pedia um táxi e contava que era fundador da 99, os motoristas nem me deixavam pagar. Diziam que eu tinha mudado suas vidas e a de suas famílias — e esse é meu propósito como empreendedor.

Conseguimos criar um ambiente onde as pessoas tinham autonomia. Dizíamos que estavam todos sempre com um frio na barriga, porque os desafios não acabavam. Por isso, ninguém podia ser apegado a tarefas ou cargos. Mudávamos a proposta da empresa a cada três meses — e as funções da equipe mudavam junto. Esse foi um dos pontos ao qual atribuo o sucesso da companhia. Uma empresa deixa de ser uma start-up quando o modelo de negócios está completo e funcionando, mas é preciso manter a efervescência de start-up, e era o que fazíamos.

No auge da 99, cheguei a trabalhar treze horas por dia, e isso não me incomodava. Fazia com prazer. Acordava às 6h45, checava minha caixa de e-mails por uma hora, levava minhas filhas ao colégio e depois ia para a empresa. Chegava por volta das oito da manhã e, na maioria das vezes, voltava para casa às sete da noite. Assim, conseguia passar mais tempo com as meninas, o que sempre foi essencial para mim. Quando elas dormiam, eu trabalhava mais um pouco. Então, desligava.

## Um tubarão a caminho

Quando a Uber chegou ao Brasil, em 14 de maio de 2014, vimos uma grande concorrência e decidimos fazer novas transformações na empresa. Com o conceito de "carona compartilhada", criado pela Lyft nos Estados Unidos e que eles trouxeram para o Brasil, criamos o 99Pop, uma versão da 99Táxis para carros particulares. Seguimos incorporando mais funcionários na empresa. Em 2017, último ano em que estive na 99, começamos com umas 170 pessoas e acabamos com quase novecentas. Foi exponencial. A mentalidade era que competindo com a Uber, que já tinha uma força muito grande no país, só dobrar nosso trabalho não seria suficiente. Precisávamos fazer cinco vezes mais. E fizemos.

Observando nosso modelo de negócio em crescimento sem precedentes e os profissionais que conquistamos, a concorrência assediou nossas pessoas-chave por diversas vezes. A equipe recebia uma oferta de trabalho por semana. Em 2016, quase quebramos diante da forte concorrência, e a Uber tentou nos tirar ainda mais funcionários que o habitual. As propostas multiplicavam o salário, os benefícios, o plano de carreira. Apesar do assédio, nenhuma das pessoas-chave saiu da minha equipe.

Em abril de 2016, chegamos a falar para os funcionários que poderíamos quebrar se não mudássemos radicalmente o modelo de negócio. Ainda assim, as pessoas diziam: "Vamos ficar aqui na trincheira. A gente afunda junto com o barco, mas não vamos pular, não". As lições de cultura, gestão de pessoas e negócios que aprendi com os erros e os acertos de empreendimentos passados e as conversas nos corredores da Endeavor me fizeram criar um ambiente de trabalho que ninguém pretendesse sair. E esse é um dos feitos de que mais me orgulho na jornada.

Com essa competição cada vez mais acirrada, precisávamos de mais capital para não virar uma empresa de nicho ou pequena demais — esse ainda era um risco. Foi em 2017 que conseguimos levantar uma rodada de 200 milhões de dólares com a chinesa Didi Chuxing, a japonesa SoftBank, entre outros. O plano era levantar 500 milhões de dólares em seguida. A Uber tinha bilhões de dólares em caixa e precisávamos de reforço para competir em condições de igualdade.

## Depois a gente faz outra

Mas os fatos não corresponderam às expectativas. Meses depois, o SoftBank investiu na Uber.* Então, a Didi Chuxing se preocupou em colocar dinheiro adicional na 99 sem ter o controle integral do modelo de negócio. Foi então que surgiu a proposta deles para comprar nossa empresa.

---

* Em dezembro de 2017, o Softbank fechou um acordo com a Uber, que o tornou o maior acionista da companhia, com aproximadamente 15% de participação e um investimento de cerca de 9 bilhões de dólares no negócio global.

A oferta nos surpreendeu, e a primeira resposta foi negativa. Estávamos empolgados. Pela primeira vez, conseguimos capital suficiente para competir com a Uber. Mas a Didi Chuxing alegou que não investiria mais na empresa sem ter o controle total do negócio.

Nós não fizemos a 99 para vender. A ideia era ficar com ela no longo prazo e ganhar dinheiro. Porém, o mercado foi ficando cada vez mais difícil. Era necessário levantar muito dinheiro para competir com os gigantes que se aproximavam, e a condição não estava favorável. Isso nos causou uma grande insegurança. Depois de cinco anos, tomamos a decisão de aceitar a oferta e vender a companhia. Recebemos o que foi o maior cheque para start-ups no Brasil até então. O valor deu à 99 o status de primeiro unicórnio brasileiro, trazendo excelente retorno a todos os investidores, aos fundadores e a diversos funcionários-chave que participaram da construção conosco. Como empreendedores, o pensamento foi: "Depois a gente faz outra".

Não foi uma decisão simples, e eu acredito até hoje que poderíamos ter feito um negócio bem maior. Se a rodada de 500 milhões de dólares tivesse se concretizado, poderíamos ter alcançado um tamanho parecido com a Ola Cabs, na Índia, ou a GrabTaxi, na Indonésia e em Singapura. Essas eram referências. Mas preferimos não arriscar mais. Eu saí com uma enorme sensação de alívio por ter deixado o risco e a volatilidade. Foi libertador vender o primeiro unicórnio do Brasil.

## Mais start-ups em gestação

Depois da venda da 99, optei por seguir um caminho diferente, empreendendo em outro papel. Investi em diversos negócios, com fundadores incríveis atacando grandes problemas que a tecnologia pode ajudar a resolver. Na Digibee, por exemplo, criaram uma maneira muito inovadora e robusta de resolver a complexidade nas integrações de tecnologia, que tanto frustram as empresas grandes. Com muita simplicidade resolve-se um problema gigante que toda empresa enfrenta com a mudança de arquitetura para sistemas mais distribuídos, como microsserviços e APIS. Na CargoX, outro exemplo, estão construindo o maior marketplace de frete do Brasil e um dos maiores do mundo. Também investi em empresas nos ramos de saúde, inteligência com dados para tomada de decisões, mobilidade urbana e *fintech* para facilitar o acesso das pessoas aos ativos para os quais não conseguem crédito. Fico bem próximo para ajudar nos desafios de completar o time, atrair capital, ganhar escala rapidamente.

Também trabalho em alguns conselhos de administração de grandes empresas. Isso me fascina porque poucas vezes eu estive nesse ambiente. A grande empresa que trabalhei por anos foi a 99 — e eu ajudei a levá-la a esse patamar. É uma experiência totalmente diferente. Há oito anos, sou conselheiro da B2W Digital. Esse trabalho me abriu portas em outras empresas. Em maio de 2018, entrei para o conselho da Estapar Estacionamentos. Em setembro do mesmo ano, me tornei conselheiro independente na Localiza Hertz, especialista em aluguel de carros no Brasil e na América Latina. Fui escolhido para contribuir na evolução dessas empresas neste mundo cada vez mais digital. No começo de 2019, passei a integrar o conselho da CargoX.

## Experiência compartilhada

Depois de toda essa trajetória, comecei a perceber mais claramente os riscos de empreender e como meus aprendizados podem ajudar os jovens que estão iniciando. Hoje em dia, as pessoas têm uma boa formação. Diferente de antigamente, muitas vezes a primeira opção já é empreender. Isso me faz pensar em um futuro muito próspero para essa área e para o Brasil. Temos pessoas muito competentes e *hard-working*, isso é muito positivo para o país, embora as estatísticas ainda mostrem que a grande maioria pode quebrar a cara.

Faço mentorias com empreendedores, um a um, sempre via Endeavor. Gosto de conversar, ouvir e entender o momento em que a empresa está e onde posso ajudar. Acredito que contribuir para o desenvolvimento das empresas é minha missão — inclusive, por isso, investi em algumas e acompanho de perto. Quanto mais empresas derem certo, mais o país dará certo.

Mas me preocupa a romantização do empreendedorismo que vemos atualmente. É difícil ter uma ideia e começar do zero. Eu não recomendo que as pessoas façam isso cedo demais. Pode ser mais rico e certeiro buscar uma experiência que as capacite antes de começar seu próprio projeto. Iniciar a carreira em uma empresa estruturada para entender como o negócio funciona, idealmente em uma start-up com bom time de fundadores.

Uma start-up não tem suporte, você pode fazer de tudo. Isso é o que mais encanta nesse mercado. Eu sempre falo para as pessoas de grandes empresas: "Quem aqui já ouviu que precisa pensar fora da caixa?". Todos levantam a mão. Mas a caixa só existe na cabeça de quem está falando isso e perpetua esse mito. Em start-up, não tem caixa. Se você quiser uma, terá que fazer. Empreender é executar. É se adaptar ao que está aprendendo, ao cliente, ao mercado. Eu achava que, para virar um negócio, a ideia tinha que dar certo. Hoje sei que a ideia não garante nem 1% do sucesso do negócio.

A vida de start-up é na trincheira. Você tem que colocar a mão na massa, muitas vezes literalmente. Ter a consciência que vai passar perrengue. Se tudo der certo, lá na frente, o jogo começa a virar. Mas é lá na frente, depois de muita perseverança. Você quer curtir o fim de semana e desligar totalmente do trabalho? Ou quer colocar o negócio de pé, o que vai invadir o fim de semana para fazer aquilo mais rápido? Esse é o perfil de quem quer empreender.

Ordem e progresso só convivem bem em um lugar, que é a bandeira do Brasil. Em qualquer outro contexto você tem que escolher. Quer ordem? Tudo bem, fazemos tudo quadradinho. Quer progresso? Esqueça a ordem. Progresso é desordem. Navegar entre esses dois aspectos é o grande desafio de uma start-up. Porque o mundo dela é muito volátil, tem pouca certeza duradoura. As coisas têm ciclos, e os ciclos são rápidos. Mike Tyson falava que nenhum plano de luta sobrevive a tomar o primeiro soco na cara. Eu acho que isso traduz bem o que é empreender.

## OS PRINCIPAIS CONSELHOS DE PAULO VERAS

### *Sobre empreendedorismo*

1 **Ganhe experiência antes de se arriscar alto**
Para criar uma empresa e fazê-la crescer, é preciso bem mais do que uma boa ideia. Pode ser mais rico e certeiro buscar experiências em empresas que o capacitem antes de apostar no próprio projeto. Aprenda a tomar risco aos poucos e ir ganhando confiança.

2 **Olhe para o problema em contexto — e não isoladamente**
Observe se a solução que está resolvendo em um projeto não se aplica em mais casos. No começo da carreira, criei um software de gestão para clínicas médicas, mas perdi a oportunidade de replicar a solução e atacar um mercado maior.

3 **Peça ajuda a quem já fez**
Muitos erros podem ser evitados se você pedir ajuda ou estudar referências no mercado. Aprenda com quem já passou pelos desafios. Escolha mentores e consulte-os. Acelere seu aprendizado estudando casos anteriores e deixe os testes arriscados para o que só se pode aprender na prática.

4 **Dedique-se ao que você tem prazer de fazer**
Se você tem mais prazer em desenvolver um hobby do que de trabalhar de segunda a sexta, vale refletir: será que não deveria investir sua energia produtiva para transformar o lazer em trabalho? Costumamos ter mais sucesso no que gostamos de fazer.

5 **Seja honesto mesmo quando a verdade for dura**
Como responsável por um negócio, o empreendedor não pode se limitar a dar feedbacks positivos ou se omitir. É preciso falar com honestidade, firmeza, clareza e objetividade sobre o que está errado e como as pessoas podem melhorar.

6 **Desapegue-se de cargos e funções**
Uma empresa em crescimento não pode se prender a posições e tarefas. As pessoas têm de estar dispostas a mudar suas ativi-

dades a todo momento, contribuindo com o que a companhia precisa no momento para dar o próximo passo.

7 **Monte um time de pessoas excepcionais com valores comuns e competências complementares**
Identifique seus valores inegociáveis e o que você faz melhor no dia a dia do negócio. Então, junte-se a sócios que queiram o mesmo, mas tenham habilidades complementares. Isso vale também para a equipe: a diversidade de perfis, com os mesmos valores, enriquece o negócio. Faça imenso esforço em identificar, atrair e reter talentos.

8 **Seja ágil**
Seja veloz nas decisões e teste diversas hipóteses. Planeje menos e experimente mais. Aceite que vai tropeçar e errar muito pelo caminho. O importante é aprender sempre e aplicar esse aprendizado com disciplina para evoluir. Por vezes, é melhor decidir rápido do que decidir certo. A empresa se move e vai ajustando o rumo.

9 **Tenha sempre o cliente como prioridade máxima**
As start-ups não se destacam necessariamente pela tecnologia, mas por conseguir manter o cliente no centro de todas as decisões. Seu time todo deve usar sempre seu produto, participar do atendimento aos clientes, manter-se muito próximo da experiência na ponta.

## SUGESTÕES DE LEITURA

*De zero a um*
Peter Thiel
"Boas provocações sobre disrupção e como sair do lugar comum das evoluções incrementais, buscando soluções que aumentem o valor dos produtos e da empresa dez vezes, em vez de 10%."

*A start-up enxuta*
Eric Ries
"Ótimas práticas de gestão de produtos/negócios inovadores,

trazendo método e disciplina para organizar o caos, ajudando a start-up a encontrar o caminho para o sucesso através de ciclos curtos, muitos testes e aprendizado acelerado e contínuo."

*O lado difícil das situações difíceis: Como construir um negócio quando não existem respostas prontas*
Ben Horowitz
"Um dos raros livros que trata de maneira bem pessoal como um cofundador e CEO lida com as adversidades e as dificuldades de tocar o dia a dia de uma start-up, desde dificuldades de caixa até cultura e gestão de pessoas."

*Built to Last: Successful Habits of Visionary Companies*
Jim Collins e Jerry I. Porras
"Ajuda a construir uma visão de longo prazo e traz ferramentas para implementar no dia a dia. Mostra diversos cases de empresas que conseguiram se perenizar."

*Winning*
Jack Welch e Suzy Welch
"Um dos livros que mais me ajudou no começo como CEO e líder. Apesar de não ter sido pensado para o mundo digital e para criação do produto, ajuda muito em questões práticas de gestão e liderança, que são fundamentais na fase de escalar o negócio."

*Como o Google funciona*
Eric Schmidt e Jonathan Rosenberg
"Bacana a visão 'de dentro' sobre como o Google conseguiu crescer e ganhar imensa escala com um produto muito inovador, e a transição de start-up para corporação tentando manter o máximo da essência e dos valores originais."

CAPÍTULO 11

# Thiago Piau

# Thiago Piau é sócio e CEO da StoneCo, empresa que disruptou o mercado de adquirência

*Thiago Piau é sócio e CEO da StoneCo, empresa avaliada em mais de 22 bilhões de dólares e fundada há seis anos por Andre Street e Eduardo Pontes, que também fundaram a Arpex Capital, da qual Thiago também é sócio. Antes de se juntar ao grupo, ele criou um pequeno negócio que administrava vouchers corporativos para taxistas. Diante de barreiras para o crescimento no setor, vendeu a empresa em 2013 e passou a conduzir investimentos em outros empreendimentos pela Arpex. Liderou projetos como a venda da Sieve Group Brasil (de empresas de e-commerce) para a B2W (resultado da fusão entre os sites Submarino, Shoptime e Americanas.com), por 135 milhões de reais, em 2015. Em maio do mesmo ano, tornou-se CFO da Stone e, em seguida, assumiu o comando da companhia. Tem 31 anos, é casado e pai de dois filhos.*

## "Vou virar esse jogo"

Eu nasci e fui criado em Coelho Neto, subúrbio na zona norte do Rio de Janeiro. Vivíamos em uma casa dentro de uma espécie de condomínio, próximo ao lugar onde meu pai trabalhava. Meus pais decidiram viver lá para que a minha irmã, um ano mais velha, e eu tivéssemos a liberdade de brincar na rua. Mas a realidade econômica do lugar era ruim, havia muitas favelas próximas. Piorou mais ao longo do tempo. De 1990 a 95, uma das épocas mais críticas de segurança no Rio de Janeiro, eu dormia escutando tiroteio quase toda noite. Algumas vezes, escutava passos de gente passando por cima da casa para fugir de briga com policial.

Mesmo nesse contexto e com poucos recursos, me sentia blindado pelos meus pais e avós. Como se vivesse em uma bolha. Eles se esforçaram muito para que eu estudasse em boas escolas — e conseguiram.

Em razão dos cuidados da minha família, eu vivia arrumadinho, era bom aluno, uma criança frágil, que não via maldade nas situações. Por causa desse perfil, meus colegas tiravam sarro de mim. Cheguei a apanhar na escola e na rua. Mas o bullying fez com que eu aprendesse a me virar.

Um dia, quando ainda estava no ensino médio, meu pai disse que, se eu apanhasse de novo na rua, apanharia em casa também. Seu objetivo era que eu aprendesse a me defender. Entendi isso e comecei a comprar brigas. Ele logo me colocou no jiu-jítsu para me acalmar e desenvolver a disciplina. Muito rapidamente, senti que a luta me ajudou a fortalecer a autoestima. Eu conseguia me proteger, sentia firmeza, aprendi a lutar e a me defender.

Decidi cedo que viraria o jogo. Para isso, tive que aprender a lutar contra meus medos. Os exemplos que tive em casa foram fundamentais para isso. Minha mãe me ajudava nos deveres de casa, estudava comigo e estimulava a atividade intelectual. Meu pai sempre foi empreendedor. Teve loja de decoração, de pão de queijo, de serviços de impermeabilização. Seu principal negócio foi uma padaria. Ele saía às cinco horas da manhã e voltava às nove e meia da noite — exausto. Trabalhava muito, quebrou algumas vezes e sempre se levantou. Tinha o perfil de empreendedor não profissional, que mistura as contas de casa com as da loja. Foi um exemplo importante para mim da força gigantesca do trabalho.

Comecei a trabalhar com ele na padaria aos catorze anos. Era serviço e brincadeira ao mesmo tempo. Eu queria ser como ele, um homem de negócios. Fui ajudante de padeiro, padeiro, balconista, responsável pela mesa de frios, fiquei no caixa e, quando tinha uns quinze anos, passei a abrir e fechar a padaria aos domingos sozinho. Lembro que isso fazia com que me sentisse orgulhoso e responsável.

Nessa época, meus pais me colocaram em uma escola preparatória para o vestibular chamada Pentágono, na zona norte do Rio. Comecei a pensar sobre a profissão que escolheria. Espelhei-me em um tio que foi a pessoa da família que mais evoluiu na carreira. Fez engenharia mecânica e percorreu um caminho mais tradicional. Como eu era bom com números, apaixonado por carros e motores — gosto herdado do meu pai —, decidi que também seria engenheiro.

## Mais trabalho, por favor

No período escolar eu praticava bastante esporte. Primeiro jogava futebol e nadava. Meu pai me estimulava muito a competir. Só que, na hora H, eu tremia na base. Nos campeonatos de futebol, desejava ficar no banco. Não me sentia encaixado naquele esporte.

No jiu-jítsu competi em campeonatos brasileiros e estaduais. Mas, assim como no futebol, o frio na barriga que sentia não era tão bom. Adorava a intensidade dos treinos, mas aquele também não era o esporte que me motivava a competir.

Aos dezessete anos, quando terminava a escola, prestei todas as faculdades públicas porque sabia que minha família não teria condições financeiras para pagar o curso. Passei em todas — e decidi pela UFRJ. Era considerada a melhor, e eu sempre busquei o melhor.

O primeiro ano foi tranquilo, reforçando conceitos que havia aprendido na escola. Decidi que não me limitaria a estudar. Queria me ocupar mais. Comecei a trabalhar na empresa júnior na faculdade, mas ainda não foi suficiente. Como cresci trabalhando no balcão com meu pai, conhecia a prática e sentia falta disso. Na faculdade falava-se muito sobre gestão, mas pouco sobre o cliente, sobre as vendas e os lucros.

Consegui estágio em uma farmacêutica. Meu trabalho era calibrar equipamentos da linha de produção, como capacetes e botas. A tarefa exigia cálculos precisos, e eu gostei do desafio intelectual. Em teoria, estagiava quatro horas. Na prática, trabalhava o máximo que podia porque aquilo me despertava paixão.

Aproveitei a experiência, mas vi que não queria continuar em um ambiente super-hierárquico, onde os diretores e os gerentes tinham décadas de casa e um ritmo de crescimento profissional lento. Decidi sair quando comecei a ter contato com alguns empresários no Rio de Janeiro.

## A primeira janela do empreendedorismo

Minha transição começou quando assisti, na faculdade, a uma palestra de Caio Fiuza, fundador da Visagio, uma consultoria de gestão, e hoje CEO na Ton, a solução de pagamento da Stone para o empreendedor autônomo. Ele contou como construiu sua empresa, e eu notei que tinha raciocínio rápido e me identifiquei com o espírito empreendedor, embora ele fosse mais experiente. Assim como eu, Caio fez engenharia na UFRJ e também foi da empresa júnior. Ainda sem saber para onde isso me levaria, comecei a ir a todas as palestras dele. Fiquei obcecado.

Na verdade, sempre busquei referências. Na literatura ou na vida, procurava pessoas em quem me inspirar. O Caio se tornara uma dessas pessoas para mim. Uma das principais lições que levo comigo é a de buscar mentores que admiro. Para tudo o que é importante em minha vida — jornada empreendedora, planejamento familiar, relações com meus sócios e pessoas queridas e meu desenvolvimento emocional —, busco pessoas que julgo serem muito melhores do que eu e peço conselhos. A humildade de aprender com alguém melhor do que você é algo muito importante para quem sonha alto.

Nesse período, Carlos Eduardo Azevedo, o Kadu, um amigo meu da vida inteira, deu uma ideia para empreendermos. Tratava-se de uma plataforma chamada Severino.com, que seria um marketplace para profissionais autônomos se conectarem a pessoas que precisassem de serviços em casa, como consertar um lustre, instalar uma TV, por exemplo. Decidi falar sobre essa ideia com o Caio Fiuza — e na palestra seguinte à que assisti, aproximei-me quando desceu do palco. Ao ouvir que eu queria contar uma ideia, ele foi direto: “Não vou colocar um real na sua ideia”. Só queria sua opinião, expliquei. Queria saber como dar o próximo passo. Não estava interessado no dinheiro. Então, ele falou que, se eu colocasse a ideia no papel, marcaria uma reunião com seus sócios. Vi a primeira janela para me tornar empreendedor. Até a manhã seguinte, cumpri minha parte, e Caio marcou a reunião.

Eu tinha dezoito anos e noção nenhuma de tato empresarial. Apresentei meu projeto para os sócios dele apenas com um papel na mão, vestindo camisa social e calça jeans. Ele ficou empolgado por nos ver caminhando. Mas depois me contou que os sócios não tinham gostado (um deles, Daniel Moreto, havia achado péssimo). Mesmo assim, disse para ficarmos por perto, porque ainda faríamos alguma coisa juntos. Aquilo ficou na minha cabeça.

Criei o hábito de ligar para ele regularmente. Sempre agregava algo e me mantinha conectado. Eu contava alguma ideia nova que tinha, e ele provocava o negócio quinze passos à frente.

Seis meses depois, Caio me ligou porque enxergou outra oportunidade. Chamou-me para tocar um projeto junto com a Visagio e outra empresa: colocar de pé um negócio de publicidade. Quando recebi a ligação, eu estava no ônibus. Não tive dúvidas, disse “sim” na hora e tranquei a faculdade para dar conta do trabalho — contra a vontade dos meus pais.

O projeto foi conduzido por Caio e Daniel Moreto (o que não havia gostado da minha primeira ideia), mas foi uma catástrofe. Descobrimos estar lidando com pessoas com uma ética diferente da nossa, o que foi intolerável. Sete meses depois de ter entrado, deixei o negócio. Outros fundamentos que levo para minha vida é ter opinião própria, independentemente do contexto em que estou inserido, e nunca me permitir estar rodeado de coisas ou pessoas que não sejam alinhadas com minha ética e meu caráter. Não interessa qual é a oportunidade empresarial, ética e caráter são elementos inegociáveis.

## Universitário, garçom ou empreendedor?

Nesse momento, com quase dezenove anos, minha dúvida era voltar para a faculdade ou empreender mais uma vez. Eu ponderava: se fosse para a faculdade e seguisse o caminho normal, teria um dinheirinho do estágio, mas não teria tempo para empreender. Se fosse empreender, teria que comprar uma briga com meus pais e não teria um real no bolso.

Acreditei estar tomando uma das decisões mais difíceis da vida quando um conhecido comentou que um bar chamado Black Bar, em Ipanema, precisava de garçom. Aquela me parecia a melhor escolha: empreender durante o dia e trabalhar como garçom à noite. Antes de aceitar o emprego, liguei para o Caio. "De jeito nenhum faça isso", ele disse. "Você tem que voltar para a faculdade", continuou. E concluiu a conversa me oferecendo um trabalho na Visagio. Topei.

Mais uma vez, trabalharia com Daniel Moreto, que agora montava uma aceleradora de negócios na consultoria. Foi nessa época que comecei a lidar com diversos empreendedores. Chamou-me a atenção vê-los colocando terno para fazer *pitch* para investidores. Havia uma atmosfera *hype*, que me fazia me lembrar de uma realidade muito diferente de empreendedorismo, que conheci vendo os negócios e a força de trabalho do meu pai. Eu sentia falta disso. Estudei todos os livros sobre os quais ouvi falar que abordavam o tema start-up e suas metodologias. Mas na prática lidava com alguns empreendedores que pareciam mais movidos pelo ego do que pela vontade real de atender ao problema de um cliente. Comecei a ficar inquieto de novo. Continuei no escritório da Visagio, mas pesquisando outras possibilidades.

Foi o momento de vida do meu pai que me estimulou a buscar uma nova tentativa de empreender. Seu negócio havia quebrado mais uma vez, e agora ele pensava em comprar a licença de um táxi. Conversei com o Kadu, porque seu pai era taxista, e entendemos que aquele setor era supercomplexo e tinha oportunidade para novos negócios. Meu pai não se tornou taxista, mas Kadu e eu começamos a ter ideias de possíveis empreendimentos.

A primeira delas foi inspirada na inglesa Addison Lee, que faz transporte executivo. Pensamos em fazer o mesmo no Brasil, com o nome de Take-me. Estávamos em 2011, a Uber tinha dois anos, mas ainda estava nos Estados Unidos e era pouco conhecida. Começamos a estudar o negócio com a Visagio, mas logo concluímos que o modelo não fazia sentido, porque demandava investimento demais em carros e motoristas. Voltamos, então, para os táxis, e nos deparamos com os primeiros aplicativos do setor, na Europa. Amadurecemos a ideia até se tornar algo muito parecido com o que logo seria lançado no Brasil.* Batizamos de Pagotaxi.

Percebi que eu teria de percorrer o caminho que criticava nos empreendedores que conheci antes: preparar um *pitch* e vender a ideia para investidores. Conversei com vários fundos até que o Daniel Moreto comentou que tinha conhecido um empreendedor mais acelerado do que eu — e que eu precisava conhecê-lo. Ele estava falando do Andre Street, fundador do Arpex Capital.

Além de fazer um *pitch*, eu precisava de um sócio de tecnologia. Na época o Kadu me apresentou ao Victor Fontes, um colega da faculdade que ele julgava ser genial em tecnologia e que tinha uma empresa de desenvolvimento de software. Como eu ainda não tinha dinheiro para pagar pela construção do sistema, ficava enrolando o Victor sobre o potencial do negócio e debatendo como iríamos construir a plataforma financeira. Ele percebeu que eu não tinha dinhei-

* Pela EasyTaxi, fundada em 2011 e vendida para a Cabify em 2017; e 99, criada em 2012 e vendida para a Didi Chuxing em 2018.

ro e decidiu me dar uma dura: eu iria ou não contratar a empresa dele? Pressionado e sem capital, convenci a Visagio a comprar a empresa do Victor e, em seguida, convenci o Victor a deixar o negócio dele, que não tinha muito potencial, e virar meu sócio na Pagotaxi, trazendo seu time junto com ele. Isso foi superimportante para nós. Nesse momento, tínhamos uma configuração ideal para levantar capital — uma boa dupla de empreendedores (negócios + tecnologia) e o Daniel Moreto, através da Visagio, como nosso investidor anjo.

## O mundo dos meios de pagamento

Em meados de 2012, peguei o cartão do André e mandei uma mensagem informal perguntando como estavam as coisas na Arpex e dizendo que eu estava fazendo um negócio que queria apresentar para ele. Perguntei se teria tempo para uma reunião. Ele topou na hora. Disse que daria um pulo no meu escritório. Falei para o Daniel que precisava da sala de reunião da Visagio emprestada, já que Victor e eu ficávamos em uma sala pequena com nosso time e não caberia mais ninguém, e eu precisava fazer uma cena melhor para impressionar.

Mais uma vez, reconheci estar diante de uma oportunidade. Havia um investidor profissional interessado em me escutar. Fiz a apresentação — agora já em um PowerPoint mais arrumado — e expliquei todo o contexto do negócio para ele. Ele gostou e quis que eu apresentasse para duas pessoas que trabalhavam na Arpex.

Apresentei, então, para o principal sócio dele, Eduardo Pontes, que entendeu meu negócio, mas não estava exatamente interessado. Falou que seria melhor se eu colocasse uma maquininha de cartão dentro do táxi. Como eles já investiam em meios de pagamento, sugeriram que eu estudasse o assunto e voltasse lá para contar o que aprendi. A inteligência e a velocidade do Eduardo me impressionaram muito quando o conheci. Por mais que um pouco contrariado pelas críticas ao meu negócio, decidi ter humildade e seguir a direção que ele estava apontando, porque a verdade é que me pareceu muito melhor.

Viramos algumas noites estudando tudo o que havia sobre pagamentos no Banco Central. Dissequei a indústria inteira. Com os aprendizados, mudei meu plano de negócio. No encontro seguinte, Eduardo gostou das mudanças que fiz, mas disse que teríamos de falar sobre a parte de tecnologia com outro sócio deles chamado Fabio Barbosa, que estava construindo a MundiPagg, especializada em pagamentos para comércio eletrônico, e era um dos negócios da Arpex.

O único feedback do Fabio foi que eu deveria mudar o nome para PaggTaxi para ficar mais parecido com a MundiPagg do que com o concorrente deles que estava nascendo na época, chamado MaxiPago. Mudei na hora. Depois disso, voltei a falar com o André. Queria saber o quanto eles investiriam no nosso negócio. Ele foi objetivo e muito franco. Falou que meu negócio não era muito bom e era muito pequeno, que ele achava que não iria para a frente e estava pensando em algum motivo para fazer algum negócio comigo. Pensei rápido. Então, disse que passaria 5% da empresa de graça para ele, só para poder trabalhar dentro do escritório da Arpex e aprender com empreendedores que já estavam nessa estrada havia muito mais tempo do que eu. Ele aceitou. Depois, como eu precisava de cerca de 10 mil reais para comprar computador, investiu esse valor em troca dos 5% de participação — além de arrumar uma mesa para mim na empresa.

Para entender o setor detalhadamente, concluí que o melhor jeito seria entrar nele. Escrevi um e-mail para todas as cooperativas de táxi no Rio dizendo que era estudante (o que já não era verdade) e pedindo para trabalhar de graça sobre algum problema que a cooperativa tivesse. Assim, aprenderia sobre o negócio e, em seguida, montaria minha empresa.

O presidente de uma das cooperativas me respondeu e fui conversar com ele. Quando cheguei, vi uma cena que me impactou. Era uma operação de guerra: dezenas de pessoas processando manualmente o pagamento dos vouchers de táxi usados pelas empresas conveniadas. A cooperativa não aceitava cartão de crédito. “Achei minha oportunidade”, pensei na hora.

De um lado, eu tinha a sociedade da Visagio, que prestava consultoria para grandes empresas; do outro, da Arpex, especializada em meios de pagamento. Acabava de encontrar o problema que poderíamos resolver juntos. Os vouchers eram como cheques em branco que as empresas davam aos funcionários. Havia muita fraude no processamento deles. Os voucheiros (que antecipavam os recebíveis dos taxistas) cobravam muito caro, além de demorar para pagar. Nós criaríamos um meio eletrônico para os funcionários fazerem o pagamento da corrida e um aplicativo para os táxis validarem os valores.

## Próximo passo: de cara com o muro

Para meu produto crescer, eu tinha que dar o passo seguinte: integrar com outro sistema de cooperativas de táxis para ampliar nossa plataforma. Mas, quando fui conversar com o presidente da empresa que dominava quase todas as cooperativas, ele fez algo que foi talvez a pior e a melhor experiência da minha vida empreendedora.

Para avançar a conversa, queria uma participação na minha empresa, como pessoa física, ou então queria receber algum dinheiro em paralelo. Saí da reunião indignado com sua postura nada profissional. Fui em busca de conselhos do André e do Eduardo, que ouviram em silêncio meu desabafo. Ao final, perguntaram: "Você conseguiria tocar o negócio dele?". "Como assim?", retruquei, sem entender bem aonde queriam chegar. "Você tem confiança de que saberia tocar o negócio?" "Sim." "Então faz uma proposta para comprar a empresa dele", disse o André.

Aquilo me soou como loucura. Até porque a empresa que ele representava era uma unidade de uma companhia que tinha a matriz em Londres. "Entre num avião, vá para Londres e compre a empresa do Brasil", disse o André. Ainda sob impacto da orientação inusitada, peguei meu computador, abri o LinkedIn, encontrei o CEO da empresa em Londres e mandei uma mensagem dizendo que tinha uma proposta para fazer. Marcamos a reunião. Detalhes: eu nunca tinha saído do país, não tinha passaporte e não falava inglês direito.

Peguei um terno do meu pai emprestado, tirei o passaporte e fui junto com o Daniel Moreto. Cheguei a uma sala de reunião em que havia sete pessoas do Conselho de Administração, o CEO (herdeiro do negócio) e eu — com o PowerPoint debaixo do braço, morrendo de medo. A primeira coisa que falei era a última que deveria ter falado (mas só entendi isso depois): "I want to takeover your Brazilian operation".

Vi na expressão das pessoas que tinha falado besteira. O presidente, então, disse que conseguiria comprar múltiplas vezes minha empresa e a Visagio junto. O encontro acabou depois de ele dizer que, se tivesse alguém sério na companhia, que ligasse para ele. Voltei para o Brasil e conversei com André, que, calmamente, me explicou que não era assim que se fazia esse tipo de negócio.

## Números altos e emoções fortes

Pensei que tinha perdido minha grande oportunidade. Mas a vida continuou. Segui fazendo uma força gigantesca para escalar minha operação, com muito medo de quebrar. Em março de 2013, havia dez pessoas na PaggTaxi, clientes e operação andando. Já tínhamos levantado cerca de 1 bilhão de reais em investimentos. Até que um dia recebi uma mensagem misteriosa do André, perguntando se eu estaria ocupado na semana seguinte. Era de noite, eu estava com minha namorada (que hoje é esposa), e respondi: "Depende para quê". "Você pode viajar comigo por duas semanas para fazer um negócio?", ele perguntou. Sem saber nada além disso, topei na hora.

Recebi uma passagem para a Itália. Estávamos indo levantar capital para o fundo Usina, que nasceria como um fundo de venture capital, mas acabou virando uma empresa de comércio eletrônico, da Arpex — a Sieve Group. O André queria que eu aprendesse a conduzir transações como essa. Eu não sabia com quem falaríamos até o momento das reuniões. Só ficava estudando o negócio o máximo possível para saber o que dizer na hora dos encontros.

Quando descobri que a primeira reunião seria com John Elkann,* um dos maiores empresários do mundo, pensei que seria interessante saber a abordagem do André. Para minha surpresa, comecei a ver algo completamente diferente do que eu conhecia. O jeito do André foi muito simples, de ser humano para ser humano. Uma relação equilibrada e de igual para igual. Aprendi ali que ninguém é melhor do que ninguém. Independentemente de sua posição social ou financeira, no nosso esporte de empreender o que interessa é o valor do negócio que você está construindo e o caráter das pessoas.

Ao voltar para o Brasil, eu não cabia mais no meu negócio. Depois entendi que essa foi a forma mais inteligente de o André me falar que eu deveria sonhar mais alto. Tomei a difícil decisão de fechar meu negócio. Na época, eu era o acionista majoritário de uma empresa pequena, mas estava sob meu controle. Decidi deixar as coisas saírem do meu controle e tirar o ego do jogo para sonhar em fazer coisas realmente grandes. Contei para o André e o Eduardo, achando que eles ficariam chateados comigo, mas eles ficaram felizes. "Finalmente", foi a reação que tiveram. "Qual é o próximo negócio que vamos fazer?", me perguntaram.

Mesmo assim, corri em todos os meus clientes, vendi o negócio, peguei o dinheiro de volta, devolvi a parte dos investidores. Consegui alocar meu time na Stone — empresa de meios de pagamentos do grupo, fundada em 2013. Comecei a trabalhar na Arpex. Queria fazer parte de algo maior, construir junto.

Nesse período, fui para Harvard fazer um curso de três semanas voltado para empresários, herdeiros e altos executivos. Era o que havia de melhor em relação a educação executiva e me abriu a cabeça de forma excepcional — mudou completamente minha forma de pensar sobre estratégia empresarial e me deu mais maturidade

* Norte-americano, trineto de Gianni Agnelli, fundador da Fiat, ele foi responsável pela recuperação da empresa depois da Segunda Guerra Mundial. Atualmente é presidente do conselho da holding que controla os negócios da família, que vão das companhias de automóveis, como Fiat Chrysler e Ferrari, até negócios de mídia, como *The Economist*, além da equipe de futebol italiana Juventus.

para refletir sobre os desafios. No trabalho, agora sentado do outro lado da mesa, comecei a tocar os investimentos em outros empreendedores. Como eu já estivera na posição deles, conhecia suas dores. Divertia-me demais nessa época, apesar de dormir cerca de quatro horas por noite. De 2013 a 2015, investimos em muitos negócios, e me tornei sócio da Arpex.

Eu atuava principalmente no negócio de e-commerce da empresa, mas fazíamos tudo ao mesmo tempo. Entre 2014 e 2015, o André e o Eduardo estavam levantando capital para a Stone. Participei ativamente do processo nos Estados Unidos, ajudando a construir a modelagem financeira do que apresentaríamos da empresa. Depois de alguns momentos emocionantes — porque tive que virar várias noites para concluir o modelo e, nas primeiras reuniões, ainda não estava finalizado —, voltamos ao Brasil com a sensação de que o negócio estava feito. Só faltava assinar o contrato com os investidores.

No dia do fechamento do acordo, passamos a madrugada discutindo com os investidores uma cláusula no contrato. O ponto era que, se houvesse uma variação cambial muito grande, eles poderiam pular fora e reprecificar o negócio inteiro. Por isso, queríamos concluir o acordo o mais rápido possível. Alguns investidores envolvidos no round de captação já tinham pagado um dia antes — com exceção de um, a gestora Tiger. No dia do fechamento do negócio, o dólar disparou, e o advogado do fundo ligou falando que seria preciso rever o valor. Minha missão era fazê-lo desistir dessa ideia e assinar o contrato. A discussão foi noite adentro. Acabamos conseguindo, e a Stone foi, pela primeira vez, avaliada acima de 1 bilhão de reais.

Em paralelo à capitalização da Stone, eu tocava um negócio que para mim parecia gigante na época: a fusão dos nossos negócios de e-commerce e a venda da empresa consolidada resultante. Eram mais de dez empreendedores envolvidos, com os quais negociamos a compra individualmente e, em seguida, reunimos todos no que chamamos de Sieve Group. Resolvemos focar apenas em meios de pagamento. Então, vendemos o grupo para a gigante B2W. A essa altura eu já tinha desenvolvido bastante minha habilidade de negociação.

Lembro-me do dia em que contei para meu pai o que a gente tinha feito. Eu tinha um sentimento de orgulho. Perguntei se ele se lembrava de todas as vezes que eu entrava para jogar futebol, ou quando competia no jiu-jítsu, que eu sempre tremia. Então, expliquei que na mesa de negociação eu não tremia, que aquele era meu lugar, me sentia muito bem em negociações difíceis. "Esse é meu esporte. Minha vida vai ser dedicada a isso, pai", falei.

Vinha à minha cabeça de onde eu havia saído e todo o caminho percorrido, junto com aquelas pessoas, para conseguir fazer aquele negócio. Foi emocionante olhar para a mesa do escritório de advocacia do BMA, com diversos advogados, o André, a turma de empreendedores de quem eu havia conquistado a confiança, os sócios da Arpex... Comecei a chorar. Não era sobre o dinheiro. Era sobre orgulho de ter feito algo relevante com pessoas maravilhosas, era sobre a felicidade de vencer. Foi minha maior conquista (até aquele momento) como empreendedor.

Durante esse processo, o André me deu mais uma notícia: eu assumiria a posição de CFO da Stone, já que havia participado ativamente da capitalização da empresa, e assim iniciaria um novo caminho de me tornar um sócio relevante da companhia através do meu trabalho e da cultura meritocrática da companhia. Eu tinha 26 anos e não era formado na faculdade. A empresa tinha umas setenta pessoas na época.

## Digerindo um gigante machucado

A Stone estava transformando o setor de meios de pagamentos no Brasil. Os sócios tinham essa visão — de facilitar a vida principalmente do pequeno e médio empreendedor do país — havia vários anos. Em 2009, Andre Street e Eduardo Pontes venderam a Braspag, uma empresa de pagamentos on-line que fundaram, para o Grupo Silvio Santos, por 25 milhões de reais. Em 2012 eles fundaram a Stone. Mas as licenças para entrar nesse mercado vieram aos poucos, e a primeira transação foi feita no fim de 2014. Começaram o negócio como uma companhia de maquininha de cartão de crédito que concorreria com as gigantes Cielo (Bradesco e Banco do Brasil), Rede (Itaú) e Getnet (Santander) para resolver o problema do empreendedor que tinha poucas opções e um atendimento que levava pouco em consideração suas necessidades e era muito caro.

Naquele momento, todos sabíamos que pagamento seria um excelente negócio, mas aquela era também uma maneira de financiarmos a plataforma de algo que seria muito maior um dia. Para ganhar os clientes, investimos em atendimento e tecnologia excepcionais. Construímos nossa tecnologia do zero, 100% brasileira e feita por nós — o que é incomum nessa indústria por causa da alta complexidade. Isso se deveu à genialidade do Eduardo Pontes, que é um líder de tecnologia visionário. Nosso diferencial não eram as taxas, mas sim o melhor nível de serviço, o melhor atendimento que o empreendedor já tinha visto no país. Para garantir isso, medimos o atendimento pela solução de problemas, e não pelo tempo médio de ligação.

Nosso desafio era a distribuição. Para superá-lo, o André teve uma ideia brilhante: inaugurar os polos, que deveriam funcionar como microescritórios locais, com cerca de oito funcionários, ligados por uma mesma estratégia. O negócio deslanchou e crescemos vertiginosamente. Fomos de poucos funcionários em 2014 para 150 ao final de 2015.

Mudei do Rio de Janeiro para São Paulo quando me tornei CFO, em 2015. Meu desafio seria reaprender a trabalhar na operação, agora em uma escala gigantesca. Por isso, foi muito rico todo o aprendizado que tive sobre alocação de capital, participando das fusões e aquisições da Arpex nos anos anteriores. Na época em que assumi a área financeira, a companhia não fazia antecipação de recebíveis. Então, minha primeira ação foi montar a operação de tesouraria. Em dezembro de 2015, a empresa tinha cerca de 150 pessoas e chegamos à carteira de 1 bilhão de reais com antecipação de recebível. Um crescimento enorme. Mateus Scherer, um jovem brilhante que na época tinha vinte anos e era o mais habilidoso em finanças entre nós, e eu trabalhamos feito loucos com o time para colocar a operação de tesouraria de pé e conseguir *funding* com os bancos. O negócio de antecipação de recebíveis se tornou um dos principais negócios da companhia, e o Mateus virou nosso sócio.

No fim do ano, fizemos um plano para 2016, com a ideia de ganhar escala organicamente. Notei que nem o André nem o Eduardo gostavam muito da execução do negócio — e aproveitei a oportunidade para complementá-los nessa parte. Comecei a olhar o comercial e fui colocando disciplina nos processos ainda em construção.

O ano começou com emoção — como já era costume. Um dia de abril de 2016, o André me ligou daquele jeito misterioso, perguntando se eu gostaria de ir a uma reunião com ele. Pegamos um táxi até a avenida Brigadeiro Faria Lima, reduto de empresas de tecnologia e do mercado financeiro, em São Paulo. Chegando lá, entramos num prédio bonitão e descemos no andar da empresa de investimento Greenhill Advisors. Na saída do elevador, ele falou: "Vamos comprar a Elavon".* O sorriso veio no rosto na hora, sabia que aquele seria um negócio decisivo para nós.

A Stone tinha mais ou menos 0,5% do mercado em fevereiro de 2016. Comprar a competidora Elavon significava multiplicar essa participação, já que a concorrente tinha 2% do setor. Entramos na sala de reunião e o advisor disse que a Elavon havia tido 600 milhões de reais de prejuízo acumulado e continuava com 25 milhões de reais negativos por mês. Poderíamos comprar a companhia por um real, mas levaríamos junto esse histórico de problemas. Tínhamos que decidir em um fim de semana se aceitaríamos a oferta.

Digerimos aqueles números e concluímos que era um bom negócio. Mas precisaríamos de meio bilhão de reais só para estancar o prejuízo e equilibrar as finanças da companhia. Como a Elavon pertencia a grandes bancos (Citi e U.S. Bancorp), o negócio envolvia um monte de advogados. Nunca vi tantos deles reunidos na mesma mesa. Pessoas de diferentes países. Decidimos que, se conseguíssemos resolver tudo até o dia de assinar, fecharíamos a compra. Se

* Elavon pertencia aos bancos Citibank e U.S. Bancorp, que chegou ao Brasil em 2011.

não, pularíamos fora. Para isso, começamos dois projetos ao mesmo tempo: encontrar 500 milhões de reais e concluir a aquisição.

Até às seis da tarde do dia 20 de abril, terça-feira anterior à data marcada para o fechamento da operação, não tínhamos o dinheiro ainda, faltava assinar o contrato com os investidores. Mas havíamos dito para a equipe da Elavon que estava tudo certo, para não desandar o negócio. Marcamos a assinatura para o mesmo horário do dia seguinte no escritório de advocacia Pinheiro Neto — e continuamos correndo contra o tempo.

Existia uma dúvida sobre se um dos nossos acionistas à época, o Banco Pan, mesmo tendo uma participação acionária pequena, teria que pedir autorização prévia para o Banco Central para fazermos o negócio. Com o potencial risco de atrasar a negociação e perder o negócio de um lado, ou acelerarmos a compra em paralelo com as potenciais formalidades e correr algum risco de outro, decidimos seguir com o risco e acelerar o negócio. Conversamos com os investidores e um dos fundos de *private equity* que estavam na rodada de captação percebeu que precisávamos do dinheiro naquela hora para assinar a compra, e, para se proteger, incluiu uma cláusula no contrato que nos obrigava a devolver o dinheiro — 50 milhões de dólares — se o Banco Central questionasse a transação. O problema é que o valor seria imediatamente dragado pela companhia comprada. Não tivemos opção. Aceitamos o risco — e ele era enorme.

Enquanto discutíamos com os investidores, os advogados e os banqueiros se reuniram no fim do dia para assinar o contrato de compra e venda com direito até a champanhe para celebração do acordo. Pedimos para nossa sócia e advogada Daniela Mastrorocco nos representar enquanto resolvíamos a situação, sem que eles percebessem o que estava acontecendo. O telefone tocava o tempo todo. As pessoas queriam saber onde estávamos, por que ainda não havíamos chegado. O André estava superagitado, e eu fui conduzindo a negociação enquanto ele conversava com alguns investidores.

Peguei um táxi, fui para o escritório dos advogados e falei a verdade: "Nós ainda não temos o dinheiro todo. Mas vocês vão ficar dentro dessa sala porque não têm opção melhor. Se saírem daqui, a empresa quebra. Então, vamos resolver com os investidores e já voltamos". Às seis horas da manhã do dia seguinte, 22 de abril de 2016, chegamos no escritório de volta e assinamos os contratos de investimento e de aquisição da Elavon ao mesmo tempo. Foi a coisa mais desafiadora e arriscada que fiz e também o maior aprendizado da minha vida empresarial até aquele momento. Exigiu muito da nossa inteligência emocional e de racionalidade em momentos de muita tensão. Olhando em retrospecto, foi divertidíssimo, um grande presente da vida!

De lá, fomos direto para a Elavon, anunciar o negócio e abraçar as cerca de trezentas pessoas da companhia. Antes de fazermos a primeira palestra onde nos apresentaríamos para a equipe da Elavon e falaríamos sobre a transação, o André me chamou para tomar café da manhã e me contou outra novidade animadora: "Você será o CEO da Elavon para fazermos o *turnaround* da companhia e integrá-la à Stone". Então, a palestra (improvisada, claro) foi por minha conta.

Aquele início foi desesperador. Tínhamos que montar um plano de cem dias para transformar a Elavon, que gerava 25 milhões de reais de prejuízo ao mês, em uma empresa lucrativa. Em 26 dias, não restava mais nada do meio bilhão de reais que havíamos captado.

Mas, com muito trabalho, conseguimos fazer a virada e integramos a nova companhia à Stone. O passo seguinte seria criar uma cultura corporativa comum. Construímos o escritório novo de São Paulo, que é nossa sede hoje, para unir as duas empresas em agosto de 2016.

## Abrir capital ou perder a empresa por cem bitcoins

Terminamos aquele ano com um plano financeiro superambicioso para 2017. Mas a realidade não foi como esperávamos. Erramos nosso orçamento em fevereiro e fomos até dezembro sem bater metas. Nesse período, aprendemos o quanto é importante prometer menos e entregar mais. Durante o ano, mesmo em meio às dificuldades, o André começou a falar em abrir o capital da empresa na bolsa de

Nova York. No terceiro trimestre de 2017, percebemos que a janela do IPO realmente se abriria.

Era um momento propício. A concorrente PagSeguro estava fazendo o mesmo movimento, assim como outras empresas do setor nos Estados Unidos. Havia muita gente olhando para essa indústria. Fazia sentido seguirmos esse caminho. O Eduardo Pontes deixou claro que ele não tocaria uma empresa pública, então eu assumi como CEO da Stone no fim de 2017.

Desde que abrimos o capital, o que mudou muito foi a disciplina interna da empresa. É preciso ter muito mais previsibilidade e controle sobre os resultados. Passamos a ter a obrigação de reportar nossos números para o mercado de capitais. Estamos sob regras de *compliance* duríssimas. Temos que passar na barra dos Estados Unidos. Só se consegue fazer tudo isso com processos estruturados. Tivemos que refazer a contabilidade da companhia quase inteira de 2016 a 2018, nota por nota. Esse processo também traz muitos benefícios, a companhia tem muito acesso a capital, se torna muito mais robusta e força um desenvolvimento enorme do time. Um ganho de maturidade empresarial gigantesco. Para nós, o IPO era um meio para construirmos algo muito maior.

O IPO seria anunciado no dia 25 de outubro. No dia 22 de outubro, minutos antes de decolar para a última reunião, em um avião para Baltimore (em Maryland), comecei a receber ameaças pelo celular. Supostamente, era um hacker que dizia ter acesso a dados da companhia. Começaram a chegar e-mails de ameaça para nosso serviço de atendimento ao cliente e outras áreas da operação. O objetivo era claramente criar terror. Perguntei para o piloto se havia wi-fi durante o voo. Em teoria, havia. Mas não funcionava. A tensão ficou enorme.

O time inteiro do projeto do IPO estava naquele avião. Em silêncio. Houve turbulência, o que deixou o clima ainda mais tenso. Pousamos em Baltimore com o moral baixo. Sentimos medo de aquele projeto bonito acabar ali. Eu pensava na grande quantidade de pessoas envolvidas, no quanto trabalhamos para chegar até ali.

Liguei para o Guilherme Benchimol, fundador da XP, porque ele já tinha passado por uma experiência difícil. Ele falou para a gente enfrentar, disse que o mercado daria crédito. Recebi um link mostrando o pedaço do código que tinham roubado. Depois, mandaram e-mails dizendo que, até a data de abertura do capital, eles divulgariam dois projetos nossos novos por dia. Acabaram sendo muito mais. Para suspender o ataque, eles pediam cem bitcoins. Aquilo soou muito estranho. A empresa valia 9,7 bilhões de dólares — e o hacker queria apenas cem bitcoins? Logo, nosso time de tecnologia descobriu que era blefe. Um pedaço do código que haviam mandado deixou claro que não fazia parte da nossa infraestrutura e que eles não tinham nada. Nossa tecnologia estava intacta. Nosso time de tecnologia e segurança foram brilhantes, guerreiros que salvaram o negócio na hora H.

Resolvemos contar para as pessoas com quem interagíamos no mercado naquele momento o que estava acontecendo e fizemos um anúncio público para o mercado de capitais — e as ameaças pararam. Os investidores todos nos apoiaram, e o negócio foi um sucesso. Acredito que os norte-americanos nunca tinham visto tantos brasileiros juntos fazendo bagunça na bolsa de valores Nasdaq. Foi emocionante.

Minha esposa, Camila, foi me encontrar no evento de celebração pós-IPO, e a primeira coisa que fiz quando tivemos um tempinho foi sair de lá. Mais uma vez, eu sentia um orgulho imenso pelo que havíamos feito, como quem chutou um pênalti na final de um campeonato mundial — e acertou. Ao sair pela porta, no entanto, a cena era outra. A rua estava igual. Nada mudou. Como se tudo aquilo fosse falso. Falei para a Camila: "Este é só o comecinho da história. Temos mais de sessenta anos para empreender. Então, é melhor a gente sair dessa festa e baixar um pouco a bola. Tem muito trabalho pela frente".

## O futuro da Stone

O próximo passo da Stone é ajudar o empreendedor brasileiro em todos os serviços financeiros que ele precisa com tecnologia para que possa gerir melhor o negócio dele e crescer. Nós nos perguntamos: qual é o outro problema que nosso cliente, o empreendedor brasileiro, tem? Somos apaixonados por nossos clientes, esse é um DNA muito forte da nossa organização: a paixão por servir e fazer clientes felizes. De novo, começamos a construir 100% da tecnologia necessária dentro de casa: serviços de bancos tradicionais (TED, DOC, emissão de boleto, pagamento de tributo, folha de pagamento, entre outros), crédito… Temos mais de 200 milhões de carteiras de crédito e mais de 60 mil clientes com nossas contas. Estamos começando a escalar esses produtos.

Atendemos o cliente em até cinco segundos — e chamamos nossos atendentes de encantadores, porque eles encantam os clientes. Resolvemos mais de 80% dos problemas na primeira ligação. Para os que não se resolvem pelo telefone, nossos Agentes (time comercial) e Green Angels (time de logística e suporte) vão até o balcão do cliente. Nós chamamos esse time de Green Angels (verde é a cor da Stone), já que ele está à sua disposição para te salvar quando você precisa.

Queremos aumentar nossa proposta de valor, ajudando nosso empreendedor a vender mais e a gerir melhor o negócio dele. Começamos a comprar softwares de gestão e já temos seis dentro de casa. Nosso negócio definitivamente não é só maquininha.

O que fazemos na Stone tem a ver com encantar o cliente e resolver o problema do empreendedor. As pessoas não precisam de um banco. Precisam de uma conta, de tecnologia para fazer suas operações financeiras e de um atendimento excelente. Brincamos que vamos pintar o Brasil de verde com nosso trabalho. Cidade por cidade, com nossos polos e tecnologia feita no país.

Fomos de 150 funcionários em 2015 para mais de 6 mil em 2019. E é só o começo. Acredito muito em mudar a vida do cliente, transformando a vida do seu time e a do seu investidor, ajudando sua sociedade, gerando emprego local e aprendendo sobre como empreender não só no negócio, mas na vida como um todo.

## OS PRINCIPAIS CONSELHOS DE THIAGO

### *Sobre empreendedorismo*

1 **Empreender é um espírito de vida**
Eu não sou o fundador da Stone, mas empreender não é só fundar. É construir. Faço isso com meus sócios todos os dias. Para mim, empreender é um espírito de vida, uma decisão, um esporte que você decide praticar, e eu quero ser um atleta campeão até ficar velhinho nesse esporte.

2 **O importante não é o quê, mas com quem você vai fazer as coisas**
Eu prefiro montar uma barraquinha de cachorro-quente com meus sócios do que fazer um negócio que parece fantástico com pessoas que não têm a mesma ética profissional que eu. O mais importante é quem está do seu lado na jornada.

3 **O negócio também importa**
Também aprendi que não adianta você ter pessoas excepcionais e um negócio ruim. Esforce-se para encontrar um bom negócio. Uma empresa é sobre seu cliente, não é só sobre sua estratégia.

4 **Empresas duráveis são as que geram valor para todos**
Uma empresa de longo prazo gera valor para seu cliente na forma dos serviços que oferece. Gera valor para o time em forma de aprendizado e evolução pessoal e financeira. Gera retorno excepcional para os investidores. Tudo isso precisa ser devolvido em forma de transformação social.

5 **Prometa menos, entregue mais e seja humilde**
Muitas vezes, quando empreendemos, ficamos tão empolgados com o potencial do negócio que prometemos todas as oportunidades que vemos. É preciso administrar a empolgação em relação ao que se vê e ao que fala para manter a curva de crescimento de longo prazo sustentável e a motivação das pessoas. O foco não é fazer promessas, mas sim entregar muito valor por muito tempo. Seja humilde para aprender com todos ao seu redor, principalmente com seus clientes, seu sócios e seu time.

**6 Encontre as oportunidades em que pode fazer a diferença**

Observe onde seus sócios ou parceiros atuam melhor e onde deixam lacunas. Observe o mercado — o que os concorrentes estão fazendo e onde falham. Aproveite as oportunidades para se desenvolver, superar e conquistar seu espaço.

## SUGESTÕES DE LEITURA

*The Outsiders*

William N. Thorndike Jr.

"É meu livro de cabeceira. Conta a história de oito CEOs sobre os quais não se ouve falar muito. Para mim, são oito mentores excepcionais, que têm seu desempenho medido pelo retorno sobre a ação. Uma aula sobre alocação de capital."

*Julian Robertson: A Tiger in the Land of Bulls and Bears*

Daniel A. Strachman

"Este livro conta a história de um investidor americano chamado Julian Robertson, que fez a Tiger Management. Ele e os outros personagens do livro são os gestores dos principais fundos de *hedge* americanos. A forma como Robertson pensa é excepcional. Esse livro me ensinou a pensar como investidor."

*O investidor inteligente*

Benjamin Graham

"Quando comecei a ler sobre Warren Buffett, minha primeira pergunta foi em quem ele se inspirava. Benjamin Graham. Fui pesquisar sobre ele e encontrei o livro *O investidor inteligente*. Excepcional. Ensina a compreender o mercado. Grande parte do que aprendi sobre finanças veio deste livro.

*Os ensaios de Warren Buffet: Lições para investidores e administradores*

Warren Buffet

"Reúne cartas — ou ensaios — de Buffet que tratam dos principais aprendizados e princípios do lendário investidor. Um livro muito importante para mim."

*Difficult Conversations: How to Discuss What Matters Most*
Douglas Stone, Bruce Patton e Sheila Heen
"Este livro me ajuda no dia a dia. Na Stone, muitas vezes preciso comprar brigas e conduzir questões financeiras, e este livro fala sobre inteligência emocional, sobre como liderar conversas difíceis."

*The Most Important Thing: Uncommon Sense for the Thoughtful Investor*
Howard Marks
"Escrito por outro investidor excepcional, fala sobre a mentalidade do investidor. Se você está vendo que algo vai acontecer, mas todo mercado também está, tente ir além do primeiro pensamento e chegar às derivadas dele."

CAPÍTULO 12

# Victor Lazarte

## Fundador da Wildlife Studios, maior empresa de games da América Latina

*Em dezembro de 2019, a Wildlife Studios atingiu o status de unicórnio, ao ser avaliada em 1,3 bilhão de dólares. Apesar de tê-la fundado há nove anos, Victor Lazarte só havia concedido uma única entrevista na vida, para o portal da USP — universidade onde se formou engenheiro de produção, em 2009. O depoimento a seguir é fruto de sua primeira experiência com jornalistas. A conversa aconteceu na então recém-inaugurada sede da empresa, ainda com pouca mobília, em San Francisco. Esse é o sexto escritório da Wildlife Studios (antes chamada de TFG). Os outros estão espalhados por Brasil, Argentina (Buenos Aires), Irlanda (Dublin) e Estados Unidos (Orange County e Palo Alto). Dois anos depois de sair da faculdade, Victor criou a empresa com seu irmão, Arthur, também engenheiro. Na contramão de outras start-ups, a companhia cresceu sem receber aporte de investidores. Faturou 1 bilhão de reais em 2018, tem mais de 1 bilhão de usuários e foi responsável pela criação do jogo de tiro mais baixado na Apple Store em 2016, o Sniper 3D. Victor tem 34 anos.*

## Uma rede social que durou dez dias

Meu irmão e eu, dois anos mais novo que ele, começamos a empresa juntos. Como somos os dois engenheiros, sempre gostamos de matemática e programação. Quando tinha treze anos, estudava no Bandeirantes,* em São Paulo, e aprendi a programar simplesmente entrando na internet e pesquisando como se fazia um site. Gostei muito daquilo e, em um fim de semana, na casa do meu melhor amigo, criei um site para ser usado pelo pessoal da escola — mas não contei para ninguém que eu é que o havia feito (apenas meu amigo sabia). Coloquei o site no ar.

Aquela era a época em que todo mundo usava ICQ. Ainda não havia Facebook, mas o conceito do site que criei já se aproximava de uma rede social. Era um espaço virtual para as pessoas fofocarem basicamente. Embora fosse aberto ao público em geral, só havia conteúdo sobre o Bandeirantes, então só quem estudava lá acessava. Criei um mural, onde se podia comentar e postar fotos. Havia também uma votação de quem era a menina e o menino mais bonitos do colégio — e foi isso que fez a página ficar famosa. Pus o site no ar e, em uma semana, dois terços da escola faziam parte.

Com a popularidade do site, meu amigo acabou contando que eu o criei. A exposição foi desconfortável para mim. Algumas pessoas ficaram ofendidas com comentários maldosos que outras faziam. Houve, então, uma forte pressão para eu tirá-lo do ar. Os meninos que não gostavam diziam que, se eu não tirasse, eles iriam me bater. A direção da escola também era contra. Então, deletei o site depois de dez dias de uso.

Mas aqueles foram dez dias marcantes na minha vida. Primeiro, aprendi a programar, depois fiz um "negócio". Para mim, era muito louca a história de construir algo e, no dia seguinte, centenas de pessoas usarem aquilo, todo mundo falando sobre o que você fez... foi demais. Até o drama escolar foi divertido. Nesse momento, pen-

* Escola tradicional paulistana, conhecida pelo alto rigor no ensino.

sei: “É isso que quero fazer da minha vida”. Construir algo para os outros se divertirem.

Ainda não sabia o que nem como fazer, mas achava o máximo a ideia de criar um produto digital, e as pessoas interagirem com ele. Algo que as emocionasse, e que estabelecesse uma reação visceral com o público. Esse plano ia na contramão das minhas tendências até então. Cresci em uma família que não tinha nenhum empresário. Meu irmão e eu sempre fomos acadêmicos. Acreditávamos que a solução para tudo era estudar.

Essa visão vinha dos meus pais, que são médicos. Meu pai lê muito. Todos os nossos parentes do seu lado são professores universitários. Então, sempre vi uma reverência muito grande ao estudo. Minha mãe é de origem muito pobre, mas muito estudiosa. Fez escola pública a vida inteira e, mesmo assim, conseguiu entrar em uma faculdade de medicina pública, o que transformou totalmente sua vida. Desde os meus oito anos, me lembro dela dizendo que o estudo nos faria transcender nossa condição, alcançar algo mais.

## Tecnologia e emoção

Entrei em duas faculdades simultaneamente: engenharia na USP, e psicologia na PUC. Tive sorte de ter descoberto do que eu gostava cedo. O interesse nessas duas áreas refletia meu fascínio pela interface entre a tecnologia e a emoção. Gostava da engenharia e da tecnologia em si, mas sempre gostei ainda mais do aspecto de como ela emociona as pessoas, de entender do que as pessoas gostam, o que as faz se conectarem. A tecnologia é só o meio para isso.

Acabei deixando a faculdade de psicologia porque consegui uma bolsa do governo francês para cursar engenharia lá — e fui. Hoje percebo que, para entender de certas coisas, não precisa fazer uma faculdade. Há outras formas de conhecer. Voltei para o Brasil para fazer as provas finais do meu curso.

Meu irmão e eu sempre falávamos sobre montar um negócio e pensávamos que seria legal uma empresa de videogame. Mas era quase uma brincadeira, um sonho de criança. "Por que as pessoas iriam jogar nossos jogos e não os da Nintendo?" Não tínhamos uma resposta boa o suficiente para essa pergunta. Então tomamos um caminho mais padrão.

Seguimos carreiras tradicionais e promissoras. Fui morar em Londres e trabalhar em um banco de investimento. Meu irmão foi contratado por uma consultoria estratégica. Nossas escolhas eram o oposto do criativo. Alguns meses depois, comecei a questionar esse caminho. Eu olhava em volta e pensava: "Isso não é para mim". A verdade é que eu não gostava da vida que estava levando.

No banco, eu gostava de conviver com muitas pessoas inteligentes e motivadas, mas não de sentir que em muitos casos as relações entre elas ficava em segundo plano. Também me incomodava pensar sobre o impacto do meu trabalho na sociedade. Eu era operador de crédito, fazia transferência de ativos financeiros o dia inteiro — e não entendia o porquê da tarefa. É claro que o mercado financeiro tem seu papel na sociedade, mas minha contribuição era muito indireta. Eu queria trabalhar com um produto com o qual as pessoas pudessem interagir diretamente, que tornasse a vida delas um pouco mais interessante. Mas ainda não sabia o que era.

Insatisfeitos com as empresas grandes em que trabalhávamos, Arthur e eu voltamos a pensar em criar uma empresa. Agora, seriamente. Começamos a estudar as possibilidades. Muita gente dizia que era melhor começar um negócio em um mercado grande. Se conseguíssemos 1% desse mercado, já seria uma grande fatia. Nossa visão era diferente. Concluímos que o melhor seria buscar um mercado pequeno e novo. Queríamos ser grandes no futuro.

Naquele ano, 2010, o telefone celular era exatamente esse mercado potencial que buscávamos. Um segmento pequeno que os especialistas sabiam que em um futuro próximo seria grande. O smartphone mudaria a forma como as pessoas se comportavam. Mas pouca gente estava prestando atenção nisso.

Entre os milhares de aspectos que o telefone mudaria na vida das pessoas, acreditávamos que a maneira como elas jogavam videogame seria um deles. Na época, poucos jogavam pelo celular, mas todo mundo jogaria um dia — era o que acreditávamos. Era um tema de que gostávamos, mas era também uma boa oportunidade de negócio. Parecia o cenário ideal. Decidimos apostar nisso.

Meu irmão se demitiu do trabalho dele, e eu do meu. Voltei para o Brasil. Nessa época, tivemos que voltar a morar com meus pais porque não tínhamos dinheiro para arcar com as despesas de maneira independente. A única pessoa que realmente apoiou essa decisão foi minha mãe, que adorou ter os filhos em casa de novo.

Lembro-me de uma conversa que tive com Arthur na madrugada depois da ceia de Natal de 2010, na casa da minha avó. Combinei com ele que, durante um ano, faríamos de tudo para o negócio dar certo. Se não desse, voltaríamos a procurar emprego. Minha poupança era de 12 mil reais, o que significava que tinha mil reais por mês para viver. Perguntei a ele qual era a chance de, em um ano, gastarmos tudo o que tínhamos, tudo dar errado e a gente voltar rastejando para nossos antigos chefes. Ele disse que era de 75%. "Tá bom", pensei. Era uma probabilidade com a qual eu conseguiria conviver.

Nosso primeiro passo como empresários foi entrar no YouTube e digitar: "How to make a mobile game?". O Arthur e eu temos personalidades muito diferentes. Eu adoro trabalhar com outras pessoas; meu irmão é reservado. Na casa dos meus pais havia três quartos, então eu pensei que seria uma boa ideia colocar duas mesas em um mesmo quarto, como se fosse um escritório, e trabalharmos juntos. Mas o Arthur preferiu que nos mantivéssemos separados mesmo, cada um trabalhando no seu quarto.

No primeiro jogo que criamos, nos dividimos nas frentes: eu fazia a versão para Android, e ele para ios. Android é tecnicamente mais difícil, mas eu consegui terminar o meu antes do dele. Isso porque descobri uma forma muito boa para meu projeto andar mais rápido. Sempre que me deparava com um problema, batia na porta do quarto dele e pedia ajuda. Ele, então, ficava trabalhando no meu problema, e eu trabalhando em outros detalhes do meu projeto. Consequentemente, meu trabalho ganhava o dobro da velocidade.

O Arthur descobriu o que eu estava fazendo e começou a trancar a porta do quarto. Esse foi um momento muito difícil para mim, talvez o mais difícil daquele início de empresa. Eu me perguntava o que estava fazendo da vida. Havia largado minha carreira e me via trancado no quarto criando um jogo sozinho. Esse período foi meio que o fundo do poço para mim. Mas durou pouco.

Acabamos concluindo um protótipo que era um jogo de pingue-pongue. Decidimos lançar por um dólar. Não teve muito sucesso, mas vendia um pouco. Recebíamos cinco dólares por dia, o que não era suficiente para construir uma empresa. Mas foi tão legal a sensação de termos colocado aquele jogo no ar. Foi a primeira vez que eu fazia algo pelo qual as pessoas estavam dispostas a pagar.

## Metade da sua vida por 75 mil dólares

Logo no início, decidimos buscar um investidor. Calculamos que precisaríamos contratar um designer e alugar um escritório. Conversamos com vários potenciais investidores, e a melhor oferta que conseguimos foi de 75 mil dólares por 50% da empresa. Você não pode oferecer metade da sua vida para alguém por esse valor. Decidimos ali que construiríamos o negócio sozinhos.

O investimento total de capital externo na empresa ao longo dos oito primeiros anos foi de cem dólares — cinquenta dólares pela licença na Apple, e cinquenta dólares como pagamento para um artista fazer o ícone dos nossos jogos. O restante fizemos nós mesmos para construir o negócio. Baixamos o programa de código aberto Gimp para criar e editar as imagens, porque não tínhamos verba nem para usar o Photoshop.

Para quem via de fora, nossa situação causava curiosidade e desconfiança. Até então, aos olhos dos nossos amigos, éramos exemplos de estudantes com sucesso garantido na carreira. Costumávamos ocupar os primeiros lugares na Poli, depois fomos trabalhar em empresas grandes, então muitos deles nos consideravam dedicados e espertos. Mas quando sabiam que estávamos de volta à casa dos nossos pais, sempre sem dinheiro, perguntavam o que estávamos fazendo da vida. Concluíam que eu havia sido demitido. Questionavam o motivo, e eu explicava que não era isso. Eu é que havia decidido sair do emprego porque queria abrir nossa empresa. Perguntavam, então, o que faríamos. Quando eu dizia que criaria jogos para celular, a pergunta seguinte era quase sempre a mesma: "Tipo aquele da cobrinha?", referindo-se a um joguinho básico que havia na época. Perdi a conta de quantas vezes respondi que não. Contava que estava apostando em smartphones, que seriam cada vez mais potentes e populares. Nessa hora, a conversa costumava voltar para o começo: "Mas por que você foi demitido?".

A combinação de nossos amigos acharem que havíamos fracassado na profissão com o fato de não termos um real no bolso para sair era perfeita. Passávamos o tempo inteiro em casa.

No primeiro ano, devo ter tirado dois domingos de folga. Lembro-me de ter passado sete dias consecutivos sem sair de casa. Trabalhávamos dezesseis horas por dia. Para nós, aquilo era legal. Mas ainda havia muitas dúvidas sobre as escolhas recentes. Trabalhar intensamente era uma forma de não pensar demais no assunto e, claro, de fazer aquela escolha dar certo.

Antes do lançamento do nosso primeiro *hit*, Racing Penguin, tomamos outra decisão ousada: o mercado de games para celular na época era em sua maioria pago. Mas nós não tínhamos marca nem IP.*

Ainda considerávamos que não havia motivação para alguém pagar por um jogo nosso. Foi aí que decidimos lançar o jogo sem cobrar nada pelo download. O que queríamos naquele momento era, acima de tudo, entender do que as pessoas gostavam.

No último dia antes do lançamento, acordei às seis horas da manhã, comecei a programar e só terminei às seis horas do dia seguinte. Nessa época, trabalhamos muito. Muito mesmo. Durante seis meses, trabalhei todos os dias sem exceção. Acordávamos, pro-

* IP é sigla para *intelectual property*, "propriedade intelectual" em português. Essa sigla é comumente usada na indústria de tecnologia para se referir tanto a ativos passíveis de registro intelectual (*copyrights* e patentes) como a segredos de negócio (processos produtivos, modelos de gestão etc.).

gramávamos e dormíamos. Mais nada. Os primeiros três meses da empresa foram um dos momentos mais felizes da minha vida.

Quando foi para o ar, o jogo começou a ser baixado sem parar. Demoramos para entender que era isso mesmo que estava acontecendo. Víamos o número de downloads no Business Intelligence que havíamos construído, e o Arthur não se conformava com o crescimento a cada instante: "Você deve ter programado isso errado", dizia para mim. Eu concordava sem dizer nada. Não parecia possível estarmos tendo tantos downloads. Incrédulos, não conseguimos trabalhar nesse dia. Nem celebrar. Só comemoramos aquela conquista quando chegou o primeiro relatório oficial da Apple, e o Racing Penguin era o jogo mais baixado do mundo. Ele se manteve no topo do ranking durante o mês inteiro.

Depois daquele sucesso, sabíamos que estava tudo certo. Esse negócio funcionaria. Tínhamos a sensação de estar fazendo a coisa certa e uma vontade de provar isso para todo mundo.

## Um sonho que vale 1 bilhão

Começamos a pensar em qual seria o passo seguinte. Chegamos à conclusão de que precisávamos encontrar as melhores pessoas que conhecíamos para nos ajudar a transformar um negócio de dois irmãos em uma grande empresa, capaz de revolucionar o mercado de videogames. Logo no começo, vieram mais duas pessoas. Uma delas está até hoje conosco, nove anos depois. Aos poucos, a equipe foi aumentando. Era formada pelo pessoal que estudava na faculdade conosco e pela rede de engenheiros com quem tínhamos contato. Nosso sistema de recrutamento partia do questionamento, entre nós, sobre quem eram os mais espertos que conhecíamos. A partir daí, convidávamos as pessoas e contávamos nossos planos.

Por que não construir algo comparável a um Google ou a um Facebook no Brasil? Nosso objetivo sempre foi fazer uma *bit tech* brasileira. Já nascemos globais. Trabalhamos para construir a maior empresa de jogos do mundo.

Desde cedo, contratamos pessoas de outros países. Afinal, como sempre quisemos ser a melhor empresa do setor no mundo, precisávamos das melhores pessoas do mundo — o que nos deixa muito orgulhosos e empolgados. É muito legal ver a equipe crescendo junto com você.

Alugamos nosso primeiro escritório — uma sala de aproximadamente trinta metros quadrados — em Moema, bairro nobre de São Paulo. De lá, fomos para um bem maior, no Itaim, um centro comercial que abriga sede de bancos e empresas de tecnologia. Nessa segunda mudança, colocamos todos os computadores no carro e saímos morrendo de medo de que algo acontecesse no caminho. Percorremos cerca de três quilômetros de distância, durante a madrugada, com a "empresa" no porta-malas. Se fôssemos roubados, a companhia acabaria ali, porque naquela época não existia backup na nuvem, todos os códigos dos jogos estavam nas máquinas. Mas deu tudo certo.

Foi nesse escritório que fizemos nosso segundo jogo de sucesso, o Bike Race. A partir desse momento, o negócio engrenou. Juntamos um monte de gente que tinha o mesmo sonho: fazer jogos e construir uma grande empresa no setor. O Bike Race também foi o mais baixado no mundo e ganhou o prêmio de melhor jogo de 2012.

Sabíamos que, com o tempo, as grandes empresas perceberiam a oportunidade que nós notamos naquele novo mercado, que se tornaria muito mais concorrido. Desde então, entendemos a importância de fazer jogos cada vez melhores e nos dedicamos a isso. Com a prática, fomos entendendo como fazê-los chegar às mãos das pessoas, o que explica a empresa ter crescido tanto. Nos tornamos uma máquina de distribuição.

Lançamos outros jogos de sucesso, como War Machines, o Zooba, que levou a empresa a outro patamar de sofisticação, e o Tennis Clash, que teve um resultado espetacular: no dia 27 de outubro de 2019, foi o jogo mais baixado dos Estados Unidos, no iOS. Somos hoje uma das dez maiores empresas de jogos para celular do mundo.

Nossa mentalidade sempre foi a de construir um negócio grande e sustentável, ao longo do tempo. Uma companhia capaz de crescer com a própria receita que gera, construindo produtos dos quais as pessoas gostam. O mais importante não é crescer rápido — embora, sim, a gente também queira isso em muitos momentos. O mais importante é fazer um negócio que faça sentido.

Esse caminho tem suas vantagens e desvantagens. É um pouco mais difícil, demora um pouco mais do que se tivéssemos recebido um alto investimento de saída. Mas o legal é que a companhia cresce no seu ritmo.

Levamos oito anos até receber o primeiro aporte financeiro, no fim de 2019. Nesse momento, entendemos que tinha chegado a hora de acelerar as contratações de novos talentos, investir ainda mais na qualidade dos nossos games — o que sempre foi nosso foco — e auxiliar outros desenvolvedores a levar seus jogos para o mercado. Era o início de uma nova etapa no nosso ciclo de crescimento, o que nos deixava mais próximos da nossa missão de divertir bilhões de pessoas ao redor do mundo. Queremos que nossa empresa reúna os melhores talentos do mundo, fazendo o melhor trabalho de suas vidas, desenvolvendo e distribuindo jogos que marcarão uma geração de jogadores.

A empresa foi avaliada em 1,3 bilhão de dólares na rodada liderada pelo fundo Benchmark Capital e com outros cinco investidores: Javier Olivan, executivo do Facebook; Ric Elias, co-founder e CEO da Red Ventures; Micky Malka, sócio da Ribbit Capital; Divesh Makan, sócio do ICONIQ Capital; e Hugo Barra, vice-presidente de Virtual Reality do Facebook, nosso amigo e mentor de longa data. Crescemos em média 80% ao ano e esperamos aumentar a equipe de quinhentas para oitocentas pessoas em 2020.

## Uma multinacional brasileira de tecnologia

Embora a empresa seja brasileira, hoje toco o negócio dos Estados Unidos. Por isso, lido no dia a dia com desafios decorrentes de um ambiente mais competitivo. No Brasil, quando se fala de fazer uma empresa de tecnologia global, conseguimos atrair as pessoas porque não há tanta concorrência. Já em um país com outras gigantes no mercado, é difícil convencer os mais talentosos de por que eles devem trabalhar com você.

Além disso, para a companhia funcionar, é preciso ter muita confiança. As pessoas têm de confiar umas nas outras e se comunicar bem. Se tem alguém que confia em você, e comete um erro, a tendência é que ele fale sobre o que aconteceu. Você provavelmente vai falar que sabe que ele é bom e que todo mundo erra, mas "vamos consertar". Mas, se é alguém que não confia, não conhece o outro, quando surge um erro, tende a esconder. E, quando as pessoas começam a esconder os erros, a empresa começa a dar muito errado. Nosso desafio é estar em seis escritórios, em quatro países, construindo a confiança que possibilita a boa comunicação entre todos do time.

Confiar em pessoas mais experientes também é fundamental para o negócio crescer. Sempre tentei encontrar gente que fosse inspiração para mim. Acredito que esse é o melhor jeito de se desenvolver. Se você quer fazer algo grande, precisa entender como os que alcançaram o sucesso fizeram.

Para chegar até aqui, eu sempre tive mentores. Pessoas como Jorge Paulo Lemann, com quem aprendi muito ao longo desses anos. Tive a sorte de estar com ele diversas vezes, e a maior lição que tive foi a de humildade. A primeira vez que o encontrei, eu tinha uns 25 anos e ele queria me escutar. Percebi ali que tinha que ouvir todo mundo que cruzasse meu caminho. Entendi que sempre deveria me colocar no lugar de aluno e estar disposto a aprender com quem quer que fosse. Há alguns anos, Jorge Paulo me convidou para fazer uma viagem para visitar empresas de tecnologia nos Estados Unidos. Sempre que entrávamos nas reuniões, ele dizia: "Este é o Victor Lazarte, meu professor de tecnologia". Se alguém como ele, depois de ter conquistado tudo o que conquistou, tem essa atitude, eu também quero ter.

Inspiro-me também em pessoas que estão liderando as grandes transformações do mundo. Jeff Bezos, com a Amazon, é outro exemplo. Quem quer fazer uma empresa de tecnologia deve ler todas as cartas dele. Também admiro muito Bill Gates e Mark Zuckerberg —

este último eu encontrei em uma reunião e lembro que meu coração disparou quando o vi.

Algo que o Arthur e eu aprendemos com a história da nossa mãe é que chegamos onde estamos em função da excelente educação que tivemos. Então, para nós, esse tema sempre foi prioridade. Há dois anos, decidimos abrir uma escola (Escola Aberta de São Paulo, no bairro da Vila Sônia, zona oeste da capital paulista) para retribuir um pouco da sorte que tivemos e ajudar pessoas que não têm condições de pagar por isso. Temos cerca de cem alunos, de seis a dez anos, e pretendemos crescer ao longo do tempo.

## A vida que escolhi

Quando se constrói uma empresa, há muitos fatores constantemente jogando contra isso. Lembro-me de um momento desafiador, em especial, quando uma pessoa ameaçou nos processar, dizendo que estávamos usando um pedaço de seu jogo no nosso. Não era verdade. Isso gerou um estresse, mas superamos com certa facilidade — assim como outras adversidades pontuais. O mais difícil é quando os problemas persistem.

A empresa vai crescendo e dando mais trabalho. Às vezes me faço alguns questionamentos. Como, ao longo de nove anos, você acorda todo dia e vai trabalhar com muita energia? Todo mundo tem seus altos e baixos. Tem dias em que se está mais feliz e tem dias em que se está menos feliz. É muito difícil manter a performance exigida por nós mesmos — que é muito alta. Como conseguir consistentemente entregar esse resultado ao longo de muito tempo?

Às vezes, penso: "Por que faço isso?". Minha resposta me satisfaz porque é a mesma de nove anos atrás: eu acredito que a humanidade está aprendendo a jogar em celular e quero fazer parte dessa transformação. Quero ajudar as pessoas a jogarem jogos melhores, a inventarem os jogos que deveriam existir. Além de ter um trabalho com significado. Para mim, é muito legal trabalhar com pessoas que amo.

O sonho de construir a primeira gigante de tecnologia brasileira me dá muita motivação, mas também é difícil o impacto, a carga do trabalho sobre a vida pessoal. O trabalho consome praticamente 100% do meu tempo. Tenho que abrir mão de pessoas e eventos que me fazem falta.

O que me dói hoje é estar longe dos meu pais, vivendo nos Estados Unidos. Eu não sou ninguém aqui e conheço pouca gente. Estou abrindo mão de passar tempo com meus pais, com meu sobrinho — e o tempo não volta. Mas, quando está muito difícil, eu lembro que esta foi a vida que eu escolhi. E não faria outra escolha.

## OS CONSELHOS DE VICTOR LAZARTE

### *Sobre empreendedorismo*

1 **Escolha um mercado novo**

Na contramão do que ouvimos de diversas pessoas, que defendiam a entrada em um setor já consolidado, buscamos um novo mercado — e, para mim, foi a decisão certa. Identificar uma tendência que pode mudar o comportamento das pessoas é um caminho para ser grande no longo prazo.

2 **Trabalhe com sua paixão**

Durante algum tempo, pensava que trabalhar com games poderia ser só um sonho de criança. Por isso, meu irmão e eu fizemos inicialmente escolhas de carreiras mais convencionais. Mas, com o tempo, entendemos que nada nos manteria mais motivados a trabalhar muito do que nossa paixão.

3 **Observe suas tendências internas**

Quando eu ainda não sabia o que queria fazer da vida, já observava minha tendência: eu gostava ao mesmo tempo de tecnologia, do potencial de popularizar um produto e de interagir com a emoção das pessoas. Interesses pessoais que, com o tempo, se juntaram em um negócio.

4 **Cerque-se das pessoas que você ama**

Uma das maiores motivações que tenho para me dedicar à construção da empresa com todos os sacrifícios que isso implica é estar rodeado por pessoas com as quais amo conviver e construir novos caminhos.

5 **Não venda sua empresa por qualquer preço**
Antes de aceitar um valor que considere baixo por parte do seu negócio, pergunte-se de quanto capital realmente precisa para fazê-lo crescer. Ainda que demore mais sem investimento, talvez possa chegar mais longe. Respeite o valor intangível do seu negócio para construir algo grande.

6 **Encontre motivação para acordar todos os dias com a energia alta**
Para construir algo grande, será preciso abrir mão de outras atividades. Será preciso fazer escolhas muitas vezes excludentes. Tenha claro para si mesmo o que inspirou suas decisões e se ancore nesse porquê para manter-se energizado e pronto para superar os desafios.

## SUGESTÕES DE LEITURA

*O dilema da inovação*
Clayton Christensen
"Este é o livro que introduziu o conceito de *disruptive innovation* [inovação disruptiva], escrito por um dos melhores professores da Harvard Business School. Entender esse processo leva ao entendimento de como start-ups podem competir com empresas gigantes — e ganhar — no mundo de tecnologia."

*O lado difícil das situações difíceis: Como construir um negócio quando não existem respostas prontas*
Ben Horowitz
"Neste livro, o autor conta várias histórias da vida dele e dá uma visão muito autêntica de como é fundar uma start-up e fazê-la crescer. É um dos melhores livros sobre liderança para o mundo de start-ups."

*7 Powers: The Foundations of Business Strategy*
Hamilton Helmer
"Um excelente livro de estratégia de negócios. O Hamilton Helmer oferece um guia rigoroso para avaliar o valor de decisões estratégicas em uma companhia. Entre vários insights, o livro mostra como invenções são uma fonte de poder no mundo dos negócios."

*The 15 Commitments of Conscious Leadership: A New Paradigm for Sustainable Success*
Jim Dethmer, Diana Chapman e Kaley Klemp
"O livro descreve o caminho para líderes serem produtivos de forma consistente e sustentável. Os compromissos que o livro propõe fazem companhias atingirem níveis de produtividade incríveis sem que os líderes e seus times fiquem esgotados."

*The Great CEO within: The Tactical Guide to Company Building*
Matt Mochary
"É um guia tático para CEOs de empresas em crescimento. Nesse livro, Matt Mochary destrincha em passos simples o processo de uma empresa desse tipo. Trata de todos os assuntos necessários, desde *product-market fit* até hábitos individuais que o CEO precisa desenvolver."

*High Output Management*
Andrew Grove
"Um clássico sobre técnicas de gestão de empresas — e extremamente prático. Os métodos que o Andy Grove descreve para gerir times e o conceito de OKRS (*objectives and key results*) ajudam qualquer empresa a melhorar a performance de gestão."

POSFÁCIO

# Luciano Huck

Vivemos em um país de empreendedores. São milhões de pessoas que vivem aventuras como as compartilhadas neste livro, que começam sua jornada sem ter a menor ideia de onde vão chegar, mas não deixam de colocar um tijolo no seu sonho todos os dias.

Um estudo de 2019, feito pela consultoria estratégica global McKinsey em parceria com o evento Brazil at Silicon Valley, mostrou que 39% da população economicamente ativa é dona do próprio negócio, definindo o Brasil como "um país de empreendedores".

Mas nem todos conseguem transformar suas empresas em gigantes como as start-ups que conhecemos nas páginas deste livro. Muitos empreendedores brasileiros não tiveram formação ou possibilidade de trabalhar em grandes empresas, mas deram um jeito de gerar renda, para levar uma vida digna e garantir o arroz e o feijão na mesa da família.

O Brasil é o país do jeitinho. No caso desses empreendedores, no bom sentido. Podemos não ter os melhores recursos, a melhor infraestrutura e, certamente, não temos o melhor sistema de educação, mas as pessoas encontram uma maneira de dar certo. Exploram as oportunidades que aparecem em seu caminho, seduzem pelo carisma, se reinventam a cada tragédia. Erguem a cabeça, metem o pé, vão na fé e mandam a tristeza embora.

Eu amo ouvir as histórias dessas pessoas. Como apresentador, tive a oportunidade de conhecer nosso país de norte a sul, visitando da periferia das grandes cidades às comunidades no coração da Floresta Amazônica. Vi de perto como esse espírito empreendedor corre nas veias do nosso povo. Mas também vi como faltam estímulos e apoio financeiro ao mesmo tempo que sobram burocracias, tornando a já difícil vida das pequenas empresas ainda mais complicada.

Lendo essas histórias de quem deu certo, fico feliz de ver como as start-ups estão usando a tecnologia para ser parte da solução. Para oferecer serviços melhores, mais baratos e mais acessíveis para a população. Fico feliz, também, de que cada um tenha decidido compartilhar sua trajetória, para mostrar que não existe caminho fácil e, quem sabe, inspirar outros tantos brasileiros que têm uma ideia incrível, mas hesitam em tirá-la do papel.

Por outro lado, sinto que é meu dever aproveitar este espaço para fazer um convite a esses mesmos empreendedores e a todos os leitores que chegaram até aqui. Eu acredito que o Brasil pode ser ainda mais gigante quando conseguir valorizar, cuidar e respeitar o pequeno empreendedor, que é quem movimenta este país. Hoje são 8 milhões de microempreendedores nas comunidades e nas favelas brasileiras sem nenhum apoio, batalhando do mesmo jeito que o grande empreendedor. Cada um de nós deveria colocar a mão na massa e fazer sua parte para tornar as condições mais favoráveis para eles.

Precisamos ajudar as pequenas empresas a se digitalizarem. Oferecer microcrédito para que o dinheiro não limite o sonho das pessoas. Investir em iniciativas de empreendedorismo social, que buscam o lucro enquanto contribuem para a sociedade. Estimular as pessoas que fazem a diferença em suas comunidades. Compartilhar conhecimento para quem não tem acesso a mentores. Dar apoio aos que não têm acesso aos grandes investidores, aos fundos de venture capital e a uma rede de contatos privilegiada. Exigir um estado mais eficiente, com regulação clara, desburocratizado, que dê crédito e acesso independentemente do lugar em que nascemos.

Empreendedores têm inovação em seu DNA, geram empregos e são essenciais para o sucesso do nosso país. Não podemos deixar que o sonho de alguns deles morra antes mesmo de começar por desigualdade de oportunidades. Eu desejo que os próximos unicórnios saiam das favelas e dos cantos mais distantes desse Brasil. A gente merece dar certo como nação, mas, para isso acontecer, aqueles que já construíram seus sonhos precisam ser parte da solução.

TIPOGRAFIA Arnhem Blond
DIAGRAMAÇÃO acomte
PAPEL Pólen Soft, Suzano S.A.
IMPRESSÃO Gráfica Santa Marta, fevereiro de 2021

FSC
www.fsc.org
MISTO
Papel produzido a partir de fontes responsáveis
FSC® C011188

A marca FSC® é a garantia de que a madeira utilizada na fabricação do papel deste livro provém de florestas que foram gerenciadas de maneira ambientalmente correta, socialmente justa e economicamente viável, além de outras fontes de origem controlada.